R E I K I
UN PONT ENTRE DEUX MONDES

par

Paulette Gagnon
Nathalie Lachance
André DeLadurantaye

C. P. 98 Varennes, (Québec) Canada J3X 1P9

Auteurs: André DeLadurantaye
Nathalie Lachance
Paulette Gagnon
Maîtres de REIKI
Channeling par: Nathalie Lachance (Hélia)
Correction d'épreuves: Marielle Bouchard
Collaboration: Lucie Després
Illustration de la couverture: Yvan Godin
Impression: Imprimerie Gagné Ltée
Dépôt légal: Premier trimestre 1995
Bibliothèque nationale du Québec
Bibliothèque nationale du Canada
Bilbliothèque nationale de France

Données de catalogage avant publication (Canada)

Gagnon, Paulette, 1949-

Reiki : un pont entre deux mondes

Comprend des réf. bibliogr.

ISBN 2-921662-03-5

1. Reiki. 2. Chakras. 3. Esprit et corps. 4. Guérison par l'esprit. I. Lachance, Nathalie, 1968- . II. DeLadurantaye, André, 1943- . III. Titre-

RZ403.R45G33 1995 615.8' 52 C95-940330-2

SOMMAIRE

DÉDICACE

Nous dédicaçons ce livre aux Grands Maîtres et Enseignants qui ont jadis marché et qui marchent encore sur cette planète — ce jardin merveilleux, un bijou dans l'univers. De tous les temps, ces Grandes Âmes se sont penchées sur la cause humaine essayant, par leurs enseignements et leurs énergies, d'éveiller cette humanité endormie dans des vortex d'énergie étrangers à leur nature primordiale.

Nous voulons aussi témoigner toute notre gratitude à nos guides spirituels et aux Anges de Lumière qui ont bien voulu nous assister dans ce projet en mettant en perspective, par le «channeling», les valeurs inestimables du Reiki.

Nous dédicaçons plus particulièrement ce Rayon d'Énergie à tous les praticiens consciencieux et à tous les récepteurs de cette harmonisation universelle.

REMERCIEMENTS

Nous tenons à remercier les nombreuses personnes qui ont, de près ou de loin, participé à la réussite de ce projet. Nous parlons de «projet», car il est plus qu'un simple livre. Vous en découvrirez l'essence assurément. Notre plus profonde gratitude va à Lucia et aux Anges de Lumière, y compris nos Anges Gardiens individuels, qui nous ont guidés en toute humilité et avec une grande sagesse dans la réalisation de ce projet. Nous les remercions également pour tous les enseignements rapportés dans ce livre et ceux qui sont inscrits dans nos coeurs, de même que pour les merveilleuses initiations que nous avons reçues au cours de ce projet.

Un merci bien particulier à un instructeur et Maître de Reiki qui a initié à Maître deux d'entre nous, Dr Roger Foisy et Hélène, son épouse, pour leurs chaleureux encouragements et leur sagesse. Nous tenons à remercier Lise Lachance, mère de Nathalie, pour le travail d'initiation au «channeling» de notre bien-aimée médium, sans lequel ce livre ne serait pas venu de là-haut. Nous remercions Michèle Suro pour avoir convaincu André d'entreprendre ce projet. Mille et un mercis à tous ceux et celles, ces belles âmes, qui y ont participé par leurs merveilleux témoignages. Merci à Yvan Godin, notre médium illustrateur, qui commence à se découvrir un don merveilleux de rendre visible un mandala éthérique. Merci à Herminiau pour ses critiques constructives et ses patientes heures de veilles auprès de Véronique, la fille de Paulette.

Enfin, nous nous remercions mutuellement, Nathalie, Paulette et André, pour avoir oublié nos barrières d'âge pour quelque temps et avoir su vivre l'expérience d'une cellule particulière à l'oeuvre pour la Lumière.

LA GRANDE INVOCATION

Du point de Lumière dans la Pensée de Dieu
Que la Lumière afflue dans la pensée des hommes.
Que la lumière descende sur la Terre.

Du point d'Amour dans le Cœur de Dieu
Que l'Amour afflue dans le cœur des hommes.
Puisse le Christ revenir sur terre.

Du centre où la Volonté de Dieu est connue
Que le dessein guide le faible vouloir des hommes,
Le dessein que les Maîtres connaissent et servent.

Du centre que nous appelons la race des hommes
Que le Plan d'Amour et de Lumière s'épanouisse.
Et puisse-t-il sceller la porte de la demeure du mal.

Que Lumière, Amour et Puissance
restaurent le Plan sur la Terre

AVANT-PROPOS D'ANDRÉ

Un jour, en revenant d'une rencontre hebdomadaire de yoga, j'ai offert de reconduire une inconnue chez elle, à quelques rues de chez moi. Durant le trajet, la conversation débuta par du coq-à-l'âne pour se focaliser assez rapidement sur la guérison holistique. J'avais déjà entendu parler du Reiki et de ses bienfaits mais je trouvais alors le prix des rencontres initiatiques exagéré et hors de ma portée. Paulette, ma compagne de voyage, m'a beaucoup parlé du Reiki et, au fil de la conversation, elle m'a offert de m'initier aux deux premiers degrés en l'espace de quelques mois à un prix qui me semblait un cadeau venant du ciel. Après la période prévue des initiations et de pratiques sur moi-même, j'étais satisfait des résultats. Je ne désirais toutefois vraiment pas poursuivre dans cette voie et surtout ne pas jouer au miracle avec les gens.

Or, quelque six mois après cette rencontre, je fis un rêve. J'étais témoin d'une scène se déroulant dans un hôpital situé dans une région où venait de se produire un tremblement de terre majeur. Il va sans dire qu'il n'y avait plus d'électricité nulle part et, qu'à l'hôpital, c'était le chaos et la panique. Pour une quelconque raison, même les systèmes électriques d'urgence ne fonctionnaient pas.

L'urgentologue de l'hôpital, constatant la situation de panique parmi tout le personnel de l'institution, recommandaient aux malheureux patients qui se présentaient de rentrer chez eux, car l'hôpital n'était plus en mesure de les aider.

Dans cette cohue, j'avais remarqué derrière une porte

double vitrée deux personnes qui conversaient. L'une d'elles était transparente: je voyais les contours des murs à travers sa silhouette. J'en déduisis qu'elle devait être le guide spirituel de l'autre qui me semblait bien physique et qui écoutait attentivement les paroles de son guide: «Tu vois, Paul, tu es Maître de Reiki; toi, tu peux maintenant aider ces gens». La scène s'est alors dissoute et je me suis réveillé. J'ai revécu ce rêve mentalement à plusieurs reprises pour essayer d'en comprendre la signification. J'en conclus que le message était que je devais poursuivre dans ma formation de Reiki et me préparer à partager cette science avec mes contemporains quand le besoin se ferait sentir.

J'ai alors posé une condition à mon guide intérieur: si ma situation financière s'améliorait, je m'inscrirais aux deux autres rencontres initiatiques. Moins d'une semaine plus tard, je reçus par la poste un montant suffisant que je ne croyais plus obtenir.

J'ai compris dès lors, avec une profonde quiétude, que le ciel comblait immédiatement les besoins qui sont dirigés vers l'aide humanitaire.

Reiki changea mon sens de la vie. Je vivais des soubresauts de joie intérieure qui fait exploser l'amour dans le coeur et qui fait monter les larmes d'une gratitude profonde et colore l'existence. Depuis, j'ai appris ce qu'est le langage du coeur à coeur.

André, Maître de Reiki

AVANT-PROPOS DE PAULETTE

C'est à toi, Reiki, ma grande amie, que je dédie ce témoignage. À force de fréquenter Reiki tous les jours, à force de boire ce Nectar divin, nous ne pouvons que développer une grande amitié avec la Source, car après avoir été initiés au Reiki, nous ne sommes plus jamais seuls.

Nous sommes toujours conscients de cette Présence en nous, de cette douce Énergie qui coule et se manifeste à travers nous à chaque instant; il nous suffit simplement de l'inviter.

J'ai obtenu mon premier degré en août 1990. Après avoir reçu quelques séances d'une amie, j'ai compris que Reiki m'apporterait une forme d'autonomie face aux nombreux problèmes de santé dont j'étais affligée depuis ma jeunesse.

À l'âge de six ans, j'ai souffert de poliomyélite. On appelait ça, à l'époque, la paralysie infantile. Je n'ai aucune séquelle apparente, mais je souffre de grande faiblesse des systèmes nerveux, digestif et circulatoire.

J'ai vécu, tout au long de ma vie, de grandes perturbations dans mes corps physique et émotionnel. Surtout des douleurs dans le dos le long de la colonne vertébrale. J'étais harcelée nuit et jour ce qui ébranlait beaucoup mon système nerveux. La médecine ne pouvait rien pour moi. J'étais laissée à moi-même.

Le Reiki était mon espoir et j'avais beaucoup d'attentes. L'histoire de Mme Takata m'avait grandement impressionnée et je ne cessais de me répéter: «Pourquoi je ne vivrais pas, moi aussi, la guérison?»

J'ai obtenu mes deux premiers degrés à trois mois d'intervalle et j'ai accueilli ces initiations avec respect et amour. C'est vers cet amour que Reiki m'a conduite: l'amour de moi-même.

Je n'avais jamais vraiment eu d'estime ni de considération pour moi-même, mais voilà que Reiki me ramena à moi-même. Tous les jours, je me donnais un traitement de Reiki. Je me suis accordée du temps et une écoute attentive. Au bout d'un certain temps, ces petits rendez-vous journaliers avec moi-même ont fait naître en moi un profond respect. J'ai appris à me toucher, à m'écouter et à me considérer: c'était le premier miracle.

Beaucoup de gens ont été initiés autour de moi. J'ai eu la chance de participer à beaucoup d'échanges, surtout avec une de mes amies. Nos rencontres hebdomadaires ont duré plus d'un an et demi. C'est la plus belle thérapie que j'ai vécue. Nous avons exploré Reiki dans toutes ses techniques et expressions imaginables. Nous avons eu la chance de le vivre dans nos propres corps, de ressentir et de comprendre la valeur de cette énergie régénératrice. Nous avons toutes deux vécu beaucoup d'épuration et de nombreuses prises de conscience. C'est une aventure merveilleuse qui m'a fait faire un bond dans mon évolution.

La pratique du Reiki à distance me captive aussi beaucoup. J'ai vécu des expériences impressionnantes. J'ai aussi compris, dans mon cheminement, que Reiki ce n'est pas seulement d'apposer les mains sur soi ou sur les autres. Lorsque nous sommes initiés, le Reiki s'exprime à travers notre canal partout où nous sommes. Il suffit de le lui demander.

On peut envoyer du Reiki sur tous ses projets: dans les lieux publics, dans l'autobus, en attendant son tour à la banque, avant de rendre visite à des amis, dans des réunions d'affaires, avant de passer un examen... Quand Reiki nous précède, tout va bien.

J'ai eu ensuite la chance de passer mon troisième degré. Chaque échelon amène ses ouvertures. J'ai vécu cela comme un grand vent d'épuration qui m'aida à libérer beaucoup de colère refoulée. J'ai eu aussi le plaisir de commencer à initier des gens. Porter le flambeau et pouvoir le passer à d'autres est toute une expérience: c'est une communion intime que nous vivons avec la personne initiée. Cela a, pour moi, la valeur d'un sacrement: c'est une joie ultime de canaliser la Source. Après plusieurs expériences d'initiations et après avoir beaucoup reçu et donné, je suis passée au dernier degré: celui de la maîtrise.

À la suite de cette initiation, je suis entrée dans le mouvement de la grande tornade blanche d'épuration. J'étais habitée par un désir profond de tout nettoyer, de tout transformer. J'ai obtenu l'aide nécessaire pour faire le grand ménage dans tous mes corps, de plus en plus consciente des causes profondes de mon karma physique.

Une grande transformation s'est opérée en moi depuis le début de cette aventure. J'ai appris à mieux me connaître et à me découvrir. Je fais maintenant l'expérience de la confiance en ce soi qui m'habite. Je me sens en contact avec ma Source divine et, surtout, je ne me sens plus jamais seule. Reiki m'accorde, petit à petit, cette libération que j'ai toujours demandée, ce droit à la liberté, un moyen pour moi de rapatrier mon propre pouvoir intérieur.

Je crois en toi, Reiki, Source de vie. Nourris-moi de ta Présence. Sois mon soutien, ma voie, ma Lumière dans mes pensées, mes actions, à chaque instant de ma vie. Vibre en moi et autour de moi. Voilà la prière que je t'adresse à chaque jour pour que je puisse enfin m'abandonner totalement à ton service.

Voilà la grâce que je souhaite à chacun d'entre vous.

Paulette Gagnon, Maître de Reiki

AVANT-PROPOS DE NATHALIE

Ma rencontre avec la guérison holistique remonte à ma plus petite enfance. Je pourrais même dire que cet aspect de l'Énergie a toujours fait partie de ma vie, que j'en fusse consciente ou non. En effet, à cette époque, le don d'arrêter la douleur des brûlures fut transmis à ma mère par un vieil homme. Poussée par les vents de l'esprit ainsi que son désir d'aider, ma mère s'abandonna à son intuition et s'enhardit à soulager maux de dents, saignements, verrues, maux de tête: ça marchait!

Ma ferveur et ma compréhension étaient toutes enfantines, mais pour moi rien de plus normal que de demander à maman: «Donne un bécot magique sur mon bobo.» La différence était que le bobo s'en allait vraiment. La guérison s'opérait plus rapidement. Je n'ai jamais douté que cet état de fait fut impossible.

Après quelques années de recherche personnelle, ma mère prit conscience de ses capacités de médium. Elle s'est toujours oubliée elle-même pour les autres. Comme elle ne savait pas encore se ressourcer ou se protéger spirituellement, elle souffrait d'affreuses migraines car elle déversait toute sa vitalité dans la personne qu'elle aidait.

Un jour, à bout de forces, elle se décida à me transmettre son don pour que je puisse la soulager. J'avais douze ans et je n'aimais pas ça du tout. Je trouvais qu'avoir un don «c'était pas un cadeau»: ça demandait un effort de concentration et un don de soi que je n'étais pas prête à faire. J'aimais bien mieux me perdre en rêveries.

Je suis et ai toujours été de nature rebelle et sauvage, farouchement éprise de liberté. Je me retrouvais dans une situation que je n'avais pas vraiment désirée. Aider l'autre quand le besoin se présente, c'est souvent laisser de côté l'occupation du moment pour se plonger dans l'acte de soulager. Pour moi, à douze ans, cela devenait une corvée, un devoir de plus, et je m'y prêtais avec très peu d'enthousiasme.

Aujourd'hui, avec le recul, je comprends et j'accepte. Je devais me préparer et me familiariser avec l'Énergie de guérison et surtout me discipliner, ce que j'exécrais. Ma mère savait si mes efforts étaient sincères: je ne pouvais même pas tricher! Elle me disait: «As-tu pensé à mon mal de tête?» Et moi de répondre: «Ah! oui, oui...» d'un ton morne qui ne bernait personne. Quel rôle ingrat que celui d'enseigner à sa propre fille! Je me rebellais contre mon karma et contre mon engagement à servir, engagement pris avant ma venue sur la Terre, et cela prenait la forme d'opposition à ma mère.

J'étais consciente de ses souffrances, des exigences et rigueurs nécessaires. Il va sans dire que j'utilisais mon don rarement. Cette opposition, difficile pour moi comme pour elle, s'est avec le temps transformée en amour et respect mutuel, mais seulement quand j'eus atteint l'âge adulte et fait la paix avec moi-même. Les gens autour de nous nous croyaient très proches, car tout nous rapprochait à leurs yeux. Ma mère tentait toutefois de me protéger contre d'éventuelles souffrances et désillusions qui lui étaient familières. Elle préférait la prudence, l'anonymat, sa foi toute simple et sincère, et ses acquis.

Moi, je tirais très fort sur la bride, dans ma soif de tout

savoir, d'expérimenter l'inconnu, d'aller au bout de moi-même. Je rêvais de sauver l'humanité et de repousser les frontières entre les hommes. Je ne voulais pas de ces croyances réchauffées et des demi-vérités de l'Église et de la Société. Je voulais des manifestations, des preuves, l'Ultime Vérité, l'Illumination et vite! Jeanne d'Arc et Mère Teresa: nous avions encore beaucoup de chemin à faire pour nous entendre!

Il va sans dire que, dès l'enfance, mon attrait pour toutes ces choses de l'invisible était très fort. Je dévorais des livres qui n'étaient pas de mon âge. J'explorais tout, sans retenue, tant ma soif d'apprendre était grande. Tout me réussissait: divination, astrologie, prophéties, expériences avec l'énergie... ce qui n'était pas sans inquiéter ma mère et faire peur à mon entourage.

Tout pour fuir cette réalité, ce quotidien qui me pesait tant! Je n'arrivais pas à me sentir comme une enfant et ensuite une adolescente normale; j'avais beaucoup de difficultés à me faire des amis. Ma différence s'imposait malgré moi, me suivait comme la peste et faisait fuir les autres; depuis que j'étais petite, on me laissait de côté et me ridiculisait. Il me semblait que j'étais frappée d'un mauvais sort. Je n'étais que révolte et rage, éprise d'un étouffant besoin de Justice.

Ma conscience, trop mûre, me pesait lourdement. J'avais des soucis et préoccupations qui n'étaient pas de mon âge et qui me dérobaient mon enfance. J'étais capable de déceler l'hypocrisie et le mensonge du monde adulte. Cela faisait de moi un Peter Pan: je ne voulais pas grandir. D'autre part, je me sentais perdue dans le monde cruel des enfants. Je ne pouvais faire confiance à personne. J'essayais tellement d'être comme les autres que cela me rendait malade.

Dans tout ce désespoir et cette impuissance, j'en voulais à Dieu, car j'avais peur de finir en enfer parce que je n'arrivais pas à exprimer et à canaliser mon agressivité. J'imaginais des scénarios qui m'apeuraient: je me croyais perdue à jamais. J'en étais venue à me détester, à haïr mon être tout autant que mon corps. J'aurais voulu disparaître.

J'avais toujours été plus à l'aise parmi les adultes, mais même eux montraient des signes d'incompréhension, d'indifférence et même de la peur pour cet infini qu'ils percevaient derrière mes yeux. Je trouvais le réconfort dans la musique, dans la lecture et dans ma solitude; je fantasmais sur les miens, sur ceux de ma planète qui, croyais-je, m'avaient fait la vilaine farce de m'abandonner à ce monde cruel et bizarre que je retrouvais sur Terre.

Quand j'atteins l'âge de quatorze ans, ma mère me révéla ce qu'elle était réellement: une médium. De ce fait, j'étais destinée à le devenir moi aussi, si je le voulais. Elle ne faisait pas cela de gaieté de coeur; elle s'y opposait à cause de mon jeune âge. Mes guides, toutefois, lui demandaient de me former. Ce qu'elle entreprit. J'étais ravie. Cela me semblait tout à fait normal et s'inscrivait dans mon chemin de vie comme une suite logique. Cela confirmait ma différence et me faisait un petit velours: j'avais enfin trouvé quelque chose qui me revalorisait.

Ma mère me défendait d'en parler et cela ajoutait au mystère. Ce n'était guère la bonne attitude, mais j'étais jeune, naïve et surtout frustrée des revers que je ne faisais qu'essuyer depuis mon enfance. Ces premières années furent très passionnantes. Ma soif d'apprendre et de grandir était immense, mais je me marginalisais de plus en plus. Cette vie imaginaire et solitaire, ce havre de paix où je me perdais en rêveries était devenu une dualité concrète avec laquelle je devais composer à tous les jours; cela devenait insupportable. J'acceptais difficilement ma condition: il n'est pas toujours rose d'être médium!

Et puis, vint le temps du cégep et celui de l'université. Ce fut le moment d'une grande remise en question, d'une recherche d'identité qui me fit tout balancer par-dessus bord. Je ne voulais plus être contactée! Pourquoi moi? Qu'ils s'en choisissent une autre! Moi, je voulais vivre ma vie et prendre mes propres décisions! J'ai mis gentiment mes guides à la porte, croyant être plus en mesure de pouvoir me consacrer entièrement à mes études et ne pas être distraite de mon but par mes excentricités spirituelles.

Quelle idée! Je tentais désespérément de mener une vie «normale», d'être comme tout le monde, mais mon hypersensibilité m'exposait aux émotions et pensées négatives de tous. Je recevais des parasites dans mon canal que je croyais avoir scellé. Tout comme ma mère, je ne savais pas comment me protéger.

Je ne voulais toutefois pas de son aide: c'est que j'étais têtue! J'étais fort malheureuse, déconnectée de la Source et de moi-même. Je ne savais pas qui j'étais ni ce que je voulais vraiment; malgré cela, j'étais toujours prête à aider et écouter ceux qui étaient en difficulté, ce qui m'empêchait de trop m'attarder sur mes problèmes. Cela me revalorisait beaucoup, mais j'y perdais aussi toute mon énergie.

Après quelques années de ce régime, j'ai pris conscience d'un grand vide intérieur que rien ne semblait pouvoir combler. C'est à ce moment que je me suis engagée, il y a cinq ans, dans ma quête d'Unification sans trop le savoir. J'ai ajourné mes études puisqu'elles ne me satisfaisaient plus et ne m'avaient jamais passionnée. Toujours ce conformisme! Cela m'a demandé beaucoup de courage, car j'appréhendais l'avenir sans la sécurité que des études supérieures couronnées d'un emploi stable et bien rémunéré semblaient promettre.

Enfin, après bien des tribulations, une lueur nouvelle tentait d'éclairer ma vie. J'ai délaissé le carcan du conformisme et mon désir d'appartenir à la norme. J'ai apprivoisé ma différence et suis partie à la recherche de mon moi profond. Cette période fut fébrile, excitante et stimulante. Pour la première fois, je me permettais d'être et de faire des erreurs. J'ai découvert la force derrière mes faiblesses. J'ai expérimenté diverses techniques psychocorporelles, fréquenté des groupes de croissance, suivi une thérapie, vécu des régressions dont la respiration consciente (rebirth), me suis familiarisée avec méditation, yoga et Tai Chi, pleuré beaucoup, perdu des illusions et récolté quelques égratignures à mon armure d'idéaliste.

Mais surtout, pour la première fois, j'ai trouvé des amis qui partageaient mon idéal de vie et mes aspirations, qui m'acceptaient telle que j'étais. Une grande réconciliation prenait racine en moi, une force de vie toute nouvelle m'animait et m'exaltait tout à la fois. L'espoir se faisait sentir, il me semble, pour la première fois. Je me sentais comme un jeune chiot. J'étais mûre pour m'engager dans mon chemin de Vie. Je savais que l'on veillait sur moi et que l'avenir me souriait.

C'est dans le cours d'un groupe de croissance que j'ai été exposée au Reiki. J'ai ressenti un besoin urgent, impérieux de me faire initier. Un retour aux sources, en quelque sorte, car mon initiation fut un puissant moment de retrouvailles avec cette familière Énergie de mon enfance.

J'avais expérimenté sur moi cette conscience nouvelle;

c'est avec beaucoup d'amour et de joie que j'ai grandi dans la Voie de l'Énergie. Je voulais maintenant partager le fruit de mes efforts, je voulais servir avec mes mains qui vibraient d'Amour et de Conscience. Le Reiki m'a aidée à rassembler et guérir les parties fragmentées de mon être et j'ai dit oui à la Vie, à ma Vie. Ouf!

Un an plus tard, lors d'une régression d'une intensité toute particulière, mes guides, ces amis de toujours que j'avais sans ménagement remisés au rancart, se sont manifestés à moi après plusieurs années de silence. J'étais mûre, comme on dit.

Le temps s'est fendu en deux et la grâce a coulé vers moi, m'enveloppant de son doux manteau. Mes yeux se sont levés vers le ciel tandis que de pesantes larmes libératrices coulaient sur mes joues. J'avais enfin fini de me battre contre moi-même. J'ai compris que le «channeling» aussi faisait partie intégrante de ma réalité au même titre que le Reiki. De plus, les deux se complétaient admirablement.

Depuis que le Reiki est entré dans ma vie, je ne me suis plus jamais sentie seule et délaissée, incomprise ou mal aimée. J'arrive à établir mes frontières et ne plus me faire envahir par des situations ou des gens indésirables. Je ne me laisse plus atteindre par la négativité des autres et je vis mieux ma médiumnité! Le Reiki, c'est la sève qui coule dans mes veines, ce sang neuf responsable de ma renaissance à la Vie, à l'Amour. C'est un miracle qui se répète à chaque jour et qui est perceptible partout, pour peu que l'on se donne la peine de s'y arrêter.

Paix, Harmonie et Amour.

Nathalie Helia Lachance
Maître de Reiki, médium.

INTRODUCTION

Il y a plus d'un an, on m'a demandé (André) si je voulais faire un livre sur le Reiki. À ce moment-là, je n'étais pas vraiment intéressé, car je croyais qu'il y en avait déjà beaucoup sur le sujet et il en arrivait de temps à autre d'Europe. On semblait avoir saturé la question car on répétait presque toujours les mêmes choses, à quelques variantes près. Toutefois, je n'ai pas refusé catégoriquement; je voulais y réfléchir. J'ai parlé de ce projet à Paulette, celle qui m'a fait connaître le Reiki au moyen des deux premières initiations. Je lui ai mentionné qu'une amie m'avait référé à une maison d'édition intéressée à publier un ouvrage sur le sujet et prête à évaluer un projet qui lui serait soumis.

Environ une semaine plus tard, Paulette a communiqué de nouveau avec moi pour me faire part qu'elle avait parlé de ce projet à Nathalie, avec qui nous avions pris des cours de fin de semaine sur l'énergie, l'été précédent. À la fin du cours, Nathalie avait eu le pressentiment que nous allions nous retrouver pour un événement important.

Étant médium, Nathalie décide d'entrer en communication par «channeling» avec ses guides spirituels et leur demande ce qu'il en est. L'un des guides de répondre: «*Oui, il serait préférable qu'André soit présent. Tu n'as qu'à organiser une séance avec Paulette et il pourra avoir ses réponses. Oui, tu l'avais pressenti. Tu es perspicace.*

«Oui, nous collaborerons au livre mais notre action sera plutôt au niveau énergétique. Vous bénéficiez de la Bénédiction de la Source et de notre soutien dans ce projet. Il est temps que des gens au coeur pur se lèvent et revendiquent leurs droits. Le bon grain et l'ivraie se côtoient sur Terre. Il est temps que la Lumière soit représentée par ses ambassadeurs. Nous ne sommes pas touchés par les soucis très matériels, mais il est temps que les initiés réalisent et respectent l'Énergie qu'ils invoquent et utilisent.

«Dans la guérison, il y a peu d'appelés, peu d'Élus, car c'est une route ardue. Seuls les vrais restent et perdurent. Les autres viennent et s'en vont, tout comme en «channeling» d'ailleurs. Certains font des débroussaillements dans la masse. D'autres font de l'Enseignement supérieur pour ceux qui sont déjà appelés. Le Don et le Service véritable sont souvent oubliés dans le Reiki. La joie de donner également, l'honneur de servir. Ce n'est pas dû à vous mais bien par vous que cette grâce coule. Vous êtes des instruments au Service de Dieu et non au service de votre gloire personnelle, de votre ego ou votre richesse.

«Dites-vous bien que ceux qui ont l'air si sûrs d'eux, si sûrs de leur maîtrise, et bien ceux-là sont testés et éprouvés. Il faut être humble de coeur pour être au service du Reiki.

«Présentement, il y a trop de dérision. Une intelligence en quelque sorte qui se complaît elle-même dans son humanisme. Certains maîtres ont des «power trips» vis-à-vis de leurs élèves, les attroupent et les contrôlent. D'autres n'endossent aucune responsabilité dans le geste d'initier. Dites-vous que c'est une responsabilité consciente, tout comme le fait de baptiser, marier et servir la première communion. On ne peut pas allumer l'étincelle et après ne pas attiser le feu, le veiller, en répartir les tisons, l'alimenter

et veiller à ce qu'il ne consume pas l'élève. La Lumière s'occupe de la première mais il y a des nuances à apporter.

«Une autre spécification: il y a de grands maîtres et des maîtres médiocres. Ils sont toutefois reconnus comme maîtres. Il y a de bons élèves et des élèves dissipés. Ils sont toutefois tous deux élèves. Mais dites-vous bien que vous êtes tous égaux devant le Reiki, vous êtes tous des «canal», certains appelés à initier et d'autres, pas. Cette guerre des castes doit cesser. Vous êtes des initiés du Reiki en premier lieu. Un maître moyen peut produire des maîtres illustres. Ça n'a rien à voir avec son mérite et sa gloire. Il vous passe le flambeau, à vous de bien veiller sur votre flamme et de l'entretenir avec soin.

«Ce sont des balivernes de croire que certains maîtres sont mieux que d'autres parce que plus près de la Source. Le Reiki est Éternel. C'est au Reiki que vous devez rendre grâce et non au maître qui vous a initiés. Vous êtes choisis par le Suprême. Autant dire que la meilleure initiation vient de la Source, alors il faudrait être initiés tous par Dieu. Rappelez-vous de Jésus qui fut baptisé par Jean le Baptiste.

«Le Dr Usui n'a fait que redécouvrir le Reiki parce que son désir était sincère. Son initiation par l'Esprit n'est aucunement plus spectaculaire, ni plus puissante, ni même plus authentique. La Source et l'élan se perdent par l'attitude des hommes dans leur coeur. Le Reiki est toujours là, à l'oeuvre. La lignée s'affaiblit dû aux abus quant à l'usage de l'Énergie, mais un maître, disons, qui s'éloigne du chemin jusqu'à un certain point peut toujours initier et son initiation a autant de pouvoir qu'un ermite. Vous manipulez des Forces très puissantes sans les comprendre.

«Ce qui s'en vient dans le bassin Reiki, c'est que petit à

petit, dû à des transgressions graves aux lois, de plus en plus de gens verront leur aptitude s'envoler. Leur canal ne leur sera pas enlevé mais il sera passablement rétréci pour qu'ils ne soient plus en mesure de nuire. C'est élémentaire. Vous voulez plus d'Énergie Universelle pour vous premièrement, et ensuite pour en passer aux autres. Vous l'utilisez mal, alors vous en avez moins à votre disposition pour vous comme pour les autres.

«La simplicité avant tout. Ne vous laissez pas impressionner par tous ceux qui s'affichent et qui ont l'air si sûrs d'eux. La grâce n'est pas à vendre. Elle s'accepte et se donne gratuitement.»

Lorsque j'ai pris connaissance de la communication, quelques jours plus tard, ce que j'ai lu m'a vraiment ému: j'en avais des frissons partout. J'ai alors réalisé que quelque chose de très puissant était sur le point de naître: un projet destiné à transformer nos vies, que je désirais ardemment réaliser avec Nathalie et Paulette. Ceci s'annonçait pour moi comme une aventure mystérieuse et me donnait beaucoup de motivation.

Le mercredi suivant, accompagné de Paulette et de Nathalie, le «médium», j'ai assisté à ma première séance de «channeling» sur le projet. À mes questions: «N'y a-t-il pas déjà suffisamment de livres sur le Reiki? Faut-il en faire un de plus? Comment peut-on avoir de l'aide pour faire connaître quelque chose de nouveau?» Le porte-parole des Anges de Lumière répondit: *«Oui, André, un autre livre ne serait pas de trop. Jamais assez ne pourra-t-on nuancer la Lumière et la Vérité pour rendre le message plus accessible à la masse.*

«Oui, nous allons aider, mais nous ne fournirons pas des réponses toutes formulées d'avance. Nous voulons vous inspirer et vous faire grandir. C'est, en quelque sorte, une

assistance de crise pour la ***crise d'adolescence*** *du Reiki ou plutôt* ***du mouvement****.*

«Nous le voyons différent en ce qu'il serait important qu'il comporte des témoignages de praticiens vis-à-vis de leurs expériences du Reiki; leurs expériences lors des traitements, de même que le «feed-back» ou le témoignage des receveurs. En quelque sorte, pour dédramatiser le processus et, en même temps, lui rendre son sens du sacré. Il ne faudrait surtout pas banaliser cet échange entre le donneur et le receveur.

«Il t'est demandé plus spécialement et spécifiquement, André, de laisser parler le Reiki à travers toi. C'est le niveau «émotions vraies ressenties» qui fera que ce livre sera différent. Il sera chargé comme un symbole et c'est de cette manière que nous, les Anges, passerons notre message. Ce sera un échange énergétique pour le livre et tous ceux qui seront en contact en bénéficieront. Nous voulons ***un pont entre deux mondes****. Nous nous chargeons des détails énergétiques.*

«Pour ce qui est du contenu, eh bien, il te sera permis de transcrire certains passages de nos communications et de les incorporer, mais là s'arrête notre collaboration littéraire. Ce n'est pas vraiment notre point fort.

«Nous voulons, encore une fois, spécifier que notre engagement, c'est-à-dire, celui de Lucia et des Anges de Lumière, consiste à vous supporter ***énergétiquement*** *pour la réalisation du livre de Reiki, un point c'est tout. Vous en êtes les créateurs, vous en êtes les concepteurs, vous en êtes responsables dans la mesure où vous avez une responsabilité temporelle face à vos frères et soeurs humains.*

«Vous avez du pain sur la planche et ces premiers

balbutiements sont l'ébauche de quelque chose de plus grand, de plus noble. Je ne dénigre pas le projet du livre, loin de là, mais il faut bien commencer quelque part.

«Il est bien évident que vous serez appelés à faire, réaliser et servir la Fraternité des Maîtres Ascensionnés; voici pourquoi nous débutons avec le commencement.»

J'étais alors heureux de participer à un projet, parrainé par des Êtres de Lumière, qui amèneraient des réponses qui ne viennent pas de notre propre mental et qui nous aideraient tous à vivre en étant conscients de la présence de cette grande Énergie dans nos vies. Suite à mes expressions de gratitude, à me voir comme étant l'éditeur choisi pour faire ce travail, notre interlocuteur ajoute:

«Sachez que, même sans le demander, les institutions nobles qui oeuvrent pour des causes nobles sont toujours parrainées par la Lumière. Vous n'êtes même pas obligés d'en être conscients. La Lumière est toujours à l'oeuvre quoi qu'il advienne. Alors voici pourquoi nous désirons apporter notre assistance, en ce qui a trait à la réharmonisation que vous appelez Reiki. Il est temps qu'allégeance soit faite à la Source ainsi qu'à l'Énergie du Reiki. Trop souvent parle-t-on en son nom et usurpe-t-on les lois universelles».

Nous avons eu plusieurs séances de «channeling» avec les Anges de Lumière et Lucia, qui est une entité qui a vécu sur la Terre il y a bien des générations et qui est devenue une pure lumière. Nous reviendrons à Lucia au premier chapitre.

Durant ces séances, nous avons été initiés et consacrés à une énergie qui restera avec nous pour toujours. Les trois individus que nous étions sont devenus une cellule inséparable dans l'énergie, un trio ou un triangle. Ce triangle est créé pour canaliser l'énergie nécessaire à mener ce projet à bien; il est aussi l'infrastructure de quelque chose que nous ignorons encore mais qui sera notre offrande commune à nos frères et soeurs de la Terre.

Suite à la question qui hantait notre esprit depuis le début: «Pourquoi avons-nous été choisis, nous trois?» et la réponse qui nous est venue, nous faisant goûter au moment le plus solennel de notre histoire d'être, voici ce que Lucia nous dit:

«Nous comprenons votre désir de savoir, de comprendre et d'évoluer et c'est pourquoi vous trois avez été choisis. Vous en ressortirez grandis, transformés, plus éveillés et conscients. Mais ces séances ne sont pas destinées à satisfaire votre curiosité, aussi justifiée soit-elle.

«Comprenez bien que le temps presse et qu'il reste bien peu de temps avant que les événements qui sont à venir se manifestent.

«Nous vous demandons un Engagement au Service de la Lumière et, ainsi, un Acte de Foi. Un Acte de Foi envers Dieu, envers la Hiérarchie, envers les Anges, ainsi qu'envers vous-mêmes car ce qui se manifeste maintenant a, bien sûr, été choisi et décidé par vous avant même votre incarnation. Ceci devait être. Êtes-vous en mesure de prendre cet engagement envers une promesse que vous avez déjà formulée en votre coeur, un pacte entre vous trois et la Source?

«Cela peut vous sembler dur à accepter mais sachez que vous êtes en quelque sorte testés. Testés dans votre engagement envers la Lumière. Il faut être forts et vrais. Me suivez-vous? Alors, vous n'êtes pas trop ébranlés?

«Je dois maintenant en venir au but. Il vous est demandé de créer un véhicule physique: ***un pont entre deux mondes****,*

entre le monde spirituel et le plan physique. Votre tâche est de manifester l'outil dont les Anges se serviront comme moyen de transmission de leur énergie réparatrice et régénératrice. Leur effort a pour objet de contrer, de compenser pour la brèche causée dans l'egrégore du Reiki. Il ne vous est pas demandé plus pour l'instant.

«Il est très noble de vouloir participer activement au Nouvel Âge de la Terre, mais vous devez commencer par le commencement. Par votre engagement dans ce projet, vous apprendrez à vous en remettre à la Sagesse Séculaire du Reiki, à vous en remettre à votre guidance intérieure, pour être au Service de Dieu. Ne vous leurrez pas, votre tâche ne sera pas facile: vous allez causer bien des remous au sein du mouvement.

«Ce livre ne sera pas un succès de librairie, mais il sera un succès quand à l'établissement d'un lien tangible entre les royaumes angéliques et l'Énergie du Reiki, un lien tangible et un rassemblement des êtres de bonne volonté. Ceci vous est donné de par la compassion d'Êtres de Lumière qui veulent compenser pour les épreuves. C'est par leur amour pour vous, en reconnaissance de votre acharnement et votre engagement, que ces Êtres ont demandé à la Source de créer un pont, un son de trompette, qui va rappeler à l'ordre ceux qui sont mûrs à passer par-dessus la crise d'adolescence du mouvement, ceux qui sont prêts à réellement s'engager.

«Il vous est demandé, donc, de créer ce véhicule physique tangible, c'est-à-dire le livre, car le livre comme tel sera la racine, le catalyseur qui permettra aux Forces célestes d'endiguer la brèche causée par l'inconscience et la cupidité de certains d'entre vous.

«Ne vous leurrez pas: plusieurs d'entre vous verront leur

capacité de canaliser l'Énergie diminuer jusqu'au point de disparaître. Quoi qu'ils fassent, ces êtres ne retrouveront pas leur capacité de canaliser le Reiki, du moins pas dans cette vie. Le mouvement aura à survivre bien des tribulations, bien des épreuves.

«Nos rencontres auront pour but d'actualiser vos connaissances et de mesurer vos progrès. N'oubliez pas, vous êtes testés.

«Les messages des Anges seront les messages que vous pourrez publier dans votre chapitre sur le sujet. Le reste devra venir de vous. N'oubliez pas: vous serez inspirés de l'intérieur. Je serai plus présente dans les prochaines rencontres car il y aura beaucoup de points sur les « i » à mettre. Vous pourrez même réserver un petit espace dans le livre pour parler de votre expérience personnelle lors de sa rédaction, c'est-à-dire, vos prises de conscience, votre évolution personnelle, vos réactions vis-à-vis du message et vis-à-vis du moyen par lequel le message vous est arrivé, c'est-à-dire le «channeling».

«C'est bien cela: les Anges sont ceux qui vous dictent et dicteront le texte. Il vous est expressément demandé de ne pas modifier ou changer aucune de leurs expressions ou de remplacer un mot par un autre. Comprenez que le livre sera chargé comme un symbole et que tout y aura sa raison d'être.

«Vous pourrez bien sûr vous inspirer, en quelque sorte, de vos conversations avec moi, mais mes messages, en essence, sont pour votre bénéfice personnel. Je suis là pour vous guider, pour vous ramener à l'essentiel, pour vous révéler des détails de votre existence, des détails de vos autres vies, bref, tout ce qui servira votre évolution

personnelle, tout ce qui me sera en mesure de vous révéler. Eh bien, il me fera plaisir de le faire.

«Nos périodes ensemble sont sacrées: ce sont des communions avec la Lumière. Vous savez d'ailleurs que vous recevez beaucoup d'Énergie, beaucoup de Lumière lors de ces rencontres. Il y a un temps limité alloué à nos rencontres, nous vous réservons de huit heures à onze heures. Ceci est très flexible car, bien sûr, nous ne voulons pas surcharger le canal de Nathalie. Les vibrations qu'elle doit canaliser lui demandent un effort de concentration assez considérable. Vous pouvez lui apporter beaucoup par votre Lumière.»

Pendant les pauses-santé, nous jubilions tous les trois face à ce grand cadeau qui nous était donné de participer à quelque chose de si magnifique. Nous avions toujours cette même question à l'esprit: «Pourquoi nous trois?» Lorsque nous revenions à la séance, Lucia nous faisait des commentaires sur nos échanges durant la pause. Un jour, elle nous répondit sur cette question précise en citant:

«Pourquoi vous trois? Eh bien ça, c'est une très longue question que je vais me permettre d'effleurer quelque peu.

«Vous êtes, bien sûr, trois vieilles âmes. Vous avez cheminé ensemble à plusieurs reprises, soit les trois simultanément, soit deux par deux. C'est d'un commun accord que vous avez décidé ce projet et ceux qui suivront. C'est un engagement dans la Lumière. Ce n'est pas la première fois qu'on vous demande des tâches et des services mais c'est la première fois qu'on vous demande d'être des instruments de cette envergure. C'est pourquoi vous serez préparés et instruits. C'est pourquoi ce projet au complet est un processus initiatique.

«Les liens du coeur sont les plus précieux et nul ne peut séparer ce que les coeurs aimants ont uni. L'Amour, cette grande force de l'Univers fait que vous puissiez vous rencontrer et travailler à l'Éveil de la masse. Vous êtes choisis pour vos qualités du coeur avant tout et c'est ce dont on a besoin sur Terre présentement: des gens de coeur, ceux qui donnent sans compter dans la joie, ceux qui sont heureux d'aider pour le simple plaisir d'aider un autre à s'élever.

«Les théories, les maîtres à penser, les dictateurs, c'est fini. Non, ce que la Terre a le plus besoin, c'est des gens honnêtes qui n'ont pas peur de retrousser leurs manches et de s'attaquer à la tâche. Il est fini le temps de tout remettre au lendemain. Demain sera bâti sur les fondations d'aujourd'hui, et aujourd'hui l'édifice s'écroule. Rien ne sert de solidifier ce qui est pourri de l'intérieur. Il faut avoir la force et la Foi en Dieu pour tout laisser s'écrouler et rebâtir avec du neuf sur du neuf. Rebâtir demain, c'est ça un peu les bâtisseurs de l'Aube Nouvelle.

«Il ne faut pas vous formaliser si le travail ne s'effectue peut-être pas aussi vite que vous voudriez. C'est voulu ainsi. Il faut des périodes d'intégration, d'assimilation. Vous avez décidé de cheminer ensemble, de vous soutenir mutuellement et c'est très bien ainsi.

«Si vous êtes encore sur la Terre, c'est qu'il vous reste encore des épurations et des prises de conscience à vivre. Oui, vous avez fait un bon bout de chemin, mais vous avez encore beaucoup d'assimilation à faire. L'Union est consacrée dans la Lumière. Voici l'achèvement dans le plan spirituel à ce que vous avez débuté la semaine dernière avec les harmonisations que vous avez échangées. Vous formez un cercle énergétique, une entité.

«Je bénis l'association de vos trois êtres et souhaite que vous puissiez trouver Sérénité, Paix et Harmonie entre vous, en vous et autour de vous. Je vous aime grandement, dans vos démarches pour grandir et vous élever.

«Ne lâchez pas, car, au bout de la route, un être très précieux vous tend les bras. Cet être est nul autre que vous-même, au-delà des limitations humaines. Cette partie de vous qui sait et qui maintient en tout temps la Flamme.»

À une autre rencontre, lorsque nous échangions nos sentiments sur notre cellule, notre triangle, j'avais la certitude que celle-ci avait été consacrée pour faire ce travail précis. Comme à l'habitude, au retour de la pause, voici le commentaire de Lucia:

«Vous êtes venus consciemment sur Terre avec un plan et un travail bien précis qui, petit à petit, prend forme et se révèle à vous au gré de vos expériences.

«Pour reprendre les mots d'André, oui votre union est sanctifiée, et c'est en vous visualisant comme un triangle énergétique, en vous envoyant du Reiki, en méditant sur votre association, que vous progresserez encore plus intensément et que vous aurez des expériences intérieures qui vous révéleront bien plus encore.

«Oui, vous êtes choisis. Oui, vous êtes parrainés. Oui, vous êtes secondés. Les Anges de Lumière vous accueillent en leur coeur et vous protègent de leurs ailes. Ceci est en quelque sorte un précédent, mais en raison de votre désir, de votre détermination, de votre amour pour la Source et Sa Création; vous avez créé cette Réalité qui est maintenant vôtre. Ceux qui doivent être instruits le seront, car, vous le savez déjà, le temps presse.

«La Source, dans Sa sollicitude, désire donner et fournir

tout ce dont ses enfants ont le plus besoin.

«Vous êtes parrainés des Anges de Lumière, de certains Maîtres Ascensionnés qui se dévoileront à vous éventuellement, quand le temps sera venu. Vous êtes bénis par certains grands Siddhas (Maîtres parfaits) en plus de tous vos guides personnels, qui vous veulent du bien. Ce sont de bonnes nouvelles, je crois. N'est-ce pas?

«Oui, il faut avoir la foi, cette foi qui fait que l'on sait en son coeur que, dès que l'on demande une manifestation au Père Divin, l'on est déjà exaucés, qu'on nous a répondu.

«Comme le dit le film: Jamais, nous ne vous avons promis un jardin de roses! Par contre, l'essentiel est de croire que chaque effort, aussi minime soit-il, n'est pas fait en vain. Vous tous, dans vos individualités, êtes responsables conjointement et solidairement du destin qui vous attend sur Terre. Votre unicité propre colore la palette des expériences possibles sur cette Terre et fait de la vie une Richesse à découvrir, un plaisir sans cesse renouvelé.

«Ce qui est au macrocosme est au microcosme. Dans votre unité de travail, par voie intuitive ou par celle plus laborieuse d'essais et erreurs, vous arrivez tous les trois à dépeindre un portrait plus clair de vos capacités, vos qualités propres et vos faiblesses. Le travail a été dur et laborieux; l'ego ne lâche pas si facilement prise. Maintenant vous êtes plus près, vous êtes à même de <u>*commencer*</u>*, je dis bien commencer à saisir l'ampleur et les ramifications du travail qui vous est demandé. Tout est si simple mais, pour arriver à cette simplicité première, il faut se dépouiller, et ce, pelure par pelure, étape par étape. Ce que nous vous demandons n'est pas facile, nous en convenons. Il y a peu de preuves, peu de sons de trompettes, peu d'apparitions*

vaporeuses avec musique de harpe et choeurs célestes.

«Vous êtes déçus, vous êtes insécures, vous êtes incertains et vous n'osez pas vous l'avouer à vous-mêmes ou bien même à en discuter entre vous. Ce temps doit cesser si vous voulez progresser. Nous comprenons les contraintes temporelles, mais il faudra vous trouver du temps pour échanger vos impressions à tous les trois, en dehors de nos rencontres. De toute façon, le problème ne se posera plus très longtemps car nous voici à notre avant-dernière rencontre.

Vous allez être laissés à vous-mêmes et, même si nous vous assurons de notre appui constant, il faudra que vous vous preniez en main, que vous empoigniez vos peurs et limitations et fonciez en ayant en mémoire nos recommandations et nos conseils. Il y aura des errements, des erreurs. Ceci est normal et fait partie de l'apprentissage.

«Oui, il y aura beaucoup de travail à venir encore, mais ayez foi en vous-mêmes et en Reiki qui vous soutiendra à chaque moment.»

Beaucoup de choses merveilleuses nous ont été révélées mais elles dépassent largement l'encadrement de ce thème qu'est le Reiki. Nous reviendrons dans d'autres projets apporter à nos frères et soeurs des informations des plus encourageantes pour notre humanité.

De belles choses seront révélées aussi à ceux et celles qui prennent leur croissance spirituelle au sérieux et qui veulent offrir de leur temps et de leurs efforts pour aider leurs semblables qui ont de la difficulté à retrouver leur chemin. Beaucoup d'occasions vous seront présentées pour servir et tisser dans cette immense toile qu'est la Création. Nous sommes des gouttes de conscience, appartenant à cette unique mer de Conscience qui remplit ce vaste univers et des milliards d'autres mais nous nous en croyons détachés: ceci est notre choix. Un choix qui est respecté par l'Essence divine qui nous entoure parce que nous vivons une expérience de libre arbitre. Les barrières qui nous empêchent de nous visualiser UN avec cette mer de Conscience sont l'ignorance et la peur.

Ces barrières nous amènent aussi à faire des erreurs depuis que nous croyons à notre petit monde personnel et nous nous baptisons nous-mêmes dans la souffrance et à quelques larmes de joie. Quand Dieu ne fait pas partie de la vie, le monde est bête. Très bête même. Nous en sommes tous témoins par les événements divers qui se déroulent à chaque jour sur toute la planète. Les guerres, la torture, les drogues, les animosités les plus atroces font partie des écarts à la bienveillance, causées par l'oubli de leur Source. Dieu merci, il y a l'intervention des Êtres de Lumière, répondant à l'appel des Travailleurs et des Travailleuses de Lumière qui sont conscients que l'être humain n'est qu'un enfant et que, laissé à lui-même dans toutes ses expressions et ses passions, il devient fatal.

Nous sommes témoins aussi de certaines irrégularités, même dans les rangs des initiés du Reiki, des vendeurs du Temple qui ont soif de renommée et de richesses, non pas intérieures mais extérieures.

Il est bien malheureux que certaines gens utilisent toutes les machinations possibles pour dévoiler les symboles du Reiki, ces clés sacrées qui sont transmises lors des initiations au Reiki, sous prétexte que c'est peu banal. Ces gens témoignent, de ce fait, d'une pauvreté d'esprit qui démontre qu'ils n'avaient pas en eux-mêmes la maturité nécessaire pour reconnaître le sens du Sacré. Ces êtres resteront très pauvres spirituellement, car un vrai disciple sait en son coeur que le cadeau le plus précieux pour le cheminement spirituel est le discernement. Les plus belles prouesses spirituelles se font dans le secret de l'âme. Toute violation du Sacré n'est qu'un cri brutal de l'ego. Ceux qui ne pratiquent pas le respect et la révérence du Sacré ne pourront y avoir recours lorsque leurs âmes franchiront les zones obscures des temps difficiles qu'ils ne manqueront pas d'expérimenter.

Nous aimerions, à ce stade-ci, ouvrir une parenthèse sur la valeur du Sacré:

— À travers les âges, de grandes âmes ont évolué et ont grandi vers la Lumière pour atteindre des niveaux de conscience si puissants que même notre esprit humain n'a pas la capacité de concevoir, ni de comprendre. Ces grandes âmes ont réussi à passer à travers l'expérience humaine parce qu'elles reconnaissaient en elles-mêmes le caractère sacré de leurs essences propres. Elles savaient reconnaître au fond de leur coeur la semence divine, cette Étincelle — parcelle de l'Immuable — qu'elles chérissaient et vénéraient, le caractère Sacré de leur propre vie.

La seule préoccupation que ces Êtres avaient, était de trouver un moyen pour transmettre aux futurs habitants de cette planète, leurs connaissances sur ce Trésor des trésors. Avec leurs grands pouvoirs, ils ont imprégné des symboles d'une énergie très puissante, qui sont ainsi devenus leur héritage à l'humanité. La puissance de ces symboles témoigne de la grâce que ces Êtres ont mérité par les grands sacrifices qu'ils ont dû faire et par leurs services désintéressés à l'humanité durant leur passage sur la Terre ainsi que par la grande dévotion et la révérence qu'ils avaient pour leur Créateur.

Nous ne pouvons pas exprimer par des mots ce que signifient ces pouvoirs ni indiquer comment reconnaître en eux l'essence même de l'Amour et de la Compassion que ces merveilleux Êtres nous ont léguée. Mais si, à l'instant, nous avions un peu de respect pour le travail accompli par ceux qui avaient du courage et de la détermination, nous irions dans le silence de notre coeur remercier ces Êtres que nous ne connaissons même pas, mais qui veillent sur nous et nous font signe de les rejoindre afin de célébrer dans la joie, la victoire de tous les temps: notre victoire.

Nous pouvons reconnaître la valeur commerciale d'un héritage, mais sa valeur réelle n'est connue que de ceux qui ont été témoins du dur labeur de celui, celle ou ceux qui l'ont réalisée. De même, la valeur réelle des symboles ne se révèle pas à qui le veut. Les fruits d'une austérité et d'un amour immense y sont cachés sous forme d'énergies; ces énergies serviront le coeur sincère et plein de compassion pour ses semblables.

Par contre, pour une personne qui n'a aucun respect du caractère sacré de cet héritage, les énergies que renferment ces symboles seront scellées jusqu'à ce qu'il y ait réconciliation. Nous fermons la parenthèse. —

Le mouvement du Reiki connaît une crise d'adolescence, car les gens de tous les milieux y sont initiés. Parmi eux, certains ne sont pas sérieux et, par leurs comportements irréfléchis, ils diluent la qualité de l'Egrégore Forme Pensée de l'énergie du Reiki. Les Grands Êtres savaient que ceci arriverait, mais le pourcentage des faits indésirables est minime comparativement aux bienfaits énormes qui en résultent.

Il a été permis que le Reiki s'étende comme un feu de

forêt afin qu'il devienne un outil important pour élever le niveau de conscience de la masse et provoque l'éveil spirituel du plus grand nombre de gens possible. L'éveil planétaire s'en vient à grands pas. Il sera donné à chaque individu de choisir la voie de l'Éveil ou de se retirer dans un autre plan car la Terre elle-même poursuit son chemin vers la cinquième dimension.

C'est avec cette vision que les Anges de Lumière et nos merveilleux Guides spirituels nous offrent le cadeau que représente ce livre et l'énergie qu'il renferme, afin de nous supporter et nous encourager vers la Vie de l'Infini.

Qu'il en soit ainsi et cela est.

1

MESSAGE DE L'AUTRE MONDE —LUCIA

Oui, mes bienveillants enfants de la Lumière, je suis Lucia. J'ai exprimé le désir, moi aussi, de revenir aider les gens de votre plan pour l'Éveil Planétaire et les grandes tribulations à venir. C'est un engagement que j'ai pris et, parce que j'ai déjà demeuré sur le plan terrestre, la Source m'a mandatée auprès des Anges comme conseillère des choses, disons plus matérielles. Les Anges ne s'étant jamais incarnés, ils ne sont pas à même, parfois, de saisir certains aspects plus terre à terre, si je peux dire.

Par mon expérience et mes vécus multiples, je suis à même de les éclairer sur certains aspects, certaines facettes de votre réalité qu'ils ne peuvent saisir.

Je me manifeste à vous directement, sans l'entremise du guide de Nathalie. Ceci est le privilège de tous les esprits purs; les autres, qui sont encore au stade de la purification et du travail sur soi, doivent respecter les limites qui leur sont imposées, tout comme vous, humains incarnés, devez vous en tenir aux directives que nous vous dictons. Cela peut vous paraître un peu dépassé, mais sachez que Dieu sait ce dont chacun de ses enfants a le plus besoin. Dans Sa grande

Sagesse, Il sait nourrir de Lumière sans aveugler, car il faut respecter le niveau d'évolution personnel de chacun.

Alors oui, je suis ici pour sceller l'entente dans la Lumière. Sceller cette union qui a pour but de répandre un peu plus de Lumière et d'Espoir sur la Terre.

Ce n'est pas de gaieté de coeur que nous limitons nos effusions avec vous. Si ce n'était que de nous, nous demanderions d'être en totale communion avec vous, nos frères et soeurs. Mais le temps n'est pas venu encore et vous devez demeurer sur ce plan pour ce que l'on demande de faire présentement.

Au niveau des symboles, eh bien, il est malheureux que certains se soient crus privilégiés. Si des gens ont reçu des symboles supplémentaires, c'est qu'ils en étaient dignes à un moment donné. Les symboles sont des clés très puissantes, des numéros de téléphone à la portée de ceux qui cherchent. Malheureusement, parfois ce sont des personnes aux intentions troubles qui mettent la main sur le répertoire téléphonique.

Nous ne supportons pas le marchandage des symboles. La preuve est que si vous devez recevoir un symbole, il vous sera révélé de l'intérieur. Ces symboles ne vous appartiennent pas en propre. Libre à vous de les partager ou pas, mais de grâce ne distribuez pas vos perles aux pourceaux.

Le Reiki est Lumière et la Lumière a sa raison d'être. Faites confiance. Chaque personne qui viendra à vous le fera parce qu'appelée. Rien ne sert d'évangéliser les masses. La qualité prône sur la quantité. J'espère ne pas trop choquer vos valeurs et concepts humains.

La Lumière appelle la Lumière et des phénomènes pour le moins surprenants augmenteront en nombre et en fréquence dans vos vies. C'est l'Énergie qui émane de vous qui fait son chemin dans le coeur des hommes, qui fait son travail d'épuration et d'éclaircissement. Cette Énergie Nouvelle soutient les projets de Lumière, nourrit les âmes dans le besoin. Je répète: vous serez en demande et cela dépasse votre plan physique et votre conscience éveillée.

Dès que quelqu'un sera dans le besoin dans vos parages, le Reiki partira de lui-même encore plus fortement et fréquemment qu'avant; d'où le besoin de mener une vie rangée, de vous en maintenir à l'essentiel et de larguer les amarres, autrement dit, balancer par-dessus bord tout ce qui n'est plus utile à votre cheminement actuel. Vous n'aurez plus la force de soutenir cette charge supplémentaire. L'équilibre s'établira de lui-même.

La vie est conscience, la vie est Un, la vie est un tout. Si vous gardez cet état d'esprit dans tout ce que vous faites et expérimentez, vous êtes sur la bonne voie.

Au niveau de la voyance, ayez foi en Reiki. Demandez l'aide de vos guides, Anges gardiens et Maîtres Ascensionnés. Demandez d'être guidés de l'intérieur et tendez l'oreille. Ça semble si simple, n'est-ce pas?

Je suis de plus en plus enthousiaste, de plus en plus touchée par vos réalisations, de plus en plus émerveillée de cette si grande soif de Dieu présente chez le peuple de la Terre.

C'est cette soif de Dieu, mal comprise et surtout non identifiée en tant que telle, qui <u>cause</u> parfois bien des souffrances sur votre plan. Tout ceci est bien paradoxal, car comment la recherche de Dieu pourrait-elle nuire à son *prochain? Mais l'être humain, dans son aveuglement et dans son immense besoin d'amour, écrase ses semblables dans l'apaisement de sa soif inextinguible de Paix et de Lumière.*

Oui, il peut y avoir des bourreaux dans le milieu spirituel. Des êtres qui sont éblouis et émerveillés par la Lumière, qui franchissent des étapes avant d'être bien préparés. Ils sont aveugles et éblouis et, souvent, entraînent bien des âmes à leur suite. Ce sont de grandes âmes qui souffrent beaucoup car elles portent sur elles le fardeau des êtres qu'elles mènent à leur perte. Ce sont des êtres en besoin d'Absolu mais qui, malheureusement, Le recherchent à l'extérieur et non à l'intérieur, et deviennent victimes de forces maléfiques à l'oeuvre.

Ces âmes se retrouvent dans vos rangs en Reiki. Elles ont besoin de vos prières et de votre amour. Leur route semble glorieuse alors qu'en fait elle n'est que parsemée d'embûches. N'ayez aucune crainte quant aux élèves de ces gens-là. Ils y sont car ils y ont un apprentissage sur mesure selon leurs besoins ou bien des épurations à vivre. Leur âme est testée. Ceux qui sont de la Lumière seront protégés des Anges du Seigneur et n'ont rien à craindre. Ou bien, finalement, ils rencontreront un des leurs et s'extirperont de ce milieu, ou bien ils y demeureront de leur propre gré créant la balance, ancrant les forces de la Lumière.

Vos devoirs et redevances, c'est à Dieu qu'ils sont dus et nul autre, car c'est par Sa Grâce que vous vous êtes hissés jusqu'à la position de Maître de Reiki ou bien de Niveau 1, 2... peu importe. Vous ne pouvez duper Dieu; vous ne pouvez pas échapper à la Justice divine.

Beaucoup ont péché, beaucoup ont besoin et réclament à grands soupirs vos prières. Priez mes enfants, priez sans relâche, priez sans cesse. Même si ce monde qui s'écroule autour de vous n'a pas de sens à vos yeux. Ne lâchez pas maintenant alors que l'objectif est si près.

Vous êtes des faisceaux lumineux qui, à votre façon, dépolluez le monde. Et ce n'est pas tant par vos réalisations extérieures dans votre monde à trois dimensions que par votre engagement et dévouement dans les plans subtils, les chansons que vous fredonnez, les gens que vous fréquentez, les pensées dont vous vous abreuvez, la nourriture que vous consommez qui font toute la différence. Les résultats peuvent vous sembler plus ou moins tangibles mais c'est parce que votre évolution est continue. À mesure que vous rejoignez les autres, ils s'élèvent plus haut et vous de même. Une fois créé, le momentum est difficile à mettre en branle mais lorsqu'engagé, que de richesses vous attendent!

La vraie richesse, vous le savez déjà, c'est celle du coeur. Cultivez sans fatigue, sans exaspération les dons de l'Esprit. C'est la seule valeur sûre ces derniers temps où tout est chamboulé. Le coeur est une dimension inexplorée, porteuse de lourdes promesses mais qui en vient rarement à la pleine diffusion et émanation de son potentiel intrinsèque. Le coeur est le nectar divin qui coule à flots abondants pour tous et toutes.

Le coeur est l'intelligence divine qui, chez vous, revêt un aspect duel: l'intelligence du coeur, l'intellect. Vous devez relever le défi d'harmoniser ces deux pôles, les dompter et les amadouer pour être en mesure de les faire travailler ensemble. Cette séparation n'est qu'illusoire mais, dans votre monde, cela revêt des aspects bien concrets: l'intellectuel pur dénué d'émotivité, de sentiments, de compassion et les envolées enflammées du grand émotif/impulsif qui est plus près de la bête que de toute autre forme de vie sensée et douée de conscience. Ce sont deux extrêmes, vous en conviendrez; les deux sont disfonctionnels et se dénigrent mutuellement.

De la mesure en tout, voilà votre meilleur guide. L'humanité tout entière a besoin d'une bonne douche de gros bon sens, car la réalité est toujours si simple et pure.

Je sais que vous êtes tous passés par des périodes de doute et de questionnement. Des raisonnements du genre: suis-je digne de cette grâce? Suis-je apte à mener à bien cette tâche qui m'est confiée? Suis-je la bonne personne? Pourquoi, des fois, je me sens si bien et si transporté alors que, d'autres fois, je ne voudrais que me rouler en boule dans les couvertures et ne plus en sortir?

Oui, je sais. Je sais et je comprends, car moi aussi j'ai cheminé sur la Terre et j'y ai connu désillusions et peines, joies et petits bonheurs. Je n'ai qu'un seul mot: ne courbez pas la tête, ne laissez pas tomber les bras, car ce qui vous attend au bout de cette quête est bien plus merveilleux que vous ne puissiez encore le comprendre. Oui, nous avons de la compassion, car nous avons l'Amour et le répandons autour de nous. Vous aussi êtes appelés à tout laisser tomber pour ne garder que l'amour au fond de votre coeur.

Il est beaucoup donné aux êtres de bonne volonté mais sachez qu'une plus grande responsabilité se rattache à cela. Plus vous recevez, plus vous devrez donner inconditionnellement, sans arrière-pensées.

Je bénis le jour où vous vous abreuverez à la fontaine d'Amour de votre coeur. Cette fontaine est sans fin. C'est l'Élixir de Jouvence qui pansera les plaies de l'âme, qui soutiendra les cellules dans leur mutation, tout comme la Terre est soutenue dans ses transformations. Amour et Reiki ne font qu'un. L'Amour et le Reiki vous font prendre de l'expansion au point où vous n'êtes qu'un océan de calme et de Paix reflétant seulement d'Amour.

De grands changements se préparent pour vous et pour l'ensemble de l'humanité. Vous êtes appelés à servir la Lumière dans l'entraide du prochain, dans l'acte de passer le flambeau et d'attiser la lampe de l'âme. Vous êtes appelés à enseigner ce que vos coeurs auront durement appris. Vous serez le symbole vivant de vos expériences et votre vie sera le témoignage le plus concret de votre cheminement. Ne lâchez pas. Vous êtes guidés et saurez ouvrir les bonnes portes au bon moment. Je vous rappelle que nous sommes tous enfants du même Père, tous dignes de Son Amour.

Oui, mes chers enfants, j'espère vous apporter une lumière. Une lumière qui saura vous consoler en temps de doute, qui saura vous réchauffer quand vous en aurez le plus besoin. Moi aussi, j'ai cheminé de par votre monde, j'y ai souffert, j'y ai aimé, mais j'y ai appris et c'est là la valeur d'une incarnation. C'est une chance inespérée de se dépasser ou plutôt de se retrouver de l'intérieur. C'est retrouver le chemin de la maison de son coeur. Vous êtes chanceux d'être ici, vous êtes chanceux de disposer d'un corps physique ainsi que d'une chance unique de participer à l'Éveil de la Conscience Christique sur Terre.

C'est ce qui m'a motivée à revenir vers votre plan pour y aider les humains. C'est un pur don de ma joie et de ma conscience, un partage d'âme à âme des possibilités dormantes au fond de vous. Oui, l'amour est le lien qui nous unit l'un à l'autre et le Reiki est le véhicule de cet amour. Les alchimistes diraient que le Reiki, c'est une précipitation d'amour en action. Je veux que vous compreniez que, seuls, la route est longue et ardue.

J'ai moi-même eu mes temps de rébellion, mes questionnements et mes doutes. Malgré tout, Dieu nous réserve toujours le meilleur pour nous, et c'est ce message que je veux vous transmettre plus que tout: il y a un sens à cette vie sur Terre tout comme il y a un sens à cette vie que nous menons dans les plans spirituels. Tout dans l'Univers que Dieu a créé a sa raison d'être, du plus minuscule brin d'herbe à la plus volumineuse étoile, et vous faites tous partie de cette merveilleuse création. Le Reiki, c'est un moyen privilégié de communiquer d'âme à âme. C'est le premier pas pour devenir l'Homme Nouveau que vous êtes destinés à devenir.

Nous, des Royaumes de l'Âme, sommes en contact constant avec tous les coins de l'Univers si vaste et ce, par cette seule Force de l'Amour en action. C'est un moyen de communication. Si vous apprivoisez dès maintenant cette nouvelle langue, la transition en sera des plus faciles.

Vous avez longtemps été isolés sur votre belle planète. Voici votre chance de vous qualifier pour devenir un citoyen à part entière de l'Univers et franchir le mur qui nous sépare. Nous sommes si proches, à portée de la main. Nous avons tout fait ce qui est en notre pouvoir pour vous faciliter la tâche; la Terre a été bombardée d'appels à l'Amour, appels au Service, appels à l'Évolution.

Des infusions accélérant le processus d'Éveil ont eu lieu, vous forçant à vous déloger de votre petit confort factice, vous forçant à aller de l'avant et à faire le ménage dans votre vie et dans votre coeur. Il n'en tient qu'à vous, maintenant, de maintenir la flamme au fond de vous pour qu'au moment venu vous ne soyez point surpris ou déboussolés.

Le Reiki est actif bien au-delà de sa reconnaissance en tant que telle. Il est à l'oeuvre quand la mère pose la main sur le front fiévreux de son enfant, il est à l'oeuvre quand vous vous recueillez et maintenez votre dialogue intérieur avec Dieu.

Alors, il faut ouvrir les yeux et réaliser que vivre et enseigner le Reiki, c'est plus qu'observer un rituel d'initiation. C'est seulement quand vous aurez fait corps et âme avec son Essence que vous serez poussés par les vents de l'Esprit et que vous aurez réalisé pleinement votre potentiel humain.

Il s'apparente à l'Énergie Kundalini, en ce sens qu'il est un véhicule d'Éveil; mais, en quelque sorte, c'est le produit de la descente de la grâce de Dieu vers vous et la montée de l'Énergie Kundalini vers Dieu. C'est le Christ, le produit de la Mère et du Père. C'est l'élément tertiaire de la Trinité, c'est la Force Christique en action, c'est la synthèse de la grâce et l'Énergie brute. C'est le moteur de votre coeur, c'est la colombe de Paix, l'Esprit-Saint. Être initié, c'est appeler à vous l'Esprit de la Pentecôte: c'est ainsi que l'on devient consciemment des disciples du Christ ressuscité.

Moi aussi, je suis fière de vous, et c'est pourquoi je vous offre les fleurs de mon âme. Nathalie sait à quel point j'ai souffert sur cette Terre. Il est possible de dépasser la souffrance et l'apparente incompréhension du sens de la vie, pour peu qu'on en trouve la porte et qu'on laisse une chance au soleil de nous réchauffer.

C'est parfois au terme de beaucoup de souffrances et de malheurs que l'être meurtri et brisé tourne son visage éploré et ravagé vers Dieu, cherchant consolation, espoir et amour. Je ne veux pas cela pour vous. Je veux que vous gagniez votre Ascension et que celle-ci soit un triomphe, une étape franchie en toute conscience et en toute liberté. C'est ce que je vous souhaite du fond de mon coeur. Bien sûr, je désire que mon témoignage soit inscrit dans ce livre. Il se veut un témoignage d'amour et d'espoir pour tous ceux qui souffrent.

La grâce de Dieu est à l'oeuvre en vous. Vous êtes dignes du meilleur. Le meilleur et que ça presse, oui, car le temps se sauve et ne revient pas. Je crois que vous êtes plus à même de savoir discerner vos priorités? Vous êtes plus conscients de vos capacités et possibilités, de vos désirs et préférences. Vous avez tous grandi dans l'aventure et nous aussi, de par vos prises de conscience, nous nous élevons tous. Votre charge vous semble lourde? N'oubliez pas que vous débroussaillez le chemin pour ceux qui suivent, ceux à qui il faut tendre la main. Ceux qui méritent qu'on leur insuffle une parcelle d'espoir, un rayon rose doré des Anges, une brise de feu violet.

La négativité n'aura plus place dans votre vie. Si vous maintenez certaines attitudes ou préjugés, vous souffrirez dans votre âme et votre corps et en serez ralentis. Il y a des millénaires que l'humanité entasse la poussière sous le tapis! Ça ne peut plus durer. Vous vous retrouvez maintenant confrontés à vos inconsciences et manquements d'amour. Vous pataugez une dernière fois dans la vase de votre négativité. Vous saurez vaincre, car vous êtes portés par l'Esprit. La Terre compte sur vous pour l'accompagner dans sa propre mutation.

Voici, en essence, mon message: soyez perceptifs des âmes avides de paix et d'amour autour de vous. Répandez sans crainte votre Amour et votre Paix, pour insuffler un vent de changement qui saura déclencher un désir de retour à la Source, qui saura guider les âmes jusqu'au pont. Vous êtes des éclaireurs, ceux qui montrent la voie, ceux qui ouvrent la marche, ceux qui inspirent confiance.

Vous êtes Vérité. Vous n'avez qu'à être. Aller à l'Essence de votre être, de votre egrégore et vous y trouverez un nectar plus enivrant que le champagne. Un nectar qui vous soutiendra en temps de doute et en temps de dualité. C'est notre cadeau, des Anges, de Saint-Germain et de moi-même. Un sentiment bien tangible, bien physique de notre présence dans vos vies. Il n'en tient qu'à vous de vous laisser aller au désarroi, à la négativité, au manque de force et de vitalité. Fini pour vous le temps des nuits noires de l'âme. Si vous entretenez votre canal, bien sûr, vous affronterez les épreuves avec un regard neuf, une nouvelle conscience qui vous permettra de ne pas sombrer dans l'hypersensibilité, d'être victimes de vos émotions, de votre mental emballé et autre. Pour entrer en contact avec cette fontaine de Jouvence, il ne suffit que de prendre quelques bonnes respirations et de formuler:

Par la Vérité de mon Soi, la Grâce de Saint-Germain et la Bénédiction des Anges de Lumière, je communie à ta Fontaine d'Amour. Je Suis Un. Qu'il en soit ainsi et cela est.

Pour transcender la matière, c'est bien cela. Il vous est beaucoup donné car vous aurez beaucoup à donner . Dites-vous bien que cette Énergie illimitée qui vous sera accessible ne peut demeurer en circuit fermé à l'intérieur de vous. Elle doit se manifester et elle le fera, car le besoin sera impérieux, il vous prendra de force tel un tourbillon. Vous devez êtres prêts à assumer ce rôle et à vous élever à cette fréquence d'Amour.

Si je ne me trompe pas, vous avez tous des petits bobos qui remontent. Des vieilles afflictions qui reviennent ou des choses auxquelles vous êtes coutumiers mais qui prennent de l'ampleur. Ne vous alarmez pas. Si vous avez la foi, vous passerez par-dessus ces derniers sursauts de conscience du troisième niveau qui s'attardent, qui s'attachent, qui encrassent vos corps. Mangez légèrement, de plus petites portions et plus fréquemment. Buvez en quantité suffisante. Accordez-vous de bonnes nuits d'un sommeil de qualité. Laissez-nous vos soucis matériels, déposez vos tracas au pieds de notre autel et ne reprenez pas le fardeau le lendemain matin! C'est un ordre!

Méditer sur la grande Lumière Christique qui s'élève du coeur de chacun et qui fait comme une fontaine de Jouvence en vos coeurs avides d'Amour, de Paix et de Lumière.

Soyez gais et soyez respectueux. Expérimentez avec la Lumière et l'Énergie. Je suis très reconnaissante qu'il y ait des âmes de bonne volonté sur la Terre, prêtes à grandir et à recevoir ce que nous avons à offrir. Nos deux réalités bénéficient grandement de s'entraider et de s'épauler mutuellement. C'est ensemble que nous bâtissons la Terre Nouvelle.

Sur ce, je vous quitte et vous rappelle que nous sommes tous enfants du même Père, tous dignes de Son Amour.

Il m'a fait un plaisir immense d'être parmi vous.

Amour, Paix, Harmonie, Félicité, Libération, Grâce.

Lucia

P.S. Les liens de l'Amour sont plus forts que les liens humains. La grande famille de Dieu englobe toutes les familles humaines.

2

MESSAGE DES ANGES DE LUMIÈRE

Oui, bienveillants ouvriers de la Lumière. Nous venons avec la paix au coeur.

Nous sommes des Anges sous l'autorité de l'Archange Gabriel. Nous sommes à l'oeuvre dans le plan éthérique pour assister les humains dans ce qu'ils ont à vivre. Notre tâche consiste à endiguer la brèche, comme Lucia vous l'a révélé, et à rétablir la fréquence de l'Énergie, c'est-à-dire purifier les vibrations, transmuter les zones discordantes et ramener le Vrai.

Dans un premier temps, notre tâche consiste à réparer les dégâts et à parrainer le mouvement du Reiki. Nous avons toujours été là, de toute éternité, secondant les gens qui oeuvraient avec l'Énergie Cosmique d'Amour qu'est le Reiki.

Nous sommes heureux de nous révéler à vous en tant que vos Anges gardiens. Sachez que nous sommes toujours présents avec vous lors de vos méditations, de vos tribulations et de vos transmissions Reiki.

Il nous fait extrêmement plaisir de nous retrouver, ici, réunis avec vous pour une si belle cause qu'est l'éveil de la conscience sur la planète Terre.

Le Reiki est une essence au parfum oublié mais qui ravive, en votre âme, votre souvenir d'une autre réalité qui a déjà été la vôtre. C'est un catalyseur très puissant.

Non, rien ne peut être fait pour endiguer le trou énergétique causé par le dévoilement des symboles. C'est très malheureux mais dites-vous bien qu'ainsi en a été voulu par la Source. C'est difficile à comprendre et à accepter. Il ne reste qu'à prier pour ceux qui ont commis ces actions, pour ceux qui les commettent maintenant et pour ceux qui les commettront à l'avenir.

Ce n'est pas la première fois que le Reiki apparaît, puis disparaît de la surface de la Terre. Les intentions derrière sa redécouverte étaient nobles. Par contre, ce qui se passe en ce moment est bien à l'image de votre société qui va à la dérive. Ce n'est nullement un jugement de valeur de notre part, bien au contraire. Mais il en est ainsi quand des transgressions graves sont créées. La vacuité laissée par le vacuum, due à la brèche dans l'Égrégore Forme Pensée du Reiki, a sa raison d'être. Un drainage s'impose dans vos rangs tout comme dans vos coeurs.

Au niveau du code d'éthique, cela est plus délicat, car nous ne voulons pas transformer le Reiki en dogme, en culte, et créer des croyances qui seront endossées aveuglément. Vos intentions sont louables mais dites-vous bien qu'on ne peut pas forcer la Lumière et l'Éveil: chaque chose en son temps. Il faut apprendre à aimer le monde dans lequel vous vivez et évoluer avec ses splendeurs et ses horreurs. Même chose en Reiki. Alors, prudence, car c'est en son coeur et face à son Créateur que chaque être a des comptes à rendre.

Le Reiki est Universel, Immémorial et à la disposition de tout être de bonne volonté. Comment traduire cela en termes plus concrets? Eh bien, de tout temps, le Reiki, sous toutes ses formes, aura toujours été présent sur Terre. Quand les intentions sont pures et que le désir d'aider et de donner est sincère, aucun problème ne se pose. Mais dès qu'il est question d'abus de pouvoir, de contrôle émotionnel et d'avantages monétaires, un problème se pose.

Mais qui êtes-vous pour juger? Ces gens-là se détruisent eux-mêmes et ceux qui sont appelés vers ces praticiens le font parce que, karmiquement, ils ont des choses à apprendre.

Il ne faut pas manipuler les gens mentalement, émotionnellement ni psychologiquement. Le pouvoir acquis aux dépens des autres n'est que du piratage énergétique qui vous fait contracter une dette que vous devrez repayer.

Nous vous semblons peut-être graves mais c'est ainsi que les imposteurs se révéleront d'eux-mêmes. Il est fort louable de vouloir protéger le mouvement, ainsi que les praticiens et leur clientèle. Le mouvement d'initiation doit venir de lui-même. Ceux qui sont appelés réuniront les gens vrais et tout prendra forme ainsi.

Au niveau des associations, eh bien il n'en tient qu'à vous de faire la part des choses. Vous pouvez ignorer ce que vous avez appris au niveau des autres associations ou bien vous unir à elles. C'est à vous de reconnaître vos frères et soeurs de Lumière. Ayez la foi. Demandez notre protection et vous serez guidés de l'intérieur.

Si vous devez vous rassembler en une association eh bien, encore là, c'est à vous de décider. Si vous agissez de votre propre chef avec votre coeur et chargez ou troquez vos services pour des montants, disons respectueux, vous agissez en tant qu'individus isolés et c'est très bien ainsi. Si vous

vous regroupez en association, dites-vous bien qu'il y en aura toujours un qui trouvera à redire sur la largesse ou la petitesse de votre coeur.

On peut difficilement imposer un barème, car chaque cas est unique. Vous l'avez expérimenté d'ailleurs, car vous avez déjà offert gratuitement des Reiki, des initiations, poussés par l'élan de votre coeur. S'il y a une association, un code d'éthique, ces choses-là ne seront plus possibles et seront jugées par vos pairs. En quelque sorte, c'est un peu ce que Jésus voulait dire quand il parlait du Royaume de Dieu. Votre association n'est pas terrestre. C'est votre appartenance à une voie donnée, dans votre cas c'est votre Maître spirituel ainsi que nous, les Anges de Lumière, qui créent votre support.

Nous ne pouvons pas, malheureusement, entériner aussi directement dans vos vies et vos karmas respectifs. Notre désir d'aider est sincère et nous vous tendons la main mais nous devons respecter les limites imposées par notre Créateur. Nous ne pouvons pas nous justifier. Nous pouvons seulement dire qu'il y a beaucoup de tribulations à venir, beaucoup de raz-de-marée et cela a pour unique but de nettoyer l'impur du pur. Ceux qui sont ancrés dans la Lumière seront flexibles, tels des roseaux, et ne seront pas emportés par cette tempête.

Au niveau des symptômes et des traitements, je dois vous dire qu'il y a déjà des livres sur le sujet, ceux de Louise Hay, et que nous n'avons rien à ajouter. Nous ne pouvons pas vraiment parler de diète ou de régime alimentaire ou traitement sans risquer de vous exposer à des poursuites pour pratiques illégales de la médecine. Cela est bien malheureux, car beaucoup de bien pourrait être fait.

Mais vous êtes de la nouvelle race. On vous a déjà demandé de faire un acte de foi envers le Reiki. Aujourd'hui, nous vous redemandons de même. Priez pour que ceux que vous traitez, que vous initiez ou conseillez soient guidés et aidés. Visualisez-vous lors d'un traitement, avec votre Ange-gardien derrière vous, travaillant de pair avec l'Ange-gardien du patient ou de l'initié. Invitez les Saints, les mystiques et les Grands Êtres qui parlent à votre âme. Entourez-vous de Lumière et vous verrez que vous êtes dans la bonne voie.

Nous vous demandons d'être humbles et de rendre votre canal disponible à ce qui doit être. Bien sûr, cela semble peu attrayant si vous vous comparez avec des gens qui visent à se donner de l'importance; cela se joue beaucoup au niveau de la gloire, la renommée, etc. Il n'est pas donné à tout le monde de tout savoir. Dites-vous bien que cela est louche. Si des gens vous raillent et vous ridiculisent, prétextant que vous vous en remettez passivement à ce que vos guides vous disent, eh bien sachez que ceux-là seront les premiers à être éprouvés dans leurs egos.

Ceux qui ont des missions très importantes ne s'en vantent pas: ils font ce qui leur est demandé pour le Service de la Lumière. C'est tout.

Mieux vaut travailler aux fondations d'une nouvelle ère et accepter son avènement que de s'ancrer et de s'attacher aux décombres de cette ancienne réalité qui perdure encore sur votre plan, malgré tous les signes évidents du Renouveau Omniprésent.

Il faut savoir ouvrir son coeur à ce qui doit être et accueillir la nouvelle Vérité émergente. Oui, le sublime et le hideux se côtoient, mais ne font-ils pas tous deux partie du

Royaume de Dieu?

Voilà pourquoi vous ne devez pas juger la situation présente de crise au sein du mouvement Reiki. Vous devez accepter inconditionnellement toutes les manifestations comme émanant de la Source. Oui, c'est bien ce que j'ai dit. Vous devez accepter toutes les manifestations divines malgré votre apparente incompréhension. La situation présente dans le Reiki et son aspect trouble ne doivent pas vous atteindre outre mesure.

Qu'allez-vous faire quand toute la négativité refoulée sera en débâcle partout sur Terre? Il n'y aura nulle part où vous cacher et vous n'aurez que vous-mêmes et la lampe de votre coeur, demeure de votre âme, pour refuge.

La dualité aura de l'emprise sur vous tant que vous lui laisserez avoir cet ascendant sur vous. La séparation n'est qu'illusoire. Vous n'avez pas à appeler le Reiki à vous, il est là. Il l'a toujours été et ce, de toute éternité. C'est l'Élixir dans lequel toute création évolue. Il faut s'arrêter et ne faire qu'Un avec la Source pour que l'Énergie réharmonisante puisse faire son travail et maintenir la vie.

En vous arrêtant et en laissant la porte ouverte, vous ouvrez votre existence à l'Élixir de vie qui maintient toute vie. Le Reiki est la vie, le Reiki est Célébration de la vie. Toutes créations, toutes actions ne sont possibles que par la grâce de cette Énergie. C'est la grande réformatrice, la régulatrice de l'influx du souffle de vie.

Le Reiki, c'est plus que de la guérison ou de la réharmonisation. Le Reiki est l'égal du Prana, c'est le souffle divin. C'est la sève bienfaitrice, c'est le dénominateur commun à chaque création. Le Reiki, c'est votre nourriture et votre Élixir de Jouvence.

De toute éternité, le Reiki aura été à la portée de l'Humain Véritable, mais il aura parfois été caché à l'être pas assez évolué dans l'échelle de la vie. C'est le Feu Sacré, dérobé par Prométhée dans la mythologie grecque. Il est source de beaucoup d'envie, de machinations, mais il est au-dessus de tout cela parce que personne ne peut le posséder et le garder pour lui. Personne ne peut l'acheter et le vendre malgré le fait que le droit de passage soit monnayable.

Il aura été au sein de plus d'une controverse, mais aura su toujours se relever de ses cendres.

Le Reiki, c'est ce qui soutient vos cellules; c'est la conscience qui les protège de la dégradation. Le Reiki, c'est tellement plus que ce que vos cerveaux humains limités peuvent saisir, et tellement simple à la fois. Il est de même nature que Dieu. Il n'est pas éloigné de vous. Il n'attend que vous pour se manifester dans votre vie.

Dès que vous l'invoquez sincèrement une fois, jamais il ne vous quittera, quelle que soit la forme invoquée. Il se manifestera à vous de la façon la plus pertinente par rapport à votre réalité.

Le Reiki peut être votre carte de visite parce que vous l'appelez à vous de façon journalière et renforcez votre lien tangible. De par votre dévotion et votre acharnement, vous appelez à vous l'Énergie de vie pour vous et les autres. C'est en ce sens qu'elle est votre signature. Sans ce sursaut de conscience, le Reiki n'est rien, car il doit se reconnaître lui-même. Ceci est primordial. Le reste suivra.

L'Univers est si vaste et si plein de mystères qui, pourtant, sont si simples une fois que l'on s'en remet entièrement au Divin à l'intérieur de nous.

Le coeur et l'Amour sont les moteurs de cet univers. Si

vous vous ouvrez pleinement à cet Amour, vous n'aurez que joie et effervescence à l'intérieur de votre être. Vous n'aurez qu'un seul désir: partager.

Le Reiki et l'Amour doivent devenir votre deuxième nature. Viendra un temps où un long rituel d'iniation et une période d'assimilation correspondante ne seront plus nécessaires. Il est un temps où tout sera possible, où le seul regard d'un être aimant servira à guérir et à s'élever.

Vous devez faire corps avec le Reiki à tous les jours de votre vie. Que celui-ci s'écoule en vous et de vous à tous les moments de vie, bénissant tout autour de vous. C'est le cercle sans fin de la vie: l'énergie en mouvement qui donne et qui reçoit éternellement.

Vous devez vous rendre disponibles et que ceci ne soit pas un effort intellectuel. Vous ne devez pas vous forcer, vous astreindre. Ceci doit venir sans effort, sans volonté, sans désir conscient même de votre part. C'est l'ultime but du Reiki: la fusion avec la Source de Tout, la réunification avec le Soi, la rencontre avec le Suprême.

Et c'est par ce chemin que de grandes choses seront accomplies. Cette porte ouvre la voie à de grandes âmes qui se manifesteront bientôt sur votre plan.

Acceptez qu'il y ait un vent divin à l'oeuvre en vous. Accueillez cette force et laissez-vous porter où elle vous emmènera. Nulle lutte, nulle hâte: chaque chose en son temps. C'est la grâce divine à l'oeuvre dans vos vies.

Vous pouvez êtres assurés de notre Amour et ce, à tous les moments de votre vie. Le Reiki, c'est cela: c'est le vent divin à l'oeuvre en vous, une intelligence millénaire qui va au-delà des conventions, au-delà des enseignements, au-delà des attentes. Il faut avoir le courage d'accepter ce que vous recevez, même si cela semble aller à l'encontre des normes établies.

Souvent, les normes ne sont qu'un échafaudage, une construction du mental tout juste bonne à faire monter les spéculations des érudits. Vous devez opérer avec les yeux du coeur, avec cette certitude que vous n'êtes pas seuls. Le Reiki est votre plus précieux compagnon, même si vous ne portez pas attention à ses bienfaits dans votre vie.

Il vous faut aller au-delà des enseignements statiques et séculaires que vous avez reçus. Il vous faut redécouvrir cette science qui en est à ses balbutiements. Tout est à refaire, tout est à redécouvrir. Et c'est à ce point que nous, les Anges, entrons dans votre vie. Nous sommes là pour vous aider à retrouver votre filiation divine, à regagner ces pouvoirs qui vous sont dus. L'éventail des possibilités dépasse votre imagination encrassée. Veuillez excuser l'image, mais vous n'avez aucune idée des possibilités latentes en vous, Reiki ou autres!

La génération montante, les enfants nés de vous et qui naissent maintenant ont soif de Vérité. Ils n'auront que faire de l'inaction du non-engagement et de la facilité. Ils seront implacables en ce sens qu'ils vous confronteront à vos créations tordues et attentes irréalistes. Votre Ciel, vous ne le gagnerez pas, vous allez vous le créer. Autant décrasser votre imagination dès maintenant pour ne pas être pris au dépourvu lors du grand passage entre le plan terrestre et le plan céleste.

De toute éternité, nous veillons sur vous. Nous avons toujours été là pour les gens de bonne volonté, pour les gens au coeur pur. Si vous ne recevez pas de messages, eh bien c'est que vous êtes sur la bonne voie! Si vous avez des doutes, il vous faut écouter la voie de votre coeur. C'est nul autre que vous-mêmes qui saurez dire si vous devez prêter attention à cette petite voix qui s'y fait persistante. Le Reiki vous apprendra à différencier en vous la voix du mental affolé, de l'ego bafoué et celle du coeur, si peu sollicitée.

Oui, il y aura beaucoup de travail à venir encore mais ayez foi en vous-mêmes et en Reiki qui vous soutiendra à chaque moment.

Il faut avoir la force de ses convictions, la force de s'affirmer. Oser dire ce que tout le monde pense tout bas et même l'exprimer tout haut. Il faut mettre en branle les énergies épuratoires et se libérer de la stagnation. Vivre la vie. Vivre le mouvement.

C'est un miracle! Oui, il est vrai, notre message n'a jamais changé et ne changera jamais. De toute Éternité, les prophètes et les Grands Êtres qui ont cheminé sur cette Terre sont venus dans la compassion guider l'humanité dans ses balbutiements, dans ses premiers pas vers la Sagesse. C'est un message bien au-delà des mots qui s'adresse à chaque être, à chaque âme, selon sa compréhension.

Nous partageons cette joie que vous avez en votre coeur et nous nous en régalons. Tout comme vous pouvez être repus et rassasiés de votre soif d'amour par notre rayonnement, nos chants, nos danses, nous de même sommes nourris de vos espoirs, de vos rêves et de vos réalisations. Cet échange est inconditionnel, ne l'oubliez pas, et ce pont de Lumière nous permet un échange culturel complet, aucunement comparable à ce qui se faisait dans le passé.

Notre présence active sur Terre se fera de plus en plus sentir. Nous allons occuper les médias. Nous allons apparaître à de grands groupes de personnes. Les enfants sauront nous reconnaître; les animaux et les plantes également. Ce processus de diffusion est déjà enclenché mais portez bien attention, car nos effusions vont s'intensifier.

L'Angéologie est à la mode. Certains sceptiques y verront la marque d'un millénaire qui s'achève, le besoin de se rattacher à quelque chose. D'autres y verront une recrudescence de la foi et la preuve tangible des miracles de Dieu en action.

Tous seront touchés et personne ne sera indifférent. Nous sommes déjà parmi vous, vous inspirant, vous protégeant, vous réconfortant pour peu que vous vous abandonniez à votre guidance intérieure.

Chacun y va de sa petite sauce spéciale et de son petit plat d'anges sur mesure. Et bien, nous ne désirons pas devenir les marionnettes d'êtres en quête d'attention, de succès ou de pouvoir. Nous-mêmes descendrons et parlerons pour nous-mêmes et ce jour sera glorieux. Plus personne ne pourra nier notre existence et, de là, une plus grande compréhension et collaboration prendront place entre nos deux sphères.

Car, après tout, nous sommes le produit de nos pensées. Nos pensées sont légères et non prétentieuses. C'est ce qui nous permet de voler! Vous aussi, vous le pouvez, pour peu que vous lâchiez les amarres et que vous vous acceptiez totalement.

L'humanité est dure envers elle-même. Vous avez beaucoup à vous pardonner, beaucoup à apprendre, beaucoup à donner également.

Pourquoi lutter et frapper un mur? Pourquoi ne pas le contourner, le surmonter, l'escalader, sauter par-dessus? Pourquoi ne pas voler au-dessus ou bien passer à travers en ne faisant qu'un avec lui? Nous sommes principalement à l'oeuvre pour que chaque être en vienne à s'aimer et à s'accepter inconditionnellement, mais plus spécialement pour que vous réalisiez que vous n'êtes pas seuls et que vous ne l'avez jamais été. Vous pouvez avoir confiance en cette petite voix au fond de vous.

L'établissement d'un lien permanent et durable avec vos guides et votre Ange gardien est primordial à votre survie sur cette planète, car c'est ensemble et en unissant nos forces que nous ferons de cette Terre un Paradis, l'Oasis de Paix tant attendu.

Le Reiki agit en quelque sorte comme un médiateur entre nous. C'est l'interprète qui rend notre langage accessible. C'est par la grâce de l'Esprit-Saint que votre conscience s'éveille à notre présence et à notre action dans votre vie. Nos énergies sont humanisées par le Reiki et vous sont plus accessibles. Le Reiki rend les Anges à l'humanité. Auparavant, nos interventions étaient plus spectaculaires et moins fréquentes. Nous ne voulons pas dire que nous nous banalisons mais, en quelque sorte, nous sommes plus accessibles, moins distants, moins insaisissables.

C'est peut-être moins romantique ou grandiose, mais c'est l'humanité tout entière qui s'est engagée sur cette voie. C'est la Terre qui entre en mutation et l'Univers ne peut rester indifférent.

Nous n'avons absolument aucune crainte par rapport à votre capacité de mener à bien cette entreprise de Lumière. Votre engagement réel et véritable se situe au niveau de votre Soi et c'est votre âme, sur les plans de Lumière, qui effectue la plus grande partie du travail. Nul besoin pour vous de vous culpabiliser.

L'essentiel du travail consiste à absorber et digérer l'Essence de notre travail, l'Essence de notre message, pour que vous puissiez le transmettre lors de vos transmissions Reiki, initiations Reiki, méditations quotidiennes, prières et autres. Votre tâche est d'ancrer le pont en vos consciences, à y croire et à le matérialiser par votre désir de manifester ce que votre âme a entrepris. Vous aviez déjà réalisé que l'essentiel se passait à l'insu de votre conscience de veille. L'important, eh bien, c'est de s'engager à servir et surtout de vouloir grandir vraiment. Alors n'ayez crainte, vous êtes entre de bonnes mains: les vôtres.

Effectivement, c'est à votre tour d'entrer en scène plus activement. Nous vous avons donné tout ce qui était en notre pouvoir de vous transmettre. Il n'en tient qu'à vous de faire de cette entreprise une réussite.

Vous avez carte blanche, entièrement et totalement. Nous supervisons tout et ne sommes qu'à deux pas. En cas de doute, remettez-vous en à votre voix intérieure, celle qui ne vous laisse pas tomber, celle qui vous suit pas à pas.

Nous devons vous quitter. Il nous a fait extrêmement plaisir de collaborer à notre façon à l'Éveil de votre plan de conscience. N'oubliez pas cette flamme qui veille à l'intérieur de votre être.

C'est un départ qui n'en est pas un, car votre conscience sera nourrie par l'aspect de vous qui demeure en contact constant avec nous.

Ce n'est qu'un au revoir... temporaire. C'est un au revoir dimensionnel car, sur d'autres dimensions, le contact est présent. Ayez foi en vous-mêmes. Nous vous souhaitons de la joie, du repos et du travail revalorisant. Vos fruits et réalisations seront à la mesure de votre Foi.

Soyez bons et bienveillants envers tous. Ouvrez votre coeur, accueillez les gens tels qu'ils sont vraiment. Il faut respecter l'évolution de chacun et tous n'ont pas la même ouverture d'esprit.

Bonne route et que le pont soit au bout de votre route.

Salutations et mille bénédictions

Les Anges de Lumière

3

L'HISTOIRE DU REIKI

Comme nous l'avons vu précédemment, l'énergie du Reiki est vieille comme l'univers: c'est en fait cette Énergie qui a créé l'univers. L'histoire du Reiki est donc plus vieille que l'univers.

Dans la Grèce antique, le Reiki était le Feu du Ciel dérobé par Prométhée, personnage de la race des Titans, qui le transmit aux hommes de la première civilisation dont il était l'initiateur. Pour le punir, Zeus l'enchaîna sur le Caucase où un aigle lui rongeait le foie qui repoussait sans cesse; Héraclès le délivra. Le mythe de Prométhée a inspiré de nombreuses oeuvres picturales et littéraires.[1]

Dans sa forme actuelle, comme nous la connaissons, l'énergie du Reiki est un système, une technique qui est utilisée par les moines tibétains depuis plus de quatre mille ans.

Nous avons demandé aux Anges de Lumière comment le Reiki était connu à travers les âges. Voici leur commentaire:

---

[1]Référence: Le Petit Larousse illustré 1989.

«L'Énergie de Guérison est Une et Universelle. Le Reiki, c'est une étiquette, un nom donné à cette Grâce. La guérison s'opère par la prière pour soi et pour un autre, par l'imposition des mains pour soi et pour un autre. Dans le premier cas, l'affligé s'adresse directement à la Source; dans l'autre, il y a un intermédiaire.

Toutes les grandes civilisations, axées davantage sur les valeurs spirituelles que matérielles, étaient des nations de guérisseurs. Le Reiki, comme je vous l'ai déjà dit, a toujours été et sera toujours. Parfois, il était «redécouvert» et sombrait de nouveau dans l'oubli quand les valeurs changeaient ou bien qu'une vague d'invasions barbares survenait. Les civilisations s'écroulent sur elles-mêmes de l'intérieur mais il y a toujours, de par le monde, des êtres exceptionnels qui sont en contact avec l'Un. Ce sont eux qui maintiennent la flamme, la balance énergétique sur Terre.

Au tout début, avant que les perversions humaines ne viennent ternir l'éclat des grands peuples, les Amérindiens et leurs Chamans, les Atlantéens, les Sumériens, les Esséniens, les Rose-Croix, les Égyptiens et les Grecs de l'Antiquité étaient en contact plus étroit avec la divinité au fond d'eux-mêmes. C'est ce que nous essayons de faire passer comme message. Le Reiki n'est pas la solution à tous les maux. L'Énergie de Guérison de la Source l'est. Il ne faut pas cependant la confiner dans une définition préétablie. Voilà!»

J'ai alors demandé aux Anges de Lumière s'ils voulaient me donner des précisions sur l'histoire du Dr Usui, du Dr Hayashi et de Mme Takata. Voici leur réponse:

«Je ne veux pas dire que c'est impossible, mais, en quelque sorte, la vie du Dr Usui, Hayashi et de Mme Takata est entourée d'un mystère. Et c'est voulu ainsi. Malgré toute

la bonne volonté et les efforts, l'histoire demeure un récit subjectif. Chacun le vit et l'interprète à sa manière. J'espère que tu ne m'en voudras pas de t'en remettre à toi-même. C'est néanmoins ce que je fais. Rien ne sert d'être nostalgique et de vénérer ces trois maîtres: ils sont les précurseurs, la trinité choisie pour réimplanter à nouveau sur le plan terrestre l'Énergie Reiki, pour une diffusion à grande échelle. Je vous ai déjà dit que l'Énergie est venue et repartie selon la compréhension et l'usage que l'humain en a fait.

«Les maîtres d'origine sont ceux qui ont déterré et tracé la voie. La voie est entre vos mains. Que se passe-t-il? Divisions, luttes, guerres de pouvoir. La focalisation est faite sur la lignée ou l'idéologie au lieu d'être sur le Reiki pour lui-même. Vous êtes en quelque sorte les prophètes d'une voie possible du Reiki: la Grande Voie. La Voie englobante, celle qui envisage tous les aspects de la Vérité. Contente-toi, André, d'y aller du mieux que tu peux; l'essentiel passera. Ce n'est pas que je veuille dissimuler des faits mais nous ne nous voulons pas apôtres d'une nouvelle ère, de renouveau dans le Reiki, pas plus que vous ne voulez l'être. Ne tombez pas dans le piège de l'ego. C'est vraiment sans importance.»

Cette histoire a été publiée à plusieurs reprises mais chaque version a ses variantes. Nous l'avons reprise en faisant la synthèse de ce qui nous semblait le plus probable et le plus complet, sans toutefois déborder de l'encadrement de ce chapitre.

Nous la représentons afin de mettre en perspective le fait que le Reiki n'est pas venu sans efforts et sans mérites, sans douleurs et sans sacrifices. Cette histoire démontre que les pionniers du Reiki ont fait preuve d'un immense courage et d'une détermination enviable.

Nous, initiés et futurs initiés du Reiki, devons nous incliner respectueusement devant cette Énergie d'Amour Inconditionnel qui a été apprivoisée par ces pionniers qui nous l'ont laissée en héritage.

Voici l'histoire du Reiki moderne:

Le Reiki fut redécouvert vers 1850 par le Dr Mikao Usui, alors qu'il était moine et doyen du séminaire chrétien, à l'Université Doshisha de la ville de Kyoto au Japon. Très tôt dans son enfance, Mikao fut éduqué par des missionnaires chrétiens, admis dans le pays, suite à la réouverture des frontières japonaises aux étrangers.

Mikao adopta la philosophie chrétienne et devint ministre et philosophe, enseignant la Bible aux adolescents. Or, un jour, l'un de ses élèves lui demanda s'il croyait aux enseignements de la Bible. Mikao répondit par l'affirmative. L'élève lui demanda alors s'il croyait vraiment que Jésus guérissait des malades et accomplissait des miracles, tel que l'enseigne la Bible chrétienne. Mikao répondit qu'il y croyait, bien sûr.

Citant les paroles mêmes de Jésus dans la Bible: «Vous ferez ce que j'ai fait et de plus grandes choses encore!», l'étudiant poursuivit: «Pourquoi n'y a-t-il pas plus de guérisseurs dans le monde d'aujourd'hui? Si tout ceci est vrai, enseignez-nous le!»

L'étudiant demanda en outre au Dr Usui si lui, en tant qu'enseignant de cette tradition, pouvait guérir comme Jésus le faisait. Mikao baissa la tête et répondit qu'il ne le pouvait pas. L'étudiant lui demanda alors comment il pouvait croire ce qui est écrit si personne ne pouvait prouver ces enseignements ni refaire les mêmes gestes, deux mille ans plus tard.

Fidèle à son honneur de Japonais, le Dr Usui annonça à ses élèves qu'il partirait et parcourait le monde s'il le fallait, mais qu'il reviendrait leur donner la réponse et leur enseigner comment guérir.

Le même jour, il quitta son poste et s'embarqua pour l'Amérique où il pourrait trouver des universités où l'on enseignait la théologie chrétienne. Il s'inscrivit à l'université de Chicago afin d'étudier les Écritures Saintes, mais comprit très rapidement qu'il ne cherchait pas au bon endroit.

Il décida alors d'étudier toutes les grandes religions. Il se concentra surtout à étudier la tradition bouddhiste, sachant que Bouddha lui-même, ainsi que ses disciples, guérissait comme Jésus. Après sept ans en Amérique, il décida de rentrer chez lui, à Kyoto, où il pourrait étudier plus facilement les Sutras du Lotus bouddhiste japonais.

Dans sa quête, il visita plusieurs monastères et plusieurs temples, demandant aux moines bouddhistes s'ils connaissaient la méthode de guérison du Bouddha. Tous répondirent qu'ils savaient guérir l'âme, mais non point le corps.

Au cours d'une visite dans un monastère, un moine Zen l'invita à rester afin d'étudier plus profondément les Sutras bouddhistes. Il accepta et demeura sur place pendant plus de deux ans. Incapable de trouver quoi que ce soit dans la tradition japonaise, il résolut d'apprendre le chinois, vu que cette tradition venait de la Chine. Encore une fois, ses recherches demeurèrent vaines.

Il avait tout de même le sentiment de se rapprocher de son but. Il décida d'apprendre le sanskrit pour aller à l'origine des Écritures et étudier les Sutras du Lotus tibétain. Il devient alors un maître du sanskrit et c'est, dans cette langue, qu'il trouva des indices. Afin d'en connaître encore davantage, il voyagea en Inde et dans les Himalayas.

Après sept ans de recherche, il découvrit des symboles servant à la guérison dans les Sutras du Lotus tibétain. Il avait trouvé les symboles, secrets de la guérison, mais la technique d'utilisation n'y figurait pas. Il ne savait pas quoi faire avec ces symboles, ni comment les utiliser. Il avait besoin d'être initié.

Réalisant qu'il avait trouvé la clé de la guérison, il revint chercher conseil auprès de son vieil ami, le moine Zen, et tenter de découvrir comment il pouvait être initié à cette science. Ils méditèrent ensemble sur la question et en vinrent à la conclusion que Mikao devait se rendre au sommet de la montagne sacrée, le mont Kuriyama, à quelque vingt-cinq kilomètres de Kyoto, pour y jeûner et méditer pendant vingt et un jours.

Mikao ramassa vingt et une pierres qui devaient lui servir de calendrier. Faisant face à l'est, il en jetait une à chaque lever du soleil. À l'aube du vingt et unième jour, avant le lever du soleil, il prit la dernière pierre dans ses mains. Réalisant que rien ne s'était passé encore, il se jeta à genoux en signe de désespoir, priant une dernière fois pour obtenir une réponse.

À ce moment, son attention fut attirée par un scintillement dans le ciel. Cette lumière semblait venir rapidement vers lui. Il prit peur et voulut s'enfuir mais songea que ce signe pouvait être la réponse qu'il cherchait depuis si longtemps et avec tant d'efforts. Il ne pouvait abandonner ainsi.

Prêt à tout, alors, même à risquer sa vie, sachant que cette lumière pouvait être assez puissante pour le détruire, il laissa courageusement la lumière le pénétrer par le centre de son front. Il perdit momentanément conscience et se crut mort.

Soudain, des millions de petites bulles de toutes les couleurs apparurent devant ses yeux, suivies d'une lumière blanche à travers laquelle apparaissaient d'autres bulles. Chacune d'elles contenait un symbole en sanskrit, tridimensionnel et de couleur dorée: les mêmes symboles qu'il avait trouvés dans les Sutras. Ces bulles se présentaient à lui une à une, afin de lui permettre de mémoriser leur contenu.

Lorsqu'il revint à lui, dans sa conscience du plan physique, il aperçut le soleil qui brillait très haut dans le ciel. Il réalisa qu'il avait été dans un état de transe pendant plusieurs heures.

C'est ainsi que le Dr Usui fut initié aux enseignements complets; il connaissait dorénavant la signification des symboles et savait comment les utiliser. Il possédait désormais les secrets qu'il cherchait depuis si longtemps. Il savait maintenant que c'est la Force de Vie Universelle qui guérit. Il constitua ainsi le Système USUI pour l'harmonisation naturelle.

Après cette expérience, Mikao était rempli de gratitude et, revenu de sa transe, il sentit qu'il avait terriblement faim. En hâte, il dévala la montagne pour enfin raconter son expérience à son ami, le vieux moine Zen.

Dans sa hâte, il heurta une pierre et se foula un orteil ce qui fut très douloureux. Machinalement, il prit son orteil entre ses mains et songea à y appliquer sa nouvelle méthode: la guérison fut instantanée. Il eut dès lors la preuve de la véracité de sa vision. Ce fut la première manifestation, le premier miracle.

Continuant son chemin à la hâte, il s'arrêta pour manger dans une auberge et demanda un repas complet. L'aubergiste le regarda. Voyant que Mikao revenait d'un jeûne prolongé en constatant la longueur de sa barbe et ses vêtements tout poussiéreux, il hésitait à lui servir ce qu'il demandait. Il voulait plutôt lui servir quelque chose de plus léger. Mais Mikao insista et le repas commandé lui fut servi. Mikao le mangea en outre très rapidement. Même après un jeûne de vingt et un jours, il ne fut pas malade. Deuxième miracle.

Le repas lui fut apporté par la petite-fille de l'aubergiste. Elle souffrait d'un mal de dents. Le Dr Usui lui demanda la permission de toucher sa joue enflée et le mal la quitta immédiatement. Après quelques minutes, la joue était redevenue normale. Troisième miracle. La fillette comprit qu'il n'était pas un moine ordinaire.

Mikao poursuivit son chemin jusqu'au monastère où il apprit que son vieil ami, le moine Zen, souffrait affreusement d'arthrite. Après avoir fait sa toilette, le Dr Usui se rendit auprès de son ami. Très heureux de le revoir et ayant appris la bonne nouvelle de la guérison, il fut traité lui-même avec succès.

Mikao et son ami discutèrent ensemble de ce qu'il fallait faire de cette grande connaissance. Après mûre réflexion, Mikao décida de se rendre dans les bidonvilles de Kyoto pour guérir les mendiants affligés.

Il passa sept années de sa vie à aider les pauvres et à guérir les malades. Il dirigeait ceux qu'il avait guéris vers la société pour apprendre et poursuivre une vie normale et travailler pour leur subsistance. Mais, après un certain temps, il remarqua que des visages familiers revenaient à leur ancien mode de vie, affirmant que mendier était plus facile que de travailler.

Il constata avec amertume qu'il avait offert sept ans de sa

vie pour revenir au point de départ: ces gens ne voulaient pas s'aider à sortir de leur condition misérable et n'avaient aucune gratitude pour ce qu'ils recevaient. Il comprit qu'en guérissant uniquement le corps, sans se soucier de la spiritualité, c'était un acte désespéré. Il écrivit alors les Cinq Principes Spirituels du Reiki.

LES CINQ PRINCIPES SPIRITUELS DU REIKI

- ***Aujourd'hui, je ne me ferai pas de souci.***
- ***Aujourd'hui, je ferai honnêtement mon travail.***
- ***Aujourd'hui, je ne me mettrai pas en colère.***
- ***Aujourd'hui, je respecterai tous les êtres et je serai aimable envers tous.***
- ***Aujourd'hui, j'accepterai mes nombreuses bénédictions.***

C'est alors qu'il se promit que le Reiki ne serait plus jamais gratuit. Un échange deviendrait nécessaire.

Il commença à voyager à travers le Japon et enseigna sa technique à ceux qui désiraient apprendre à guérir. Vers le milieu des années 20, il rencontra un officier de la Réserve navale japonaise, le Dr Chujiro Hayashi, et lui enseigna tout ce qu'il savait sur le Reiki. Le Dr Hayashi avait alors 47 ans.

À la mort du Dr Usui, le Dr Hayashi devint Grand Maître de Reiki. Il poursuivit la tradition de l'enseignement du Reiki et ouvrit une clinique à Tokyo. Le Dr Hayashi était issu d'une famille illustre. Lorsqu'il choisit Tokyo, c'était surtout pour pratiquer parmi les gens éduqués et la haute société japonaise.

En une génération, le Reiki devint une technique de guérison acceptée par les dignitaires de la société. C'est à sa clinique de Tokyo qu'une jeune femme, nommée Hawayo

Takata, se présenta à l'automne de 1935. Elle espérait obtenir la guérison de ses multiples maladies: la médecine ne pouvait rien pour elle à moins qu'elle ne se soumette à une opération risquée.

Hawayo Takata était née tôt le matin de la veille de Noël de l'année 1900, à Honamaulu, sur l'île de Kauai, une des îles Hawaii. Elle avait toujours été de constitution fragile. Elle ne pouvait accomplir les mêmes tâches que ses compagnes de classe: remplir des sacs avec des coupes de canne à sucre.

Admettant sa faiblesse, elle avait supplié: «Mon Dieu, laisse-moi faire autre chose avec mes mains. Ne me renvoie plus jamais au champ de canne à sucre, non jamais.» (Elle n'aurait jamais cru, à ce moment, que sa prière serait exaucée 25 années plus tard, lorsqu'elle deviendrait Grand Maître de Reiki.)

Ayant été témoin de ce qui s'était passé, le conducteur du train qui ramenait les travailleurs à la maison, avait fait part au père de Hawayo des difficultés que la fillette éprouvait aux champs en raison de sa faible résistance physique. Avec l'approbation de son père, Hawayo quitta donc définitivement le travail au champ pour aider le principal de l'école à enseigner aux petits de première année. Durant toute la semaine, elle devait vivre dans la maison du principal de l'école. Le soir, elle travaillait à compléter ses propres études.

À 14 ans, elle aida à l'ouverture d'un nouveau magasin à quelque trente kilomètres de chez ses parents. En plus de travailler au magasin, elle devait aider à servir à un comptoir de soda. Elle vivait toujours dans la maison du principal de l'école où elle suivait des cours entre 6 et 8 h le matin. Puis, elle parcourait à pied plus de dix kilomètres pour aller travailler toute la journée au magasin.

Un jour, une dame très élégante se présenta au magasin et remarqua la fragilité et la gentillesse d'Hawayo. Elle lui offrit du travail dans une plantation. Repas et chambre seraient fournis et, de plus, on lui offrait le double du salaire qu'elle gagnait au magasin.

C'était une belle villa avec cinq petites maisons, une grosse étable et d'autres bâtiments pour la plantation. Lorsqu'elle fut présentée au cuisinier, celui-ci l'encouragea à rester, l'assurant que le travail n'était pas difficile et que le salaire était bon. En outre, elle ne serait pas aussi éloignée de ses parents qu'auparavant ce qui lui permettrait de leur rendre visite les fins de semaine.

Hawayo garda cet emploi pendant 24 ans. Elle commença comme serveuse au comptoir puis, avec les années, devient superviseure des 21 employés, en plus de faire la comptabilité.

Après un certain temps, elle se maria avec Saichi Takata, le comptable de la plantation. Ils eurent deux petites filles. En octobre 1930, elle perdit son mari à l'âge de 34 ans. Elle en fut fort malheureuse; il lui manquait énormément. De plus, elle devait travailler très dur pour subvenir aux besoins de sa famille.

De 1930 à 1935, elle travailla sans relâche, ce qui la mena à une dépression nerveuse. Elle souffrait en outre de plusieurs problèmes physiques. Elle avait, entre autres, des douleurs dans l'abdomen qui nécessitaient une opération mais des problèmes respiratoires excluaient toute anesthésie. Il lui fallait cependant absolument subir l'opération. Sa condition était précaire et ses chances de survie étaient plutôt minces. Le médecin ne pouvait garantir le succès de l'opération.

La jeune femme était désespérée; elle perdait graduellement de sa vitalité. Le soir, après son travail domestique, elle allait s'asseoir sous un arbre pour trouver la paix de l'esprit en méditant. Elle n'avait pas encore 35 ans, mais en paraissait 60. Elle avait tellement mal au ventre qu'elle ne pouvait pas marcher droite. Fréquemment, elle avait même beaucoup de difficulté à respirer. Elle regardait le ciel et priait afin d'obtenir de l'aide.

Or, un soir, elle entendit une voix lui dire très clairement qu'elle aurait à faire encore plus, mais qu'elle devait d'abord recouvrer la santé. Elle accepta ce message et demanda à être guidée dans ses épreuves. Trois jours plus tard, une de ses soeurs décéda subitement après quatre jours de maladie. Ce fut un des moments les plus pénibles de sa vie; elle devait avertir ses parents qui se trouvaient au Japon.

Accompagnée de sa belle-soeur, elle partit donc pour le Japon, en bateau. Ce fut aussi pour elle l'occasion de rapporter, au temple Ohtani à Kyoto, les cendres de son défunt mari qu'elle gardait depuis cinq ans.

Après le service de sa soeur, elle se rendit à Tokyo et fut admise dans un petit hôpital privé. Le chirurgien reconnut qu'Hawayo avait besoin de beaucoup de soins et qu'elle devait prendre des forces avant d'être opérée. Il lui conseilla alors de se voir comme dans un lieu de repos où elle pourrait bien manger et se reposer plutôt que dans un hôpital.

Après trois semaines de ce traitement, Hawayo se soumit à un examen médical complet. Le chirurgien confirma la présence d'une tumeur dans l'abdomen, de pierres à la vésicule biliaire et d'une appendicite. Il résolut de l'opérer le lendemain.

Très tôt le matin, elle fut conduite en salle d'opération. Les infirmières faisaient tous les préparatifs et les chirurgiens se lavaient les mains tandis qu'Hawayo attendait patiemment. Elle entendit soudain une voix intérieure lui répétant: «L'opération n'est pas nécessaire. L'opération n'est pas nécessaire.» Elle ouvrit les yeux pour constater que personne autour d'elle ne lui parlait. Elle se pinça pour s'assurer qu'elle ne rêvait pas et décida que, si la voix se faisait entendre une autre fois, elle l'accepterait. La voix revint, encore plus forte: «L'opération n'est pas nécessaire.» Elle ne savait trop quoi faire.

La voix lui disait: «Demande... demande... demande.» - «Mais, à qui demander?» - «Au chirurgien en chef... au chirurgien en chef... au chirurgien en chef.» Elle descendit alors de la table d'opération, enveloppée d'un drap. Les infirmières ne comprenaient pas son intention. Elles la réprimandèrent pour avoir gaspillé tous leurs préparatifs.

Les chirurgiens vinrent aussi vers elle, croyant qu'elle agissait par peur de l'opération. Elle leur affirma qu'elle n'avait pas peur et qu'elle n'était ni même nerveuse. Elle avait toutefois une question à poser au chirurgien en chef. Elle lui demanda s'il connaissait un autre traitement qui pouvait l'aider, à part l'opération.

Après un moment de réflexion, celui-ci confirma qu'il y avait effectivement autre chose. Cela dépendait cependant de la durée de son séjour à Tokyo. Il n'y avait aucun moyen de savoir combien de temps les traitements dureraient: deux semaines, deux mois ou un an peut-être. Pour lui, il était évident qu'elle ne pouvait pas être traitée par ce moyen puisqu'elle était à Tokyo pour deux mois seulement. Hawayo lui répondit qu'elle pouvait rester deux ans s'il le fallait, car sa santé était de première importance.

Le chirurgien fit appeler sa soeur, diététicienne à

l'hôpital. Celle-ci la conduisit dans un autre secteur de la ville, dans une clinique où on donnait des traitements sans drogues. Elles furent accueillies à la réception par Mme Hayashi. Au bout d'un moment, Hawayo entra dans la salle de traitements. Il y avait huit tables de massage et seize praticiens Reiki qui travaillaient sous la direction du Dr Hayashi.

Elle s'allongea sur l'une des tables, sans enlever aucun de ses vêtements. Deux praticiens commencèrent le traitement, l'un à la tête, l'autre à l'abdomen. Leurs mains touchaient à peine son corps. L'un d'eux commentait sur ce qu'il ressentait. Il dit: «Oh oui! votre vésicule n'est pas en bon état; vous devez avoir beaucoup mal ici. Il y a une excroissance là, ce doit être une tumeur...» Ainsi progressait le traitement.

Hawayo pouvait ressentir beaucoup de chaleur aux endroits où les praticiens apposaient leurs mains. Elle se demandait comment ils pouvaient connaître tant de détails sur son état. Elle pensait que peut-être le chirurgien de l'hôpital les avait appelés.

Le lendemain, elle retourna un peu plus tôt à la clinique pour avoir le temps de poser des questions avant son traitement. Ce jour-là, la soeur du chirurgien l'accompagnait. Avant de s'étendre, Hawayo regarda en dessous de la table et tout autour de la pièce pour essayer de découvrir des instruments quelconques qui auraient pu fournir la chaleur qu'elle avait ressentie la veille. Elle regarda ensuite au plafond pour voir si des fils étaient apparents. Elle ne vit rien d'anormal. Elle était dès lors convaincue que les praticiens cachaient des instruments dans leurs poches.

Elle décida de vérifier pour être rassurée. Elle empoigna la manche du praticien qui se tenait à sa droite. Surpris, celui-ci sortit un papier-mouchoir de sa poche et le lui offrit. Elle déclina poliment et l'informa qu'elle était plutôt intéressée par le genre d'appareil qu'il avait dans sa poche.

Le praticien se mit à rire. Il secoua ses poches pour démontrer qu'elles ne contenaient rien. À ce moment le Dr Hayashi vint s'enquérir de ce qui se passait. Elle exprima aussitôt sa curiosité en demandant comment le praticien pouvait savoir de quoi elle souffrait sans l'usage d'aucun instrument. Comment pouvait-il affirmer qu'elle avait mal à tel endroit précis? D'où provenait la chaleur et les vibrations provoquées par ses mains? Elle ajouta: «Ces mains ne sont pas ordinaires, elles doivent être connectées à une puissance quelconque.»

Le Dr Hayashi répondit: «Oui, effectivement, mon praticien est connecté à une puissance mais ce n'est pas de l'électricité, c'est de l'énergie Reiki.»

La curiosité et l'étonnement d'Hawayo l'amenèrent à poser beaucoup de questions. Le Dr Hayashi lui expliqua que le Reiki était la Force de Vie Universelle et que ses praticiens pouvaient utiliser cette Force pour guérir. Ils l'utilisaient en remplissant le corps tout entier de cette Énergie. «Cette Force est si grande que nous ne pouvons la mesurer. Elle est si profonde qu'elle ne peut être sondée. Cette Force, en japonais, nous l'appelons le Reiki.»

Hawayo le remercia pour ces précisions même si elle ne comprenait pas vraiment ce qu'il essayait de lui expliquer. Voyant ceci, il poursuivit en comparant le Reiki à une station de radio: il suffisait de se syntoniser sur les ondes et, dès que le flux de cette Énergie était activé, la transmission devenait automatique. «Lorsque le contact est fait, il n'y a pas de limites à cette Énergie. Quand on veut l'arrêter, il suffit de retirer les mains. C'est aussi simple que ça.»

Hawayo voyageait de l'hôpital à la clinique avec la soeur du chirurgien. En cours de route, les deux femmes discutaient de coutumes du Japon. Les femmes ne devaient pas poser de questions comme Hawayo l'avait fait à la clinique. La soeur du chirurgien lui recommanda de garder ses questions pour elle; elles pourraient en discuter au retour et elle pouvait très bien y répondre. De plus, elle lui offrit de lui donner un traitement de Reiki à l'hôpital si elle le voulait.

Hawayo fut surprise d'apprendre que cette femme avait pu prendre les leçons de Reiki et savait administrer des traitements. Ce soir-là, la soeur du chirurgien lui donna un traitement complet. Hawayo ressentit la même chaleur et les mêmes vibrations que celles ressenties précédemment à la clinique. La soeur du chirurgien lui expliqua que les organes en difficulté émettaient des vibrations moins saines. Un praticien de Reiki pouvait capter ces vibrations et, avec beaucoup de pratique, poser un diagnostic.

Hawayo lui demanda pourquoi elle avait appris comment pratiquer le Reiki, étant donné qu'elle avait un travail à temps plein à l'hôpital. Celle-ci lui raconta son histoire.

Un jour, souffrant de dysenterie, elle était dans le coma, près de mourir. Sa fille, pensionnaire dans une école éloignée, se préparait à rentrer à la maison. Une camarade de classe lui suggéra de passer voir le Dr Hayashi pour lui demander son aide.

Lorsque le Dr Hayashi l'eut écoutée, il accepta de traiter sa mère à l'hôpital. Un seul traitement de Reiki lui redonna conscience. Le Dr Hayashi continua les traitements jusqu'à ce qu'elle récupère complètement. Après avoir repris des forces, elle s'initia au Reiki et accepta de travailler à l'hôpital de son frère, comme diététicienne. Elle vitalisait de l'Énergie de Vie toute la nourriture qu'elle préparait.

Après avoir entendu cette histoire, Hawayo se montra très intéressée à apprendre cette technique. La soeur du chirurgien tenta de la décourager en lui disant que le Japon avait déjà donné plusieurs disciplines de sa culture au monde extérieur, telles le kendo, le judo, le karaté, la cérémonie du thé, les arrangements de fleurs. Le Reiki ne devait pas sortir du Japon. Il était bien gardé pour ne pas quitter le pays.

Ce fut très difficile à accepter pour Hawayo juste au moment où elle venait de trouver l'espoir de sa vie avec le Reiki. Elle était cependant déterminée à trouver le moyen d'être initiée à cette science.

Tout en demeurant à l'hôpital, elle se rendait chaque matin à la clinique du Dr Hayashi pour suivre ses traitements. Elle commença à méditer et à prier pour être guidée et découvrir le moyen de se faire accepter dans les classes de Reiki. Après tout, elle était venue de si loin et elle avait trouvé ce dont elle avait besoin pour survivre: il était impensable qu'on lui ferme la porte au nez.

Elle se décida finalement à demander l'aide du chirurgien. Après trois semaines de traitements, elle le rencontra un jour dans le corridor de l'hôpital. Il s'informa de ses progrès. Il se dit heureux d'apprendre que la récupération était bonne et l'encouragea à poursuivre. Hawayo sauta sur l'occasion. Prenant son courage à deux mains, elle lui demanda de l'aider à être admise dans les classes de Reiki. Il lui répondit qu'il y avait des règles qu'il ne pouvait pas changer et que l'association refusait d'accepter les étrangers.

Elle rappliqua en spécifiant que, dans son cas, elle ne pourrait venir au Japon chaque fois qu'elle aurait besoin d'un traitement. Elle avait besoin de Reiki pour sa survie et pour sa famille. Sur ce, il lui assura qu'il essaierait de l'aider, sans lui promettre quoi que ce soit, cependant.

Il écrivit au Dr Hayashi et lui fit part de la demande d'Hawayo. Ce n'était pas une lettre ordinaire. Il écrivit la lettre sur un rouleau de parchemin à l'aide d'un petit pinceau et de l'encre. Il commanda à sa soeur de remettre cette lettre au Dr Hayashi, en mains propres. Quand l'épouse du Dr Hayashi lui remit la lettre, celui-ci fut vraiment impressionné. Il s'avoua hautement honoré de recevoir une telle lettre de la main de ce grand chirurgien.

Le Dr Hayashi convoqua les directeurs de l'Association et leur fit part de la demande. On décida d'accepter Hawayo Takata comme membre honorable, privilège spécial qui lui permettrait de prendre les leçons de Reiki. Elle reçut les quatre initiations du premier degré de Reiki en quatre jours.

Environ six mois plus tard, elle vint habiter dans la maison des Hayashi, à leur demande, pour pratiquer le Reiki et apprendre à devenir une praticienne. L'avant-midi était réservé à donner des traitements à la clinique en compagnie des seize autres praticiens. L'après-midi était consacré à donner des traitements à l'extérieur et à la campagne à des gens qui ne pouvaient se déplacer.

Occasionnellement, le Dr Hayashi amena Hawayo chez des clients d'une classe sociale supérieure, possédant de belles demeures. Une des visites les plus mémorables s'effectua chez un archevêque bouddhiste de la Mission Jodo à Kamakura. Il était affligé d'une laryngite sévère et avait perdu la voix depuis plusieurs années. Incapable d'accomplir son travail, il avait dû se retirer prématurément.

Après le quatrième traitement, sa gorge commença à réagir. Il se débarrassa de sa condition toxique et se mit à récupérer rapidement. Le Dr Hayashi était très satisfait. Il informa l'archevêque qu'il pourrait être parfaitement guéri en vingt et un jours. Il assigna Hawayo aux autres traitements. Lorsque sa voix fut revenue, l'archevêque fut réintégré dans ses fonctions. Il fut par la suite envoyé à Hawaii pour diriger un groupe de la même religion et voyagea également aux États-Unis.

Au cours de cette année, Hawayo travailla pendant de longues heures. Elle avait très peu de temps pour magasiner ou visiter des amies: tout son temps était pour Reiki. Elle fut surprise d'apprendre que chaque mouvement qu'elle faisait était noté et heureuse de savoir que ce qu'elle faisait était tout à fait bien. Elle fut alors admise au deuxième degré, le niveau des praticiens.

Avant de quitter Tokyo, Hawayo posa au Dr Hayashi une question qui lui trottait dans la tête depuis fort longtemps. Pendant tous ces mois, à la clinique, elle avait remarqué qu'il n'y avait jamais de patients pauvres ni miteux, pas non plus que des travailleurs ordinaires. Elle lui demanda s'il refusait ces gens à cause de leur pauvreté.

Le Dr Hayashi se mit à rire. C'était une bonne question, disait-il, et il y répondrait. Il expliqua que tous ceux qui passaient sa porte appartenaient à la haute société. C'était des gens de haut rang, des gens riches, bien éduqués et intelligents. Quand ces gens étaient malades, ils pouvaient se payer les meilleurs médecins et être admis dans les meilleurs hôpitaux. Ces gens toutefois recherchaient beaucoup plus que la chirurgie et les drogues médicinales. Ils avaient la conscience du Reiki, c'est pourquoi ils venaient à lui. Les autres gens n'avaient pas cette compréhension et, quand ils étaient malades, ils recherchaient les hôpitaux, les médecins et les infirmières.

S'il était appelé, disait-il, il n'hésiterait aucunement à traiter qui que ce soit, peu importe son degré de pauvreté. «Les croyances de ces gens sont différentes: ils n'acceptent pas ma technique et mes traitements sans drogues.» Il lui fit comprendre qu'elle ferait aussi face à ce phénomène.

Après avoir complété son entraînement avec le Dr Hayashi, Hawayo Takata retourna chez elle, à Kauai, à l'été 1937. Quelques semaines plus tard, le Dr Hayashi et sa fille, s'installèrent à Hawaii pour six mois, en visite, mais aussi pour aider à y établir le Reiki.

En février 1938, alors que le Dr Hayashi s'apprêtait à rentrer à Tokyo, ses amis organisèrent un banquet en son honneur, en gratitude pour avoir permis au Reiki de se propager à Hawaii et au-delà des frontières japonaises. Il profita de cette occasion pour annoncer publiquement que Mme Takata était un Maître de Reiki, choisie pour ce travail, parce qu'elle avait franchi avec succès tous les tests et qu'elle vivait selon les idéaux et les principes du Reiki.

Sur l'invitation de l'archevêque de la Mission Jodo qu'elle avait connu à Tokyo pour lui avoir donné des traitements de Reiki, Hawayo planifia son premier voyage en Amérique. Elle était invitée pour servir d'interprète à son groupe. Elle voyagea beaucoup sur la côte ouest avec eux. Quand le tour de l'archevêque fut terminé, elle se rendit à Chicago pour étudier les différentes thérapies et l'anatomie au «Collège national des physiciens de médecines douces.»

Elle compléta ses études en juillet 1938. Elle rentra à Honolulu pleine de confiance, en connaissant beaucoup plus sur la physiologie et le côté technique du corps humain.

Vers la fin de décembre, cette année-là, elle fut invitée à faire une présentation de Reiki à Kamuela (Waimea). C'était sa première visite à la Grosse Île de Hawaii. Kamuela était la plus grosse ville de cette île. Certaines gens de la communauté attendaient l'introduction du Reiki, convaincus que sa valeur devrait être prouvée.

Hawayo n'avait que deux semaines pour traiter deux patients. L'un d'eux était un cardiaque chronique ce qui lui interdisait toute activité physique. L'autre souffrait d'une amygdalite aiguë; il devait être opéré dès qu'il aurait repris des forces. C'était un défi de taille: les gens n'accepteraient de se faire initier au Reiki que si les deux patients étaient guéris.

Les deux patients ont rapidement réagi au traitement de Reiki. À la fin du délai prévu, la dame qui avait un problème cardiaque pouvait se lever, visiter ses amies et se rendre au magasin. L'autre rejeta les toxines de ses amygdales et évita ainsi l'opération. Les gens s'inscrivirent massivement aux cours de Reiki.

En 1939, Hawayo retourna à la Grosse Île. Après certaines démarches, elle trouva une belle occasion d'acheter, à Hilo, une maison assez grande pour devenir à la fois son centre de traitements de Reiki et sa résidence. Les conditions lui plaisaient beaucoup. Ses parents et sa famille qui vivait à Kauai y déménagèrent.

Hawayo était devenue célèbre presque d'un jour à l'autre lorsque le gérant d'une grosse plantation était tombé de cheval et s'était blessé à la jambe et au dos. Elle lui avait demandé de lui accorder trente jours pour travailler sur lui. Le vingt-neuvième jour, il était complètement rétabli. Son immense gratitude eut une grande influence sur les gens des villages environnants. Les services d'Hawayo devinrent très populaires.

De village en village, Hawayo donnait des démonstrations des bienfaits du Reiki et, traitement après traitement, Reiki donnait la preuve de sa bienfaisance miraculeuse.

Dans l'un des villages, le ministre d'une église vint rencontrer Hawayo et lui fit part d'un homme cloué au lit depuis quelques années à cause de problèmes au dos, suite à un accident. L'homme ne pouvait plus marcher. Le ministre expliqua à Hawayo que l'accès à sa maison était cependant très difficile: une bonne partie de la route devait se faire à dos de cheval.

Hawayo eut envie d'essayer. Ils arrivèrent à la maison au bout de deux longues heures. Pendant le traitement, l'homme paralysé posait toutes sortes de questions sur le Reiki. Il avait lu des articles de journaux parus à Honolulu. Cet homme s'adressait à elle comme si elle était une guérisseuse. «Je ne suis pas une guérisseuse,» lui dit-elle. «Le vrai guérisseur, c'est Reiki; et Reiki, c'est le Pouvoir de Dieu.»

Comme l'épouse du paralysé devait rester à la maison pour prendre soin de son mari, Hawayo lui suggéra de prendre les leçons de Reiki pour pouvoir aider elle-même son mari. Après cinq jours d'entraînement intensif, l'épouse pouvait donner des traitements de Reiki à son mari et, peu de temps après, la sensibilité revint graduellement dans les membres inférieurs sans vie. Ceci convainquit le reste de la famille de prendre des leçons. En moins d'un an de traitements quotidiens d'un ou de plusieurs membres de sa famille, l'homme marchait à nouveau, à l'aide d'une canne.

La clinique de Hawayo, à Hilo, tournait rondement. Elle donnait des traitements et des cours. Au début de 1940, elle vit, en rêve, le Dr Hayashi dans un kimono de cérémonie en soie blanche. Ce rêve était si réel qu'elle était un peu confuse. Elle écrivit aussitôt pour prendre des nouvelles de la famille

Hayashi. Tout allait bien.

Quelques semaines plus tard, elle ressentit l'urgence de se rendre au Japon. Lorsqu'elle arriva, en avril, la famille Hayashi était fort surprise de la voir. L'accueil du Grand Maître de Reiki l'intrigua. Il lui dit qu'il souhaitait la voir au cours de l'année qui venait mais qu'elle était arrivée un peu trop tôt. Il lui suggéra d'aller étudier, entre-temps, l'hydrothérapie à Kyoto.

Mme Hayashi apprit à Hawayo, lors d'une conversation privée, que son mari avait décidé de faire sa transition volontaire mais qu'il n'avait pas encore arrêté la date. Lorsqu'Hawayo recevrait le télégramme, elle devrait immédiatement se rendre à Atami où la famille demeurait.

Le 9 mai, Hawayo reçut le télégramme. Elle arriva par train à Atami vers 5 h du matin. Elle questionna les servantes pour savoir si le Grand Maître allait bien et apprit que tout était normal. Elle ne comprenait plus, alors, ce que le mot «transition» en japonais signifiait véritablement. Au déjeuner, elle fut accueillie avec beaucoup de joie. Le Dr Hayashi lui annonça qu'il attendait beaucoup de gens à compter de 10 h ce matin-là. Il voulait qu'Hawayo accueille ses invités en tant qu'hôtesse.

Le Dr Hayashi avait invité ses amis et ses élèves pour assister à sa transition. Il fit part à Hawayo qu'il était content qu'elle soit là pour cet événement. Elle se demandait comment il pouvait s'asseoir si calmement et être aussi paisible quand il avait volontairement déterminé que sa transition aurait lieu entre 1 h et 1 h20 cet après-midi.

À 1 h précise, le Dr Hayashi entra dans la pièce où la famille et les amis étaient rassemblés. Il était habillé avec le même kimono de soie blanche qu'Hawayo avait vu dans son rêve. Il faisait les mêmes gestes et elle reconnut les mêmes sons. Il salua tout le monde et expliqua pourquoi il avait pris cette importante décision.

Il savait que la guerre entre le Japon et l'Amérique était inévitable. En tant que patriote et officier de la Réserve marine, il serait appelé à combattre sur un destroyer. Il aurait à tuer beaucoup de personnes. Étant un dévot bouddhiste et Grand Maître de Reiki, il ne pouvait pas détruire la vie. Il avait vécu une vie de paix et de compréhension, au service des gens. Alors, plutôt que d'avoir à tuer des gens, il avait choisi de partir volontairement en changeant de réalité, même s'il n'avait que soixante-deux ans et qu'il était en parfaite santé.

Il remercia tout le monde d'être venu et leur dit que, pour lui, ce n'était pas la mort, car la vie continue toujours. Cette transition était un grand changement. Il ne devait y avoir ni larmes, ni peine. Sa famille et ses amis comprirent et acceptèrent cet état de choses.

Le Dr Hayashi était assis paisiblement quand le premier signe arriva. Il ne ressentit aucune douleur. Dix minutes plus tard, un autre signe se manifesta. Encore là, ce fut sans douleur. Il demanda alors à son épouse de se tenir derrière lui et le troisième signe arriva. Le Grand Maître trépassa dans la paix, avec une grande dignité. Il souriait lorsqu'il retomba en arrière, dans les bras de son épouse qui le reçut.

Le Dr Hayashi fut exposé dans sa clinique de Reiki. Une multitude de gens qui l'avait connu vinrent de partout à travers le Japon pour le visiter. Il demeura exposé durant une semaine entière, sans le moindre signe de détérioration sur son corps. Il fut incinéré, selon la tradition Zen.

Il fut décidé qu'Hawayo Takata deviendrait le Grand

Maître de Reiki. Ce titre était accompagné de tout l'héritage matériel dédié à Reiki, telle la clinique de Tokyo ainsi que la maison.

Le Dr Hayashi avait pris soin d'écrire à l'Association de Reiki et d'expliquer sa décision et les raisons qui l'avaient poussé à choisir Hawayo Takata pour lui succéder, en devenant l'unique Grand Maître de Reiki. Hawayo demanda à Mme Hayashi si elle voulait s'occuper du centre de Tokyo car elle-même devait retourner à Hawaii pour poursuivre son propre travail.

L'arrivée de la Deuxième Guerre Mondiale eut pour effet de couper les communications entre le Japon et Hawaii. Pendant toutes ces années, Hawayo demeura sans nouvelles de Mme Hayashi et du centre de Tokyo. Quelques années après la guerre, Hawayo retourna au Japon et trouva Mme Hayashi toujours au centre qui, toutefois. avait été transformé en maison d'accueil pour les affligés de la guerre. Le centre était la seule maison qui n'avait pas été touchée par les bombardements. Autour, il n'y avait que débris et désolation.

Mme Hayashi s'excusa humblement de n'avoir pu soutenir le Reiki durant la guerre, craignant d'être réprimandée par le Grand Maître. Mais Hawayo savait que Mme Hayashi avait fait tout son possible pour arriver à survivre. Elle avait beaucoup d'admiration pour son courage.

Hawayo remit formellement la propriété à Mme Hayashi, lui disant de ne plus s'en inquiéter: elle propagerait le Reiki de son centre de Hawaii. La guerre avait fait en sorte que le Système de Guérison Naturel Usui, le Reiki, ne soit plus concentré au Japon.

Pendant plus de dix ans, Hawayo ne connut que le succès à Hilo. Elle décida néanmoins de retourner à Honolulu où elle s'établit pour les trente années suivantes.

Au cours de l'automne 1973, elle fut invitée à enseigner à un gros groupe sur une île au large de la côte de l'État de Washington. Ce fut le début d'une période très active de sept ans. Les demandes la firent voyager sur toute la côte du Pacifique, le Mid-West américain, l'Est, le Sud, le Sud-Ouest et même au Canada. Elles augmentaient sans cesse. Hawayo n'avait plus de temps à consacrer au travail de clinique. L'enseignement devint son occupation à temps plein.

Au fil des ans, les groupes d'élèves augmentèrent à un rythme tel qu'elle se rendit compte qu'elle ne pouvait plus suffire. Elle décida alors de former des étudiants et de les initier à devenir Maîtres de Reiki. Elle en avait initié vingt-deux lorsqu'elle passa en transition en décembre 1980.

Aujourd'hui, grâce à ses grands sacrifices et son incomparable dévouement pour l'humanité, Hawayo Takata nous a donné en cadeau; cette science, qu'est le Reiki, qui se propage à une grande vitesse à travers le monde pour devenir l'espoir de cette humanité qui commence ses premiers pas dans le Nouvel Âge, l'âge de la maturité de l'esprit.

4

L'ÉNERGIE ET LES EFFETS DU REIKI

La plus belle chose dont nous pouvons faire l'expérience est le mystérieux. Il est la source de tous les arts et de toutes les sciences. — Albert Einstein.

Chaque respiration que nous prenons nous projette vers une nouvelle expérience. Chaque minute que nous vivons est différente de la précédente. Il y a des gens qui sont éveillés à ce phénomène naturel, c'est-à-dire qu'ils ont une perception consciente et continue, donc en harmonie avec le rythme naturel de la **Force de Vie** qui les anime. Tout ce qu'ils font est toujours nouveau, personnel et très vivant. Ces êtres, on les appelle des Maîtres.

L'adaptabilité, la flexibilité, l'ouverture, le contentement, l'action selon le courant naturel des choses et l'habileté à percevoir l'essence de toutes choses, sont des qualités des Maîtres. Nous sommes sur leurs traces. Nous avons besoin de leurs enseignements, de leurs expériences et aussi de leurs outils.

Le Reiki est l'un de ces outils qui a été permis à l'homme de redécouvrir, à l'aube du Nouvel Âge, afin d'élever les vibrations et de stimuler l'éveil spirituel de l'espèce humaine. Il est un outil qui nous permettra de traverser le pont de la conscience endormie à cette conscience éveillée d'un monde spirituel qui est, en somme, notre véritable existence.

Il permet d'atteindre l'équilibre énergétique, l'harmonisation hollistique et naturelle qui maintient un bien-être positif, d'expérimenter un degré de conscience plus élevé et facilite la transition à ce Nouvel Âge qui s'amorce. Il nous aide à pénétrer en toute conscience dans la **Conscience Cosmique**.

Le mot «Reiki» est un mot japonais qui signifie **Force de Vie Universelle**. Il se prononce **RAY — KI**.

REI, veut dire **Universel, Esprit transcendant, Puissance mystérieuse, Essence**.

KI, veut dire **Énergie de la Force de Vie**.

L'univers est créé de cette Énergie qui prend des noms différents selon les traditions. En chinois, c'est **CHI** comme **TAI CHI** ou c'est l'énergie présente en acupuncture. Pour les Chrétiens, c'est la **LUMIÈRE, L'ESPRIT-SAINT**. Pour les Hindous, c'est la **SHAKTI, KUNDALINI**. Pour les Russes, c'est le **BIOPLASME**. Pour l'école ésotérique, c'est la **FORCE COSMIQUE**. D'autres l'appelleront la **CONSCIENCE UNIVERSELLE**. Pour «Star War», c'est la **FORCE**.

Cette **Force**, en somme, est à l'intérieur de chacun de nous. C'est avec cette connaissance que nous pouvons maintenant réaliser que la vie est un phénomène continu et une aventure sans fin dans l'immense Conscience Cosmique. Nous pouvons y puiser le potentiel dynamique pour atteindre un bonheur et un accomplissement complets sur une base permanente.

Cette Énergie est en mouvement dans cet univers depuis sa création. Elle prend différentes formes de manifestations sous des vibrations différentes et des niveaux de conscience différents. Certaines de ces manifestations sont munies d'intelligence, d'autres pas. Toutes ces manifestations peuvent être modifiées ou contrôlées par la pensée consciente, accompagnée de la connaissance. La connaissance de certaines clés, par exemple, qui peuvent être utilisées pour appeler l'énergie et la diriger consciemment là où la pensée l'amène.

Le Reiki utilise cette technique de clés ou symboles sacrés pour augmenter le taux vibratoire du praticien et du sujet. Ces symboles sont utilisés par les Tibétains depuis plus de quatre millénaires. Ils sont des mantras sacrés très puissants et ils sont vivants. Ils communiquent des sentiments très profonds d'amour et de paix intérieure.

La personne initiée prend connaissance de ces symboles et apprend comment les utiliser. Pour fonctionner, ces symboles doivent obligatoirement être accompagnés de l'initiation qui conditionne les quatre chakras supérieurs. Sans ce conditionnement, les symboles ne fonctionnent pas: l'énergie appelée est si puissante qu'elle pourrait détruire la personne non préparée qui s'amuserait avec elle sans avoir changé son taux vibratoire pour être en mesure de la supporter.

La force énergétique du Reiki est la somme totale de toutes les manifestations énergétiques de cet univers, car elle est cette Force intelligente qui l'a créée.

L'univers est énergie. Il a été créé par la pensée. Il est maintenu par la pensée et il est en constante transformation par la pensée. Il est une création de l'intellect. Cette création existe dans la pensée de la **Force**. La pensée est une énergie qui commande. Elle commande l'énergie et aussi la matière. La matière n'est rien d'autre qu'une énergie dans une vibration inférieure plus dense. La matière et l'énergie représentent les deux expressions de la pensée, la matière étant la manifestation dense physique et l'énergie étant la manifestation de l'esprit dans sa forme subtile et créative.

Le Reiki est omniscient, omniprésent; il est Amour et Compassion. Il guérira le patient ou lui donnera ce dont il a le plus besoin pour son bien-être. Il travaille à tous les niveaux de l'être, soit les aspects physique, mental, émotionnel, subtil et causal.

Le Reiki permet à la source d'énergie de bien-être d'amplifier et d'équilibrer les forces naturelles de la vie par des touchers thérapeutiques non agressifs. Il aide à maintenir la santé, la quiétude mentale et soulage de la douleur. Il augmente l'efficacité des autres techniques et accélère le processus de guérison. Il peut s'avérer efficace dans les cas où les autres formes de traitements ne répondent pas. Il peut aussi être utilisé efficacement avec les autres méthodes de traitements.

L'énergie créative est l'essence de toutes guérisons. Le Dr Albert Schweitzer disait: «Nous, en tant que physiciens, ne faisons rien; nous ne faisons qu'aider et encourager le physicien intérieur de la personne affligée.»

Le Reiki est une force spirituelle qui s'est manifestée lors de l'Illumination du Bouddha. Il donna ce cadeau à tous ses élèves, accompagné des techniques de méditation qui étaient pour eux le moyen d'obtenir la réalisation du Soi.

Après un certain temps, le Dr Mikao Usui lui-même a réalisé que cette énergie était beaucoup plus importante que le simple fait de guérir physiquement. Il a reconnu que l'expérience directe de Dieu, par le Reiki, était beaucoup plus importante pour obtenir l'accomplissement du véritable but de la vie que le pouvoir de guérir.

Le Reiki est une essence qui vient directement de la Source de la Vie même. Il est multidimensionnel et peut être un facteur catalytique dans l'évolution personnelle, peu importe le système de croyances. L'expérience du Reiki est le véhicule pour devenir conscients de notre propre nature, peu importe la foi et les concepts que nous avons.

Les effets du Reiki sont multiples:

1. Il soulage du stress et de la douleur.
2. Il libère les muscles des spasmes.
3. Il libère les blocages et les tensions émotionnelles.
4. Il accélère la guérison naturelle.
5. Il stimule le système immunitaire.
6. Il équilibre les énergies subtiles du corps.
7. Il agit au-delà des croyances.
8. Il peut être utilisé en conjonction avec d'autres traitements thérapeutiques.
9. Il est efficace sur des maladies ou des blessures chroniques.
10. Il peut être appris par quiconque.
11. Il utilise la technique d'imposition des mains.
12. Il peut être transmis à n'importe quelle distance.
13. Il est un moyen de partager l'Amour Inconditionnel.
14. Il est absolument sécuritaire et salutaire.
15. Il protège le praticien.
16. Il est la **Force de Vie Universelle**.

La seule façon de le connaître et de le ressentir est de l'essayer, soit dans une séance ou soit par une initiation. **Il n'y**

a aucun prérequis pour être initié au Reiki. Si les gens que vous contactez demandent des prérequis imposants, allez vers quelqu'un d'autre.

La conscience est énergie

Nous vivons dans une mer d'énergie, comme bien des gens l'ont déjà constaté. Tous les animaux, les végétaux et les minéraux sont entourés d'un champ d'énergie que nous appelons l'aura. Les êtres humains ont le plus grand champ d'énergie par rapport au corps physique. Plus la sensibilité est grande, plus le champ d'énergie ou l'aura est grand. Avec un entraînement approprié, la grandeur du champ peut être augmentée. Les gens qui méditent, en général, ont une plus grande sensibilité et leurs champs peuvent s'étendre de 4 à 5 mètres (12 à 15 pieds) environ dans toutes les directions, soit sur environ 10 mètres (30 pieds) de diamètre.

L'énergie du Reiki agira en premier lieu sur les centres énergétiques de l'être humain qu'on appelle «chakras». Le mot «chakra» est un mot sanskrit qui signifie «roue». Les chakras ressemblent à des roues d'énergie en mouvement. Il y a présentement sept chakras dans le corps énergétique de l'être humain. Ce nombre sera augmenté à treize chakras dans la transformation de l'homme actuel à l'homme nouveau qui sera connu sous l'appellation de «race galactique». Nous reviendrons sur les nouveaux chakras un peu plus loin.

Donc, le corps physique humain est superposé d'un corps énergétique qui constitue l'ensemble de l'énergie aurique du rayonnement des chakras. Ce corps subtil, comme nous l'appelons souvent, ou éthérique est celui qui alimente énergétiquement le corps physique. La force vitale de l'être humain vient de ce corps éthérique.

Les chakras sont des «roues d'énergie» qui tournent et

qui émettent un rayonnement qui reflète l'état intérieur de l'être humain. Ces chakras sont continuellement alimentés par la Force de Vie Universelle, que l'on a appelée Reiki. Nous pouvons alors constater que l'énergie du Reiki n'est pas nouvelle mais la technique de diriger cette énergie à volonté, l'est.

Les chakras alimentent à leur tour tous les méridiens ou circuits énergétiques à travers le corps physique, le corps émotionnel et les corps spirituels ou, si vous préférez, le corps, l'âme et l'esprit, tant que la personne est en vie. La vie est complètement dépendante du flux continu d'énergie à travers les chakras.

Quand les chakras sont moins développés, leurs couleurs sont ternes et mal définies. Plus ils sont développés, plus ils paraissent radiants et brillants. Les chakras sont plus ou moins actifs dépendant de l'apport énergétique qui est déterminé par l'évolution de la personne. Chez quelqu'un de peu évolué, le mouvement de rotation des chakras est plutôt indolent ou lourd; il a possiblement juste assez de mouvement pour le garder en vie, sans plus. Chez une personne plus évoluée, les chakras deviennent radiants et le mouvement pulsatif devient plus intense; ils irradient plus de lumière et une plus grande quantité d'énergie passe à travers eux. Ceci se traduit par une plus grande énergie vitale: plus de facultés se développent chez cette personne et sa condition de vie prend de l'expansion.

Le Reiki est l'outil idéal pour équilibrer et augmenter l'énergie des chakras. Procédons par analogie. Supposons que vous transplantez une bouture de plante verte. Elle n'aura presque pas de racines au début. Il vous faudra l'alimenter autrement, car cette plante n'est pas autonome. Le moyen le plus facile de lui apporter un support énergétique est de vaporiser souvent les feuilles avec des produits contenant des oligo-éléments et des minéraux, comme du 20-20-20 par exemple.

Nous pouvons faire la même chose avec Reiki. Nous pouvons augmenter l'apport d'énergie des chakras par l'imposition des mains sur chacun d'eux et visualiser l'augmentation de son rayonnement.

Au prochain chapitre, une méthode de travail sur les chakras vous sera présentée. Mais il est nécessaire de les connaître un peu auparavant, car sinon la visualisation ne sera pas aussi efficace.

Les chakras sont associés au système endocrinien. Chacun alimente en énergie les glandes lymphoïdes qui, à leurs tours, alimentent en hormones les organes physiques vitaux. Ils ont tous leurs couleurs spécifiques prédominantes et ils sont tous associés à certains aspects de notre être. La fonction globale des sept chakras est d'absorber les énergies cosmiques et de les distribuer également à travers tout le système énergétique du corps humain.

Chacun joue, cependant, un rôle prédominant dans le cheminement de l'énergie d'une façon ascendante, de l'aspect purement physique à l'aspect spirituel. Avec la connaissance et la compréhension des fonctions de ces chakras, nous pouvons travailler sur eux, les purifier et les éveiller pour atteindre un développement maximal du corps physique, de l'âme et de l'esprit. Nous pouvons atteindre notre ultime objectif qui est d'obtenir une vitalité accrue, l'illumination, l'accomplissement total et d'être imprégné en permanence de la Conscience Cosmique.

Les chakras peuvent être éveillés et développés à leur plein potentiel à l'aide de trois approches différentes:

1. L'alimentation adéquate par la nourriture saine et vivante.
2. La respiration entraînée.
3. La méditation.

Le premier chakra: Muladhara

Le premier chakra est le chakra racine. Il est situé à la base de la colonne vertébrale, entre les organes sexuels et l'anus. Sa couleur est rouge vif. L'Énergie de Kundalini est emprisonnée dans ce chakra. Ce chakra est le régulateur des énergies nécessaires à la vitalité physique et de l'instinct de survie.

Il capte l'énergie de la Terre. Il fournit aussi l'énergie nécessaire à reconstruire les cellules du corps physique lorsqu'il y a un besoin. Il alimente en énergie les glandes surrénales qui contrôlent le bon fonctionnement des reins, de la vessie et de la colonne vertébrale. Lorsque ce chakra est éveillé complètement, il prolonge la vie et conserve le corps physique pour des périodes extrêmement longues.

Lorsque ce chakra est équilibré, il favorise la concentration, l'équilibre psychique et physique, une bonne santé, le goût de la productivité pour obtenir sa sécurité, l'acceptation de ses limitations et la discipline. Il favorise aussi le besoin pour la paix planétaire et l'équilibre de l'environnement. Il est le centre de l'instinct et de la longévité.

Lorsque ce chakra est déséquilibré, il amplifie un fort sentiment d'insécurité et une peur excessive. Certaines personnes peuvent être portées à trop manger, d'autres à trop dormir. Il devient alors le siège de l'attachement, l'illusion, la colère, la cupidité, la gourmandise, l'avarice et la sensualité.

Le deuxième chakra: Swadishtana

Le deuxième chakra est le chakra du sacrum. Il est situé entre la base de la colonne vertébrale et le nombril. Sa couleur est orange brillant. Il est le centre de l'énergie sexuelle de procréation et de l'ego; l'intuition créative commence dans ce chakra. Il est le centre d'où les fantasmes tirent leur origine. Il est le siège du plaisir sensuel.

Il est associé aux désirs, aux sentiments et aux émotions. Quand il fonctionne librement, il aide à dissiper les énergies négatives de colère, de ressentiment et de confusion. Il est le siège de la joie, de la satisfaction et de la compassion. Il est associé au corps physique. Il capte l'énergie de l'eau. Ce chakra contrôle les gonades et les organes de reproduction. La méditation sur ce chakra enlève la peur de l'eau, permet de gouverner les créatures élémentaires de l'eau et apporte des pouvoirs occultes.

Bien équilibré, ce chakra procure une plus grande sensibilité pour autrui, un besoin d'apporter des soins en énergie, en amour et en caresses. Il apporte aussi le désir de reproduire, le désir du mouvement, de l'expansion et du renouveau.

Lorsque ce chakra est déséquilibré, il amplifie un sentiment extrême de jalousie, d'envie et de nullité. Il peut causer la frigidité et favoriser des problèmes à la vessie, aux reins et dans le bas du dos.

Le troisième chakra: Manipura

Le troisième chakra est le chakra du plexus solaire. Situé en arrière du nombril à la hauteur du plexus solaire, il est d'une couleur jaune brillant. Il est associé au pancréas et gère l'estomac, le foie et la rate. Il est responsable de transformer les sentiments et les émotions en inspirations et en idées. Il est associé aux directives intuitives qui mènent à la sagesse. Ses fonctions sont associées principalement à recevoir les forces à un niveau personnel ou à travers l'âme humaine. Il capte l'énergie du feu. La méditation sur ce chakra libère de toutes espèces de maladies.

Il est le centre télépathique, le récepteur des ondes mentales des autres personnes, le cerveau des émotions. La méditation sur ce chakra éveille la communication par télépathie, enlève la peur du feu et permet à une personne de marcher parmi les flammes sans se brûler. Il est le siège des basses passions ancestrales du règne animal. Il est aussi le siège de la volonté et du pouvoir.

Bien équilibré, il favorise le service désintéressé, la charité, le goût de la bonne action. Il incite à la joie et au rire. Il apporte la solidité, la stabilité et la concentration.

Le déséquilibre de ce chakra conduit à l'excès d'égoïsme, de peines non fondées, de recherche de mauvaise compagnie, du pouvoir sur les autres même au détriment de la famille et des amis. Il est responsable des rancunes et des entêtements. La colère règne en maître dans un centre déséquilibré.

Le quatrième chakra: Anahata

Le quatrième chakra est le chakra du coeur. Il est localisé entre les deux omoplates en arrière du coeur physique. Sa couleur est d'un vert brillant. Il capte l'énergie de l'air. Il est associé au thymus et régit le coeur, le foie et les poumons ainsi que la circulation sanguine. Il développe l'intuition, la croissance, la compassion et l'amour. Il fait le lien entre les trois chakras inférieurs associés au corps physique et les trois chakras supérieurs associés aux corps spirituels. Il supporte l'interconnexion entre la vie et les relations avec autrui. Il gère les énergies du bas astral venant des intuitions émotionnelles.

La méditation sur ce chakra apporte la maîtrise des langues, de la poésie, la maîtrise du soi, de la force intérieure.

Bien équilibré, il permet de transcender l'ego pour des valeurs plus grandes, plus profondes et plus fortes. Il permet une relation harmonieuse entre l'esprit et le corps. Il apporte la paix intérieure et un sens de plénitude.

Lorsqu'il est déséquilibré, son effet se fait sentir dans les plans subtils et physiques. Les relations avec autrui semblent impossibles. Il apporte un état de rudesse et d'impatience.

Le cinquième chakra: Vishuddha

Le cinquième chakra est celui de la gorge. Il est situé juste en bas du larynx ou des cordes vocales, à la base de la nuque. Sa couleur est d'un bleu électrique ou bleu argenté. Il se nourrit de l'éther. Il purge les pensées non utiles, les conditions indésirables et incite à la relaxation. L'énergie de ce centre est associée à la communication intuitive et à la créativité. Il permet d'entendre la petite voix intérieure guidée par la Force créatrice. Il gère les énergies plus élevées de l'astral venant d'une intuition plus claire ou de l'amour intuitif et les énergies de la Supraconscience inférieure.

Bien équilibré, il coordonne les messages encodés dans les cellules ADN. Il coordonne aussi la communication chimique des hormones pour le bon fonctionnement de l'organisme. Il apporte un rythme à la vie et ce rythme a un effet sur les pensées, les actions et les émotions.

Lorsqu'il est déséquilibré, il apporte des sentiments de limitation et de confusion. Il donne aussi le sentiment d'être déphasé d'avec le monde et soi-même. Il amplifie le manque de coordination, de cohérence et de savoir-faire.

Le sixième chakra: Ajna

Le sixième chakra est celui du troisième oeil qui est situé entre les sourcils. Sa couleur est d'un bleu indigo. Il incite à la croissance spirituelle. Il est responsable d'unir le conscient à la conscience du Soi. Sa fonction principale est de capter les forces à un niveau spirituel à travers l'esprit humain.

Il est le siège de la connaissance, de la perception et du commandement. Il est aussi le centre de la vision intérieure et de l'intuition. Il se nourrit de la lumière. Ce chakra a une influence directe consciente ou inconsciente sur le comportement individuel par sa sensibilité à une masse impressionnante d'informations visuelles.

Bien équilibré, il reflète la beauté dans toutes choses. Il devient l'outil du sixième sens apportant de nouvelles informations cohérentes.

Lorsqu'il est déséquilibré, il incite à des cauchemars irréalistes et fait paraître la vie comme un drame étrange. Il ramène à l'esprit des images qui conduisent à l'anxiété. Il surexpose les informations imagées qui provoquent la confusion de l'esprit.

Le septième chakra: Sahasrara

Le septième chakra est celui de la couronne. Il est situé à l'intérieur de la partie supérieure de la tête. Sa couleur est violette. Il permet aux rayons cosmiques d'entrer et de sortir librement. Son énergie est associée au monde spirituel et permet d'expérimenter le mystique et l'illumination. Il est le centre de la compréhension et de l'information. La glande pinéale est le centre émetteur des ondes télépathiques.

Ce chakra se nourrit de la pensée qui est beaucoup plus rapide que la lumière. Il est le siège de tout le système de croyances et de valeurs.

Bien équilibré, ce chakra apporte la béatitude et une félicité permanente. Il devient l'outil principal pour perfectionner l'esprit. Il permet d'obtenir une perception consciente plus élargie et donne un sentiment de connaître, fonction active de ce chakra.

Lorsqu'il est déséquilibré, il provoque la dépression, l'aliénation, la confusion, le manque d'entrain, l'apathie, la difficulté d'apprendre et de comprendre.

La présence d'esprit par la concentration

Dans le travail avec l'énergie, l'un des aspects les plus importants de la force de concentration de la pensée à diriger l'énergie, c'est la présence d'esprit. Si notre esprit conscient est éparpillé, nos pensées deviennent, elles aussi, éparpillées, et l'énergie de même. Lorsque nous apprenons à ramener notre esprit conscient à un seul point de concentration et que nous le visualisons briller et rayonner l'amour, notre énergie de guérison et d'harmonisation devient beaucoup plus puissante et plus efficace. Plus nous ramenons notre esprit conscient à un état de concentration dirigé, plus notre conscience s'agrandit et devient capable de diriger plus d'énergie.

Il y a une grande différence entre un esprit conscient éparpillé et un esprit conscient agrandi. Avec l'expérience à diriger l'énergie, il est possible de le démontrer.

L'esprit conscient a trois aspects principaux:

1. La conscience de connaître — qui est un aspect mental de connaissance qui implique les pensées, les idées, les plans et les concepts.

2. La conscience émotionnelle — aussi appelée la conscience sentimentale, en rapport avec toute la gamme des sentiments émotionnels de l'être humain.

3. La conscience de perception — du domaine des sensations de toutes sortes, la perception consciente par les sens et la perspective.

La conscience supporte les pensées et les pensées dirigent l'énergie. Lorsqu'il y a de la souffrance, d'un léger inconfort à une grande détresse, le flux de l'énergie vital est bloqué. Par la pensée consciente en état de concentration, la puissance de l'énergie vitale peut défaire le noeud énergétique et permettre de nouveau l'écoulement normal de l'énergie.

L'influence de la concentration

Les physiciens scientifiques ont constaté que les atomes ont une influence entre eux à des distances infiniment grandes. Les particules nucléaires apparaissent et disparaissent en réaction au fait qu'elles soient observées. Ceci signifie que ces particules ou photons, surtout celles qui sont de lumière, se métamorphosent pour se changer en ondes énergétiques; elles redeviennent des particules physiques et recommencent ce processus à des vitesses ou fréquences extrêmement rapides.

Nous pouvons en déduire que ces particules et les ondes qu'elles deviennent sont la même énergie; seul l'état de manifestation change. Ainsi, le vieux dicton qui stipule que l'esprit a préséance sur la matière se confirme ici et laisse entrevoir une nouvelle prise de conscience de l'interaction entre l'esprit et le corps ainsi que son intégration. Lorsque nous réalisons que l'esprit et la matière sont inséparables, sauf par la mort physique, nous constatons que l'esprit et le corps sont intimement entrelacés. Il devient alors facile de constater que les lois de l'énergie se manifestent à travers la conscience impressionnée directement par les pensées et que les manifestations s'en suivent dans la matière comme on le sait.

Ceci implique que, par la pensée, nous pouvons créer, à travers la conscience, une concentration énergétique vitale pouvant altérer directement la structure cellulaire. Ainsi, la pensée agit sur la matière et intervient dans son champ magnétique organisationnel. Nos pensées influencent continuellement les champs énergétiques organisés mais très peu de gens le réalisent ou en comprennent le fonctionnement.

Alors, chaque pensée prenant forme dans notre esprit a un effet direct, non seulement sur nous-mêmes, mais également sur les gens qui nous entourent, notre environnement et la Terre elle-même. Plus la pensée est concentrée et répétitive, plus l'énergie s'accumule, et plus la manifestation de cette énergie dans le plan physique devient apparente.

Puisque nous vivons dans ce champ énergétique qui est soumis à un flux continu de pensées, nous sommes affectés, comme individus, par la résultante de ce phénomène qui est appelée le champ collectif. Tout changement dans ce champ affecte chaque individu sur la planète ainsi que la Terre.

Nous comprenons que chaque changement dans le champ d'énergie individuel se reflète aussi dans le champ collectif et se réfléchit de nouveau dans la vie de chacun. Cette réflexion nous amène à comprendre que les changements que nous initions sur nous-mêmes ont un effet sur tout ce qui existe.

5

LES PRATIQUES DU REIKI

Plusieurs livres ont été écrits sur le Reiki et la plupart démontrent à peu près tous les points importants concernant les positions des mains, la durée des traitements et une foule d'autres choses. Il n'est pas dans notre intention de répéter ces mêmes choses. Nous voulons plutôt apporter de petits détails complémentaires très importants. Certains de ces détails ont été directement expérimentés par nous-mêmes ou par des gens de notre entourage. D'autres nous ont été révélés par «channeling» lors de nos communications avec les Anges de Lumière.

Plusieurs vous diront que celui qui pratique les traitements de Reiki sur une autre personne ou sur lui-même, n'a qu'à dessiner les symboles et que l'énergie partira et s'écoulera à travers lui pour sa destination. Ils vous diront également qu'il peut aussi, s'il le veut, penser à autre chose ou bien avoir une conversation avec le receveur pendant le traitement. Nous ne nions pas que, dans ces cas, une certaine quantité d'énergie peut atteindre son but mais les résultats ne seront certes pas phénoménaux.

À travers nos nombreuses pratiques et expérimentations, nous avons constaté que le seul moyen mis à notre portée pour être efficaces et profiter au maximum de cette harmonisation que nous canalisons pour le receveur, c'est la concentration sur l'énergie du Reiki. Il faut la visualiser, la voir entrer dans le chakra couronne, descendre à travers le chakra de la gorge, passer à travers le coeur, se diriger à travers les bras et, de là, rayonner par les chakras du centre de la paume des mains.

Plus nous sommes concentrés et conscients de la présence de l'énergie du Reiki, plus nous la sentons passer à travers nous et reconnaissons cette énergie par une sensation de picotement ou de chaleur dans les bras et les mains. Quand le receveur est en harmonie avec cette énergie et qu'il la demande intérieurement, nous sentons son flux courir dans nos circuits et souvent nos mains et nos bras deviennent complètement engourdis. Dans certains cas où l'énergie est vraiment en demande par le receveur, les poils des bras et de la base du cou deviennent hérissés, donnant une sensation de frisson qui dure aussi longtemps que l'énergie s'écoule.

La visualisation est le moyen le plus efficace pour travailler avec l'énergie du Reiki. Au début de la séance, il est bon de se visualiser et de visualiser le receveur dans une bulle de Lumière. Ceci apporte une protection efficace contre les intrus de l'astral qui ne cherchent qu'à s'amuser et à nous faire perdre notre concentration. Nous pouvons aussi faire cette visualisation de protection avec l'Archange Michaël.

1. Visualisez être à l'intérieur d'une sphère.

2. Le corps est rempli de Lumière blanche du sommet de la tête jusqu'aux pieds.

3. Visualisez cette Lumière jusqu'à ce qu'elle vous paraisse sortir par tous les pores de la peau.

4. Visualisez une Flamme violette partant des pieds remplir la

sphère.

5. Saint-Germain est le gardien de la Flamme violette. Cette Flamme transforme les énergies négatives en énergies positives.

6. Visualisez l'Archange Michaël touchant la sphère de son épée d'argent. La sphère est alors enveloppée d'une doublure d'argent liquide qui se solidifie et empêche l'énergie négative de pénétrer.

7. Visualisez un miroir entourant l'intérieur de la sphère réfléchissant les énergies négatives vers l'extérieur.

Ou bien réciter cette prière de protection:

Dans la Lumière, je suis protégé,
mon aura est scellé hermétiquement,
rien ni personne ne peut passer à travers.
Je suis dans la Lumière et fait de Lumière.
Je suis le Christ éveillé, conscient et vigilant.

Si vous avez la possibilité d'orienter la table de traitement comme bon vous semble, nous vous suggérons de l'orienter selon les lignes magnétiques de la Terre, soit en dirigeant la tête du receveur vers le nord ou vers l'est.

Utilisez une pièce tranquille et bien aménagée pour inciter à la paix de l'esprit. Une musique d'ambiance douce et calmante ainsi qu'un éclairage tamisé peuvent être utilisés. Brûler de l'encens rend l'air accueillant et fait fuir les ombres de l'astral. Allumez une chandelle si c'est possible. La flamme symbolise l'énergie et transcende vos prières dans les dimensions supérieures. La présence d'un cristal pourra représenter le règne minéral.

Lorsque vous êtes détendus et calmes, faites vos

symboles avec beaucoup de respect et d'amour. Ces symboles sont vivants. Traitez-les comme vos meilleurs amis et ayez beaucoup de gratitude à les connaître. Ils vous le rendront par une augmentation de l'efficacité des traitements. Vous pouvez visualiser les mains de vos guides et de votre Maître spirituel tracer les symboles au-dessus du receveur en même temps que vous-mêmes. Visualisez aussi les guides du receveur près de lui, l'enveloppant d'une lumière bleue pour la guérison, superposée d'une lumière blanche pour la pureté, superposée à son tour d'une lumière dorée qui rayonne l'amour. Ressentez cette énergie et laissez ensuite les guides du receveur s'en occuper. Mais ayez toujours à l'esprit que la lumière est présente.

Concentrez-vous maintenant sur l'énergie qui s'écoule à travers vos mains et visualisez-la pénétrer tout le système énergétique du receveur. Utilisez les positions que vous avez déjà apprises lors de vos initiations; elles sont toutes très efficaces. Vous trouverez à votre tour, par vos pratiques, d'autres positions qui vous conviendront peut-être mieux.

Si vous utilisez d'autres symboles que ceux que vous avez appris dans vos initiations et qu'ils fonctionnent mieux pour vous, c'est bien ainsi. Les symboles sont des clés très importantes pour nous syntoniser avec l'énergie lorsque nous débutons dans cette voie. Lorsque nous devenons familiers avec l'énergie, le Reiki se met à rayonner de lui-même dès qu'il y a quelqu'un autour de nous qui en a besoin. Pour plusieurs, les symboles ne sont même plus nécessaires, car ils sont en tout temps pénétrés par l'énergie qui s'écoule d'eux d'une façon continue.

Vous pouvez, vous aussi, décréter que l'énergie du Reiki s'écoule de vous d'une façon continue. Visualisez-la entourer la Terre et tous les systèmes organiques qui y habitent.

Visualisez-la pénétrer l'esprit et le coeur de votre famille, vos parents, vos amis et tous ceux et celles que vous connaissez. Lorsque vous voyez une dame âgée sur la rue, visualisez-la entourée de l'énergie qui s'écoule de vous et remerciez, pour elle, la Source qui s'occupe de cette dame avec tendresse et beaucoup d'amour.

Pour augmenter le pouvoir de vos visualisations, faites des affirmations. Citez des phrases avec la conviction que ce que vous dites est un décret et qu'il se réalise à l'instant même où vous le dites. Soyez affirmatifs et sans hésitation.

La visualisation est une méthode intellectuelle par laquelle vous imagez une manifestation comme un film qui se déroule devant votre imagination. C'est le premier pas vers la création de ce qui est désiré. C'est le moyen de rendre visible ce qui est dans l'invisible, par des images aux yeux de l'esprit.

Lorsque vous utilisez la visualisation et les affirmations simultanément, soyez dans un état de conscience intérieure étant en contact avec votre étincelle divine, votre Soi supérieur, la Force de Vie Universelle qui fait partie de vous et qui est la Force qui se manifeste dans l'Infini. Laissez votre conscience ordinaire devenir une conscience élargie pour ne faire qu'une avec la Conscience cosmique. Plus vous aurez la conviction de ressentir l'expansion de votre conscience, plus vous réaliserez que l'énergie attend que vous la dirigiez. Elle ***EST*** à votre service et n'attend que vous lui demandiez Son assistance.

Dans la pratique du Reiki, le rituel est bien, mais plus important encore est l'approche consciente de travailler avec l'énergie. Les Anges de Lumière nous disent que tout peut arriver pour autant qu'on le demande.

Or, dans le cours de nos expérimentations avec l'énergie

du Reiki, nous avons utilisé certaines pratiques qui se sont avérées très efficaces, non seulement pour régler un problème physiologique, émotionnel ou psychique, mais aussi pour augmenter notre propre lumière et devenir pour ainsi dire des aimants qui attirent les bonnes coïncidences telles: la chance, le bonheur et le sentiment d'être immunisés contre le stress qui affecte la plupart des gens dans la vie quotidienne.

L'une de ces pratiques consiste à appeler à soi-même les trois flammes, c'est-à-dire, la lumière bleue qui est une énergie de guérison et d'harmonisation; la lumière blanc argenté qui est une énergie de pureté et la lumière dorée qui est l'énergie de l'Amour christique.

Voici comment cette pratique se déroule:

L'accueil des trois flammes

Lorsque vous êtes assis et prêts à faire votre pratique d'auto-traitement, au début, restez calmes quelques instants et portez votre attention sur vous-mêmes. Levez les bras vers la Source en signe d'accueil et demandez-Lui de vous pénétrer de Sa Lumière bleue, l'énergie de guérison et d'harmonisation. Ramenez vos mains sur votre coeur, tout en étant conscients que vous faites pénétrer cette Lumière bleue dans votre coeur, et visualisez cette Lumière grandir jusqu'à ce qu'elle enveloppe tout votre être. Voyez-la ressortir à travers tous les pores de votre peau comme de minuscules rayons lasers. Voyez-la irradier du bout de vos doigts et de la pointe de vos pieds.

Imaginez cette Lumière pénétrer et réparer tous les organes qui vous font souffrir. À l'aide de cette Lumière, imaginez de petits rayons laser cautériser les tissus malades et remplacez-les par une nouvelle fabrique cellulaire imprégnée de cet Amour divin qu'est le Reiki. Suite à cette opération, visualisez que le travail accompli est parfait et qu'il est en harmonie avec la Source. Ensuite, ressentez de la gratitude envers la Source et sachez que tout est bien.

Une autre fois, levez les bras vers la Source en signe d'accueil et demandez-Lui de vous pénétrer de Sa Lumière blanc argenté, cette énergie de pureté. Ramenez vos mains sur votre coeur en visualisant que cette Lumière envahit complètement votre coeur et tout votre être au point de la voir sortir par le nez, les oreilles, les yeux et par tous les pores de votre peau. Visualisez cette Lumière imprégnée d'Amour et de la Force de Vie qu'est le Reiki et voyez-la vous débarrasser de toutes toxines et impuretés psychiques qui seraient présentes dans votre énergie. Voyez ces fatras vous quitter et s'évaporer dans l'éther.

Encore une fois, ressentez que ceci est bon pour vous et remerciez la Source pour ce nettoyage. Soyez pleinement conscients que vous êtes toujours pénétrés par la Lumière bleue qui est maintenant superposée par la Lumière blanc argenté.

Levez vos bras vers la Source une dernière fois et demandez d'être pénétrés par Sa Lumière dorée, l'énergie de l'Amour inconditionnel. Ramenez vos mains sur votre coeur et faites pénétrer cette Lumière dans tout votre être. Ressentez-la qui rayonne en vous et partout autour de vous. Vous rayonnez comme une centrale d'énergie d'amour infini. Voyez cet amour réharmoniser toutes vos cellules, car c'est cet amour qui tient tout votre système énergétique en bonne condition et en santé.

Lorsque la maladie s'installe dans votre corps, c'est uniquement dû au manque d'énergie d'amour qui est la colle qui unit les cellules en un système cohérent. Quand l'esprit est troublé par les conséquences du monde extérieur, la confusion de l'esprit provoque aussi une confusion dans l'énergie qui nourrit les cellules. Si cet état persiste trop longtemps, les effets finissent par dégénérer les cellules et la maladie devient inévitable.

Les initiations

Les initiations sont les étapes les plus importantes dans le «Reiki Usui Shiki Ryoho», c'est-à-dire le «Système Usui d'Harmonisation Naturelle Reiki». Ces initiations augmentent les vibrations des quatre chakras supérieurs et modifient quelque peu leur champ d'énergie de façon à pouvoir supporter de grandes quantités de cette Énergie pure qu'est le Reiki. Dans certaines documentations, on dit que ces initiations ouvrent les chakras, mais nous croyons qu'il faut faire une petite nuance entre les ouvrir et les préparer pour l'Énergie du Reiki.

Les Anges de Lumière nous disent qu'il y a très peu de personnes sur Terre qui ont les chakras ouverts. Ces personnes ont déjà réalisé le Soi Divin. Les initiations au Reiki ne donnent pas la réalisation du Soi. Ils peuvent nous y conduire mais ils ne le donnent pas. C'est donc dire que les chakras ne s'ouvrent pas mais ils peuvent s'entrouvrir. Pour nous, il est plus juste de dire qu'ils vibrent à un niveau supérieur, car les chakras sont des «roues d'énergie» et les roues ne s'ouvrent pas: elles tournent plus ou moins vite. Donc, les pulsations ou vibrations des chakras sont plus ou moins élevées.

Alors, si l'on dit que les chakras sont ouverts, nous devons préciser «à l'énergie», ce qui signifie être en harmonie ou être syntonisés avec l'énergie.

Bien sûr, nous ne donnerons pas les symboles ici; ça ne

vous apporterait rien et il en résulterait plus de tort que de bien, pour vous comme pour nous. Nous avons déjà élaboré sur ce thème dans l'introduction. Ce serait comme vous donner les clés d'une voiture, sans vous donner la voiture cependant, car elle n'est pas là. Quelle serait, alors, l'utilité de ces clés? C'est la même chose.

Une flamme ne peut être allumée que par une autre flamme, tout comme les initiations au Reiki se donnent par **un initié au Reiki qui possède les initiations et les compétences nécessaires**. Autrement, ce serait comme si vous étiez une chandelle qui n'a pas de flamme. Nous vous mettons toutefois en garde: il y en a déjà parmi nous qui se disent des maîtres de Reiki et ne le sont pas. Vous devez avoir beaucoup de discernement.

Les initiations sont accomplies à l'aide de certains rituels et de certaines harmonisations qui ouvrent la voie aux plans supérieurs entre le futur initié et les Êtres d'une Réalité Supérieure. Ces initiations peuvent conduire à des expériences spirituelles très puissantes qui amèneront l'étudiant dans une dimension de conscience au-delà de sa réalité normale de tous les jours.

Ce processus est guidé par « **REI** » la « **Puissance mystérieuse et divine** » de Reiki, la Force de Vie Universelle. Nous avons vu déjà que certaines personnes peuvent découvrir en elles des dons surnaturels, éveillés par ces initiations.

Les initiations ont le pouvoir d'agrandir la perception de la conscience et d'éveiller les facultés psychiques de certaines personnes, telles une intuition accrue, une ouverture du troisième oeil ou don de clairvoyance, une facilité de communication par médiumnité, une clairaudition et autres.

Tout en augmentant les vibrations des centres énergétiques ou des chakras, ces initiations ont pour effet de purger, d'une certaine façon, les toxines psychiques ou nos petits démons, comme les nomment les Anges de Lumière. Une période de vingt et un jours après chaque degré d'initiation est généralement respectée; pendant cette période, le nouvel initié se retrouvera dans des situations anormales et quelquefois bizarres.

Les « **malaises** » qu'il ressentira étaient présents sous forme de germes dans son système énergétique. Ils auraient pris naissance à un moment déterminé dans un avenir où les conditions leur auraient été favorables et ils seraient devenus, à moyen ou à long terme, des « **maladies** ».

Dans certains cas, des séquelles d'une ancienne maladie feront surface et donneront l'effet d'une rechute temporaire même si la personne est en très bonne santé. C'est que cette ancienne maladie avait mal guéri, laissant des débris toxiques dans la construction cellulaire. Ces toxines devaient rester latentes et passives jusqu'à ce que la structure cellulaire du corps s'expose à la faiblesse générale due au vieillissement. Alors, la personne aurait été incommodée par un vieux problème qu'elle croyait réglé et celui-ci aurait causé une souffrance supplémentaire et un manque de bien-être dans les dernières années de sa vie.

L'énergie du Reiki a pour effet de faire remonter à la surface ces débris cellulaires, de les expulser de la structure du corps et de les remplacer par des tissus cellulaires bien vivants et en bonne santé.

Nous constatons que ce phénomène n'est pas limité à l'aspect physique de la personne. Il se manifeste aussi sur tous les plans de l'être. La conscience agit de même lors de sa purification et de son expansion, laissant ressentir à la personne concernée une dépression temporaire, un découragement et des émotions qui étaient refoulées en elle depuis très longtemps. Cet état se manifeste quand les vieilles impressions émotives indésirables quittent la conscience pour ne plus revenir.

Durant ces moments désagréables, il est essentiel de se détacher de cette réalité par des pensées d'affirmation positive, de voir ce phénomène comme étant un train qui passe et qu'on regarde partir en retrouvant un état de calme et de bien-être. Sinon, la souffrance devient l'enjeu de la concentration.

Pour expulser de notre système les manifestations indésirables, qu'elles soient physiques ou mentales, il est essentiel d'avoir une conviction absolue, de ressentir avec intensité ces manifestations nous quitter. La visualisation et la concentration sont les meilleurs moyens pour y arriver.

Les résultats seront en proportion des efforts de concentration et du pouvoir d'affirmation qui impressionneront l'esprit. L'esprit n'a aucune limite sauf si, en raison de notre croyance, nous lui imposons des limitations. Par son pouvoir, il peut manifester un changement instantané voire même spectaculaire.

Le **premier degré** consiste en quatre initiations différentes. La première initiation harmonise le coeur et le thymus ainsi que le chakra du coeur correspondant au niveau éthérique.

La deuxième initiation harmonise la glande thyroïde et conditionne le chakra de la gorge au niveau éthérique. Ce chakra est le centre de communication.

La troisième initiation harmonise le troisième oeil qui

correspond à la glande pituitaire, le centre de conscience supérieure et de l'intuition, ainsi que l'hypothalamus qui, à son tour, affecte l'humeur ou la disposition du corps et sa température.

La quatrième et dernière initiation du premier degré, complète le processus en scellant ouvert le canal afin de maintenir une habileté accélérée à canaliser l'Énergie Reiki pour le reste de la vie. Il est essentiel de compléter les quatre initiations pour garder le canal Reiki ouvert pour la vie entière. Une fois initiés, vous ne perdez jamais cette habileté même si vous ne pratiquez pas pour de très longues périodes.

De plus, les quatre initiations conditionnent le chakra couronne en augmentant son taux vibratoire; ce chakra est notre liaison directe avec la conscience spirituelle et son partenaire physique correspondant, la glande pinéale.

Le **deuxième degré** consiste en deux initiations mais un tout petit peu différentes. L'initié prend alors connaissance de trois symboles accompagnés de tous les détails qui y sont associés.

Le **troisième degré** consiste en une seule initiation mais un petit peu plus longue. L'initié reçoit alors un autre symbole avec lequel il peut initier à son tour les premier et deuxième degrés.

Le **quatrième degré** est celui de **Maître de Reiki**. L'initié reçoit une initiation lui permettant d'initier tous les degrés de Reiki incluant celui de Maître.

Les symboles

Le mot **symbole** provient du mot latin «symbolium» dérivant lui-même du mot grec «sun-ballein» signifiant jeter ensemble, réunir. C'est donc un **pont jeté entre les deux**

mondes et destiné à les réunir.

Le **symbole**, en effet, a pour fonction essentielle de faire communiquer les plans entre eux en projetant sur un plan inférieur une signature Divine et en permettant ce qui est en bas de rejoindre ce qui est en haut. Par l'utilisation consciemment ordonnée de **symbole** graphique parmi lesquels figurent les lettres de tous les alphabets, le Mage ou le Sorcier peut contraindre une réalité transcendante à s'incarner ici-bas et à prendre forme et consistance dans un moule préétabli.

Selon Pignatel, «le **symbole** est le lieu de séjour d'une vérité qui sommeille. C'est le bouton de la rose qui contient une fleur, qu'une caresse du Soleil va faire s'épanouir».

C'est une clé universelle jouant dans les deux sens et ouvrant des portes normalement infranchissables par le raisonnement cartésien. Le **symbole** est un mode de langage destiné à susciter un état de conscience. C'est un enseignement qui atteint l'homme par ses archétypes, dans son inconscient, provoquant en lui une résonance profonde.

C'est un coup frappé à la porte de l'esprit... Le **symbole** est infini, mais nous n'en prenons que ce qui est à notre portée au moment où nous le percevons. À mesure que s'étend notre connaissance, que progresse notre évolution, le **symbole** s'enrichit à nos yeux et nous enrichit de même...

...Le **symbole** a des ramifications jusque dans les profondeurs les plus intimes de l'âme, alors que le langage ne peut qu'effleurer la surface de l'entendement. L'un est orienté vers l'intérieur, l'autre vers l'extérieur.

Les mots humains, constituant le seul moyen de communiquer à la disposition des foules, ne nous permettent que d'épeler. Le **symbole,** par contre, livre à notre entendement la langue verte, la langue des oiseaux, la langue des Dieux, celle-là même qui fut enseignée par Minerve au devin Tirésias.

Pareil à une échelle cosmique reliant le plus profond des Enfers au plus haut des Cieux, le **symbolisme**, par une mystérieuse résonance, fait vibrer à l'unisson tous les plans séparant Dieu de Satan. C'est pourquoi il constitue l'arme majeure des initiés que ne saura jamais utiliser le monde profane et qui, en permettant la descente de l'Esprit Divin sur la Terre, assurera le triomphe ultime de la Lumière sur les Ténèbres.

Pour être vrai cependant, donc efficient, un **symbole** doit obéir à un certain nombre de règles dont la plus importante est sans conteste la simplicité. En effet, plus un **symbole** est simple, simple comme la lame d'un sabre, plus il est dépouillé de superflu que peut y entasser le mental humain et plus il a de chance de reproduire dans toute sa pureté l'authentique signature d'une divinité. Ainsi peut-il constituer le canonique réceptacle des influx cosmiques.

Le **symbole** est «un moule dans lequel la transcendance prend forme, par l'intermédiaire du plan astral, de la sphère de la réflexion. Nous savons quelle immense responsabilité encourent mages et sorciers utilisant la magie, c'est-à-dire le **symbolisme** méthodiquement et sciemment appliqué, pour contraindre les autres plans à se plier à leur volonté.»

Or, ce qui est vrai dans un sens l'est aussi dans l'autre et le **symbolisme** constitue également le levier majeur utilisé par les Hiérarchies afin d'agir sur notre plan Terrestre et de régler les événements et les choses conformément aux décrets divins.

C'est ainsi qu'à côté du **symbolisme** appartenant à la terre et faisant appel aux plans supérieurs ou inférieurs, il existe un **symbolisme** purement transcendant destiné à imposer ici-bas l'Ordre Cosmique des Dieux.

Par opposition au premier que nous pouvons qualifier de statique, il est dynamique, car ses moules sont eux-mêmes animés, étant constitués d'êtres de chair et de sang. Les **symboles** statiques, au contraire, utilisent des signes, des diagrammes qui demeurent figés dans la mort jusqu'à ce que l'essence Divine prenne possession d'eux et leur transmettre la vie.

Il existe donc des «êtres-symboles» conscients ou inconscients qui apparaissent chaque fois que l'humanité est sur le point de passer dans une ère nouvelle. Ce sont des personnages sortant de l'ordinaire marqués par la Transcendance et investis d'une mission cosmique. Parmi eux, nous pouvons citer Jésus dont les paroles et les actions ayant pris valeur de **symboles**, ont imprimé dans les éthers, comme par une répétition générale avant la grande première, l'avenir des humanités. À un degré moindre, ceux qui L'ont entouré ont également constitué des **symboles** vivants comme, avant eux, Alexandre le Grand dans le monde païen.

«Si de simples signes comme la croix, le triangle, le pentagramme, etc... constituent, malgré leur staticité, des réceptacles de forces aussi puissants pour celui qui sait les utiliser, quelles ne doivent pas être la puissance et la portée cosmique des **symboles** vivants, dynamiques, jouant leur rôle divin sur la scène du Monde.»[1]

---

[1] Alphabet des Dieux, Jean Haab — Éd. Les Textes Essentiels.

Méditations contemplatives avec Reiki

Nous pouvons voyager à travers les chakras, un à un, avec une méditation contemplative pour sortir de ces centres énergétiques les petits vortex indésirables. Nous avons vu, dans le chapitre précédent, l'information nécessaire sur les chakras susceptible de vous aider à vous situer dans cette aventure. Nous aimerions préciser ici que ces pratiques peuvent vous apporter des petites expériences surprises, tantôt désagréables, tantôt très sublimes.

Les petites expériences désagréables ne durent généralement pas longtemps. Ces désagréments sont causés par les petites impressions négatives qui s'épurent de vos chakras. Il est important de prendre le temps de faire ce travail. Si vous allez trop vite, vous ne laisserez pas assez de temps à votre système énergétique pour s'habituer à sa nouvelle condition et vous allez revenir dans vos anciens schémas.

Il ne faut surtout pas sauter des étapes. Commencez par le chakra de la racine et travaillez sur lui aussi longtemps qu'il y aura des choses à régler. Ça peut prendre une semaine (plutôt rare), un mois, trois mois; ce n'est pas important. Ce qui l'est, par contre, c'est de faire l'exercice régulièrement — tous les jours si ceci vous convient. Lorsque les effets d'épuration sont pénibles, relâchez un peu; ne vous faites pas de mal en poussant trop fort. C'est un travail de moine ...

Il est recommandé, avant de commencer votre contemplation, de vous familiariser avec le type d'énergie dans les deux polarités que contient le chakra qui sera en cause et de mémoriser les étapes de la contemplation afin de garder votre concentration au maximum sur l'énergie et non sur la méthode.

Contemplation sur les chakras

Nous allons faire le premier chakra ensemble pour vous familiariser avec le processus. Pour commencer, il est important de prendre racine, c'est-à-dire, de vous sentir les deux pieds sur terre, «se *grounder* pour reprendre un terme populaire». Il est important d'être bien assis ou couchés, mais pleinement conscients; sinon, il serait inutile de faire cet exercice. Il faut être le plus à l'aise possible pour que le corps ne puisse envoyer d'alarmes d'inconfort et ainsi diminuer la qualité de la concentration.

Lorsque vous êtes bien installés et détendus, vous pouvez faire appel aux trois flammes que nous avons vues précédemment, afin de préparer le chakra au travail énergétique. Faites vos symboles, si vous êtes praticiens du deuxième degré ou plus. Les premiers degrés ou les non initiés au Reiki peuvent aussi faire cette pratique; le résultat sera toutefois moins rapide.

Placez vos deux mains côte à côte sur le chakra et ressentez l'énergie s'écouler. Pour les chakra supérieurs, les mains pointeront dans des directions opposées et c'est très bien ainsi. Ce qui est important, c'est qu'elles soient côte à côte pour obtenir l'effet maximum de l'énergie. Nous vous donnons une petite analogie pour démontrer l'effet produit.

Si vous voyez un train au loin, vous avez l'impression qu'il éclaire sa trajectoire avec une puissante lumière tellement l'énergie lumineuse est impressionnante. Lorsque le train s'approche de vous, vous constatez que seulement deux petites lumières côte à côte sont la source de cette luminosité phénoménale. La puissance lumineuse est multipliée par un facteur beaucoup plus grand que le nombre de lumières. La même chose s'applique à l'énergie de Reiki.

Par le pouvoir de l'imagination, visualisez le chakra devenir de plus en plus lumineux, voyez-le irradier d'une lumière rouge vif très brillante. Visualisez l'énergie Reiki infuser dans ce centre énergétique une nouvelle vitalité, une nouvelle énergie harmonisante. Voyez comment Reiki amplifie toutes les belles qualités du chakra: une bonne concentration, un bon équilibre psychique et physique, une santé parfaite, le goût d'être autonomes et sécures, l'acceptation de ses propres limites, la discipline idéale pour atteindre les buts visés. Visualisez la paix planétaire et l'équilibre de l'environnement. Visualisez une longue vie pour vous, sans problèmes majeurs. Visualisez votre instinct fonctionnant à merveille.

Tout en maintenant la lumière brillante dans votre esprit, voyez maintenant les petits vortex d'énergies désagréables vous quitter tels les sentiments d'insécurité, les peurs excessives, la gourmandise, l'attachement de toutes sortes, l'illusion, la colère, la cupidité, l'avarice et une sensualité excessive. Il est bien évident qu'il n'y a que quelques-unes de ces petites impressions négatives qui vous agacent: voyez-les partir, quitter pour de bon. Ces choses ne sont pas vous. Elles ont collé dans votre énergie par de mauvaises expériences mais dites-vous que c'est maintenant fini. Voyez-les partir: la lumière est trop puissante pour elles, elles ne peuvent plus tenir.

La noirceur doit toujours laisser la place à la lumière. Ceci est un décret divin. Soyez convaincus que votre parole et votre pensée ont un grand pouvoir: celui de commander.

Vous pouvez formuler d'autres affirmations, celles que vous préférez et avec lesquelles vous vous sentez à l'aise. Selon les Anges de Lumière, avec Reiki on peut tout si nous ne lui imposons pas **nos limitations**. Travaillez sur vos chakras de cette façon, un à un, et vous verrez dans six mois, un an, le bout de chemin que vous aurez parcouru. La qualité de la vie sera vraiment meilleure.

Nous suggérons de commencer par la base pour solidifier la fondation et de construire solidement par-dessus. Toutefois, si vous avez un problème urgent à travailler, il est aussi bien de se débarrasser des fatigants dans les autres chakras. Vous pouvez élaborer votre propre programme, cultiver votre propre flamme.

Pour ceux et celles qui doutent de leur initiation

Quelque temps avant de terminer ce chapitre, certaines informations couraient parmi les maîtres de Reiki. Elles apportaient des doutes chez certains d'entre nous sur la qualité de notre initiation de maître. Ces informations nous rendaient perplexes et insécures, car tous les gens que nous initions sont sujets à avoir la même qualité d'initiation que la nôtre. Ce message a alors été reçu par un médium qui est aussi maître de Reiki et qui voulait savoir ce qui en était. Suite à sa demande, voici ce qui lui a été transmis:

Bonjour à vous, AMIS (ES).

Et maintenant, amis (es), nous avons pour vous une compréhension à tout ce que vous vivez dans cette Lumière intérieure, ce contact à la Source Divine: «Reiki».

Écoutez bien, amis (es). Près de vous maintenant nous sommes, pour déverser en vous l'amour inconditionnel de cette Énergie Divine à laquelle vous vous êtes unis. L'amour «Reiki» est un appel qui vient de l'âme et du coeur. C'est une grâce Divine qui est prête à être donnée à tous ceux et celles qui désirent la recevoir. Peu importe qui tu es, ta situation, tu as le pouvoir de décider de te connecter à cette Source Divine qui t'appartient, car à l'infini elle est.

Quand tu ressens cet appel, laisse-toi guider et aie confiance. Peu importe où tu te dirigeras pour cette initiation. Il y aura toujours sur ta route un Maître de Reiki qui répondra à tes vibrations. C'est de l'amour inconditionnel. Tes guides sont près de toi pour te protéger et respect tout simplement tu te dois. N'oublie pas, ami(e), un Maître de Reiki qui, initié, est relié avec tes guides, ses guides et les grands Maîtres de Reiki, car ce sont Eux qui t'initient. Ne t'inquiète point, car tout est fait là-haut. Il n'en tient qu'à toi de respecter cet appel. Le bien-être, la plénitude, l'harmonie intérieure qui t'accompagnent à chaque instant de ta vie seront ta récompense que tu te seras offerte. Tu ressentiras toujours cette joie, cette paix intérieure et plein de gratitude en toi, il y aura.

Il y a tant d'amour, ami(e), à cette Source, que tu peux en distribuer à volonté. C'est l'abondance, la multiplication: plus tu en offres, plus tu en reçois. Cette union à la Source fera pour toi des merveilles. Il fut un temps, tu marchais près de nous, et de nouveau tu as ce choix; écoute la voix du coeur et tu baigneras dans l'amour, la paix et la Vie.

Tu sais très bien, ami(e), que le Maître c'est toi. Tu as tracé ta route et bienvenu(e) tu es de nouveau sur ta route.

Je t'offre le manteau de la Paix. Offre-le à tous ceux que tu rencontreras sur ta route. Tu recevras tellement d'amour que tu seras rempli(e) de merveilles et tu n'auras pas assez de temps pour en faire le tour car, de jour en jour, tu y découvriras cette Énergie qui te nourrira, te baignera et s'illuminera autour de toi. Ton âme, ton coeur et tout ton être en seront bénis.

À bientôt, Je t'aime.

Amie Douceur de la Lumière.

6

TÉMOIGNAGES D'EXPÉRIENCES

Nous pourrions parler beaucoup du Reiki, mais il y a une autre façon de faire connaître la réalité des gens face à cette énergie et comment celle-ci se comporte dans leurs vies de tous les jours. Beaucoup de gens ont une rencontre spectaculaire avec l'énergie du Reiki. Dans certains cas, c'est agréablement doux et dans d'autres, il semble que le ciel leur tombe sur la tête. Que se passe-t-il? Pourquoi cette différence?

Tentons de trouver réponses à ces questions et, par la même occasion, de vous faire partager l'émotion qui se dégage des témoignages marquants de gens qui ont vécu des expériences de Reiki et qui, par gratitude pour l'énergie reçue, ont accepté de nous en faire part.

Le Reiki à distance

Ma mère, c'est le ciel pour moi. Je ne lui ai jamais exprimé ce sentiment auparavant. Dernièrement, elle a été très malade. Elle avait une forte douleur à une côte et une bosse au niveau de l'estomac. Ma mère est incapable de s'arrêter pour prendre du repos et écouter son corps.

Avec sa permission, je lui ai envoyé du Reiki à distance.

Je ressentais, à l'intérieur de moi, à quel point elle était démunie et à quel point nous nous ressemblions.

J'ai commencé à lui envoyer du Reiki. Tout au long du traitement, les larmes coulaient lentement. Je vivais une grande émotion, comme une communion d'amour avec elle. À ce moment, ma mère marchait à l'extérieur près de la maison. Pour elle, le soleil ne brillait pas comme d'habitude: sa lumière était plus intense. Sa pensée se tourna alors vers moi: quelque chose d'inhabituel se passait en elle. Elle ressentit une fusion d'amour qui nous unissait et elle n'avait qu'une pensée: Chantal...

Par la suite, elle a ressenti un bien-être profond pour le reste de la journée. Le soir même, au souper, elle passa sa main au niveau de son estomac et, regardant mon père, elle lui dit: «Jean, la bosse a disparu.»

Je remercie la vie de m'avoir donné la chance de vivre cette expérience et de m'avoir choisie, moi, son enfant. Elle a reçu plusieurs autres traitements par la suite. Le plus important, toutefois, c'est ce nouveau contact qui s'est créé avec mes parents. Ils ont tous les deux ouvert leur conscience à quelque chose de tout nouveau pour eux et, en plus, j'ai reçu en retour ce que j'avais le plus besoin: leur amour et leur confiance.

Grâce au Reiki, aujourd'hui, je ne me sens plus impuissante face aux gens que j'aime. Le Reiki à distance vient vraiment répondre à mon besoin d'aider et de soutenir. C'est ce que j'ai eu la grâce de faire pour ma propre mère.

Merci, Reiki. Chantal

Une initiation

J'ai d'abord vu, dans mes rêves, quelques jours avant mon initiation, des sections de lumière blanche s'assembler et former un cercle dans l'espace. Puis, la journée de l'initiation, je sentais toutes les vibrations de façon intense comme un picotement. Pendant la préparation, alors que l'énergie se mettait en place, j'ai eu plusieurs débordements de larmes.

À l'initiation, mes pensées défilaient sans cesse: elles étaient impossibles à arrêter. J'ai dit de façon spontanée, que c'était un tourbillon de pensées. J'étais absorbé au point d'oublier les gestes que j'avais à faire.

Au cours des jours suivants, je me sentais toujours comme vibrant avec des picotements à l'intérieur des mains. Une sensation que j'appréciais particulièrement était le fait de me sentir plus présent et à la fois plus détaché de ce qui se passait autour de moi. Mes perceptions étaient plus intenses; par exemple, les couleurs étaient plus vives, les odeurs et le goût étaient plus accentués. J'étais en outre dans une forme extraordinaire à mon réveil.

Dans le premier rêve que j'ai fait, pendant la nuit suivant mon initiation, j'ai senti comme une conscience qui m'encourageait et qui me supportait dans ma démarche. Une affection intense accompagnait cette conscience. C'est un rêve et une sensation inoubliables

J'espère que ces quelques notes vous rendront service.

Bien à vous.

Gyslain

Recevoir des traitements

Recevoir des séances de Reiki m'a vraiment sauvée. Après avoir fréquenté la médecine traditionnelle, qui ne pouvait apporter aucun soulagement à mes peines et à mes douleurs, mon contact avec Reiki a changé ma vie. Enfin, j'avais trouvé un moyen qui pouvait m'aider à me libérer de ce trop plein d'énergie négative refoulée depuis tant d'années.

Ce que j'ai aussi trouvé en Reiki, c'est l'amour. Enfin, quelqu'un qui m'écoute, qui me touche, qui m'accorde son aide et sa chaleur humaine. Cet amour m'a aidée à faire parler mon coeur et mon âme et à me libérer de mes douleurs.

Chaque traitement est différent et, plus on épure, plus on fait entrer d'amour et de paix. Reiki, c'est une arme qu'on m'a donnée, une arme qui me délivre et me protège. Tous les jours, je me donne du Reiki: il me soutient constamment. C'est ma bénédiction de chaque jour.

Chanterelle

Sérénité et paix intérieure

Avec le recul, je constate que le Reiki a d'abord et surtout répondu à plusieurs de mes attentes et questions personnelles. Je pratique son énergie depuis plus de vingt ans sans l'appeler par son nom.

J'étais insécure. Or, maintenant que j'ai découvert le Reiki, j'ai trouvé la paix intérieure et la sérénité. J'ai cessé de chercher inutilement. J'ai appris à aller chercher et à recevoir auprès de la Source, cette Source qui finalement englobe un tout: l'Amour divin. Oui, le Reiki m'a apporté beaucoup. D'abord, je pouvais m'aider moi-même et m'aimer telle que je suis. Ensuite, j'ai pu aider les autres et les aimer tels qu'ils sont.

Je souhaite que tous ceux qui auront le privilège de pouvoir lire les témoignages contenus dans ce merveilleux livre sauront en apprécier les richesses. Ces richesses insoupçonnées qui émanent de la Source ainsi que du coeur de l'homme. Je n'ai qu'un souhait: puissiez-vous, à votre tour, devenir initiés et faire ainsi partie de la grande famille du Reiki. Les portes sont ouvertes à tous, c'est nous qui nous mettons des barrières.

Lise

Mon guide, ma protection et mon soutien

J'étais en train d'initier une de mes tantes. Les photos des trois maîtres du Reiki étaient placées devant nous sur la table. Quand tout à coup, à ma grande surprise, je me suis sentie pénétrée de la présence du Dr Hayashi et imprégnée de son sourire. J'ai alors ressentie, pendant un court instant, une joie profonde. Je ressentais qu'il y avait une connexion entre nous. Pourquoi lui en particulier et non les autres maîtres?

Je sais que nous avons vécu cette reconnaissance parce que nous avons beaucoup de travail à faire ensemble. Il est devenu mon guide, ma protection et mon soutien dans la Lumière au cours de toutes mes séances de Reiki.

Merci d'être venu vers moi, Dr Hayashi. Je vous accueille avec amour.

À la suite de cette expérience, ma tante m'a dit: «C'est drôle, pendant la méditation, après l'harmonisation, j'ai prié pour toi, pour que tu sois protégée dans ta démarche. Je ne pensais pas que la réponse se ferait sentir aussi rapidement.»

Réjeanne

Une nouvelle énergie, une nouvelle vie

Une amie cherchait à acheter un appartement depuis déjà quatre mois sans rien trouver. Elle y consacrait tout son temps libre ainsi que toutes ses fins de semaine. Elle réalisait bien que sa démarche exigeait d'elle de se créer un nouveau nid à l'image de toutes ses nouvelles énergies et de cette nouvelle transformation qui avait fait place en elle.

Elle devait se libérer du passé et prendre possession de son propre pouvoir et de son autonomie. La démarche était cependant laborieuse pour cette femme seule, face à elle-même. À bout de ressources, elle m'appela pour trouver courage et réconfort. Je lui propose donc un Reiki à distance. Voici le témoignage qu'elle me fit par la suite:

«Très rapidement, j'ai senti l'énergie me pénétrer, s'emparer de mon corps. Le travail était intense. Je me suis abandonnée à l'énergie. J'ai même eu l'impression que quelqu'un venait me prendre dans ses bras pour me bercer. J'éprouvais une gratitude profonde. Après quinze minutes, tout s'est arrêté brusquement pour faire place à une émotion intense. J'ai éclaté en sanglots et j'ai pleuré abondamment. J'ai alors pris conscience de ma vie passée: elle se déroulait devant moi. Je savais que je m'en détachais lentement pour faire place à un renouveau.

«Le lendemain, j'ai enfin trouvé ce nouvel appartement, dans un état d'âme tout à fait différent: l'esprit en paix et avec un certain détachement. J'ai pris soin de faire du Reiki sur l'offre d'achat et tout s'est déroulé en parfaite harmonie avec le propriétaire et l'agent d'immeubles.

Je rentre désormais dans ma maison, faite à l'image de cette nouvelle femme que je suis devenue.»

Paulette

Un soulagement du stress

Je suis initiée au Reiki depuis déjà un an. Je n'ai pas eu la chance de pratiquer très souvent sur les autres mais, par contre, j'ai pu me servir de cette technique beaucoup plus souvent sur moi-même.

Mon contexte familial ne se prête pas beaucoup à ce que je m'exprime librement. Mon conjoint n'est pas très ouvert à recevoir et à croire en cette énergie. Il a beaucoup de préjugés sur la question et ceci me brime un peu dans mon expression.

J'ai, à l'occasion, au niveau du plexus solaire, une pression douloureuse, sûrement une manifestation causée par trop de stress accumulé. J'ai souvent pu m'en dégager en me donnant du Reiki sur ce centre.

Reiki s'exprime à travers mes mains comme un battement, une pulsion apaisante. Après quelques minutes d'imposition des mains, je retrouve mon calme et une paix profonde s'installe en moi. Je sombre souvent dans un profond sommeil réparateur et tout cela sans médicament.

Même si je ne pratique pas beaucoup, je suis heureuse d'avoir été initiée et de pouvoir me servir de cette énergie en cas de besoin. Je me sens soutenue par la Source et je suis très reconnaissante envers Reiki.

Lucie

Mon nouveau moi

Ma relation avec l'énergie Reiki a débuté d'une manière tout à fait inattendue de ma part. J'étais en «burn out» et je souffrais en plus d'une prostatite lorsque ma fille aînée, à qui je parlais au téléphone, m'a offert de m'envoyer de l'énergie à distance, ce qu'elle affirmait pouvoir faire. J'ai accepté me disant que, de toute façon, un geste fait avec amour ne pouvait qu'aider. J'ai donc reçu de l'énergie.

Le tout a commencé par une sensation au plexus solaire, une sensation agréable que je ne connaissais pas, sensation qui a gagné tout mon corps et qui se faisait de plus en plus forte, une sensation qui m'a secoué et même survolté. Le traitement terminé, je reçois un appel de ma praticienne qui me dit: «Tu t'es fait secouer hein, je savais que tu ne dormais pas.» Elle me raconte que son mari s'était joint à elle pour m'envoyer de l'énergie. Je me sentais à ce point énergisé que j'ai dû me lever et marcher pendant cinq ou six kilomètres avant de me sentir apaisé.

J'ai reçu sept ou huit traitements par la suite, et décidai qu'il me fallait être initié pour pouvoir moi aussi me servir de cette énergie bienfaitrice. Ce n'est que plus tard que j'ai compris que ma santé chancelante du moment était en fait un pressant appel de l'énergie qui me demandait de m'ouvrir à elle. Je dois dire que, dès ce moment, j'aurais pu deviner si c'était ma fille ou son mari qui me donnait le traitement à distance tellement l'énergie était différente, bien que toujours efficace et bienfaitrice.

Pendant mon initiation au premier niveau, après avoir chassé quelques inquiétudes normales devant l'inconnu, je me suis abandonné et, dans ma vision intérieure, deux rayons sont venus se poser sur moi. L'un était bleu et l'autre, blanc. Cette luminosité, ce bleu et ce blanc, m'était complètement inconnue jusque là. Le lendemain, j'étais dans un état d'euphorie et je me sentais les mains comme enveloppées dans des gants d'énergie. Je n'osais en parler à personne de peur qu'on croit que j'avais perdu la tête.

Après quelques semaines d'auto-traitements, j'ai remarqué que mes sinusites, si fréquentes depuis plusieurs années, ne revenaient plus. Elles ne sont d'ailleurs plus jamais revenues.

La deuxième initiation m'a propulsé à un niveau d'énergie beaucoup plus élevé. Beaucoup de blocages sont tombés et, dans les semaines suivantes, je me suis surpris à observer mes réactions qui souvent n'étaient plus les mêmes. Je me sentais bien avec ce nouveau moi. Le Reiki m'a fait découvrir qui je suis véritablement. C'est à ce deuxième niveau que j'ai perdu la trace de ces migraines qui me harcelaient périodiquement depuis trente ans.

Faire l'expérience de l'énergie envoyée à distance, c'est tout simplement merveilleux. Un soir, une amie initiée me téléphone pour échanger de l'énergie à distance. Le lendemain, au travail, elle me raconte tout ce qu'elle avait vécu pendant le traitement. Je lui demande si elle avait mal à l'épaule gauche. Elle me répond que oui et que son médecin voulait l'envoyer passer un examen pour le sein gauche. Pendant le traitement, j'avais très nettement vu une zone sombre à son épaule mais elle ne touchait pas le sein. Après examen, elle sut qu'il n'était pas en cause.

Il m'arrive ainsi parfois de percevoir une zone sombre à l'endroit affligé. Un jour, j'ai vu pendant le traitement que la patiente avait l'estomac très irrité.

Vint ensuite l'appel pour un troisième niveau. J'avais économisé de l'argent pour acheter une pièce électronique qui me servirait en musique, mais l'appel se faisait si pressant que, sans aucun regret, j'ai pris cet argent pour une nouvelle initiation qui a poussé plus loin la transformation de mon être. Après cette initiation, j'ai saisi toute la profondeur des paroles de St-Exupéry qui disait qu'on ne voit bien qu'avec les yeux du coeur. Que de choses connues en théorie ont pris une tout autre dimension en passant par le coeur. Quand tout passe par le coeur, il n'est plus possible de juger les autres quoi qu'ils fassent.

Au chakra du coeur, je ressens une PRÉSENCE qui se loge dans l'éthérique et qui me dit que je n'ai plus le droit de me conduire comme celui qui ne connaît pas la LUMIÈRE. Bien sûr, avec le troisième niveau nous est donné ce cadeau, cette grâce, d'être l'instrument dont se sert l'énergie pour initier aux premier et deuxième niveaux ceux qui sont appelés au REIKI.

Je sais que j'irai bientôt vers le quatrième niveau, car déjà j'entends son appel.

Que le Reiki enveloppe la Terre de son énergie et de sa Lumière.

Mario

Un cadeau de la vie

C'est à cause de l'insistance de mon guide spirituel que j'entrepris de me faire initier au Reiki. Personnellement, cela ne m'attirait pas du tout. Comme nous savons qu'il n'y a pas de hasard, sans nécessité aucune recherche de ma part, un maître de Reiki s'est trouvé sur ma route. Un homme ayant les pieds sur terre, un père de famille comme moi. Cela suffit à me mettre en confiance et à le choisir pour m'initier.

Il est difficile de décrire ce qu'a provoqué en moi l'initiation aux deux premiers niveaux de Reiki. C'est une expérience intérieure et ce vécu s'exprime difficilement avec des mots. Je me percevais enveloppé d'amour, entouré de compassion, de douceur. Le fait de sentir toute la bonne volonté et les efforts que mon maître mettait à m'ouvrir et à me transmettre le Reiki m'a profondément ému. Physiquement, j'ai eu les mains brûlantes durant plus d'une semaine. Spirituellement, je sais que quelque chose a changé. Je me sens comme si j'avais reçu un cadeau de la vie pour m'aider à poursuivre mon cheminement. Je tiens à remercier mon guide ainsi que mon maître de Reiki.

Robert

Le Reiki, c'est une Lumière, un Amour canalisé

Les gens qui viennent à moi pour un traitement sont, pour la plupart, des gens qui cherchent. Ils viennent parce qu'ils ont confiance et ils voient cela souvent comme une planche de salut.

Quelques-uns reçoivent le traitement comme une bénédiction, un bien-être profond. Puis vient s'installer en eux une paix qu'ils n'avaient jamais eu la chance de connaître auparavant.

Avec d'autres, on commence et tout va bien. Puis, tout à coup, des larmes coulent. C'est comme si la Lumière du Reiki venait éclairer les blessures intérieures pour que l'on puisse enfin les reconnaître et leur laisser la chance d'émerger à la surface.

À ce moment, on essaie de mettre des mots sur ces douleurs pour leur donner la chance de s'exprimer. Viennent souvent des pleurs, des cris, des larmes, des mots prononcés avec beaucoup d'affirmation, des jurons libérateurs; tout y passe. Quand tout est exprimé, une paix et un grand relâchement se manifestent dans le corps.

Je marie souvent le Reiki avec la Polarité, car c'est un merveilleux complément. J'ai constaté qu'avec la polarité, le travail se fait à partir des propres énergies de la personne. Le praticien guide les énergies dans les bonnes directions à prendre dans le corps de la personne. Le Reiki, par contre, est plutôt une aide qui vient de l'extérieur, un support, une Lumière canalisée à travers le praticien. Cet amour curatif agit avec beaucoup de douceur et s'adapte bien aux besoins de la personne qui le reçoit.

Un manque d'amour est à la base de bien des maux dans notre société et le Reiki, qui est pur amour, vient combler ces grands vides en chacun de nous.

Merci à Reiki d'être là et de faire partie de ma vie.

Chanterelle

Une sensation, un sentiment de bien-être

Le Reiki fait maintenant partie intégrante de ma vie. C'est un cadeau que je me suis accordé lorsque je suis allée prendre les niveaux 1 et 2. Avec le Reiki, j'ai pu vraiment apprendre à me connaître et aussi à m'aimer. L'amour, ça commence par soi-même; ensuite, on peut le partager. C'est d'ailleurs ce que j'ai fait. J'ai partagé ce magnifique cadeau avec une multitude de gens.

Le Reiki m'apporte une sensation, un sentiment de bien-être que je ne peux retrouver ailleurs. C'est la Source de vie, l'Énergie universelle divine qui nous amène à une meilleure connaissance de soi. Le Reiki m'a permis de prendre conscience de mon être véritable et de le bonifier; il m'a aussi permis de reprendre confiance en moi. Il est évident que cette évolution fut remplie de remises en question, mais avec Reiki tout semblait beaucoup plus simple, plus facile, au niveau des prises de décisions.

Précédemment, je disais que je partageais ce magnifique

cadeau. Je tiens à préciser qu'après deux ans de pratique de Reiki, mon intérêt demeure aussi grand et que mon désir le plus profond est de continuer à partager ce bien-être avec les gens, ma famille et mon entourage, la nature et l'univers.

Merci pour le beau cadeau

Denise

Mon initiation au premier degré

Enfin, après une attente de quelques années, je suis initiée au Reiki!

En quelque sorte, je devais attendre de rencontrer un maître de Reiki qui répondait à mes attentes. Mon énergie n'était pas non plus suffisamment épurée et préparée pour recevoir un tel choc.

Je suis consciente que si j'avais vécu une initiation il y a seulement deux ans, je ne l'aurais pas reçue avec autant de ferveur. Je crois, par contre, que la première fois où j'ai reçu un traitement de Reiki, cette énergie n'a pas fait seulement un travail réparateur dans mes tissus. Je crois que j'ai été marquée par le sceau de Reiki qui a fait grandir en moi un désir de mieux-être, d'amour de soi ... J'ai été vraiment touchée par cette dame qui m'a traitée et par le courant qui est passé.

Quelques jours avant l'initiation, j'avais en moi un besoin ardent d'aller dans la forêt à la tête d'une source pour laver mes pierres; un pèlerinage en fait. (Paulette m'avait demandé d'apporter différentes choses pour l'autel dont une pierre pour représenter le règne minéral). J'avais entendu quelque part que l'eau de source purifiait et chassait les énergies négatives, surtout dans une intention de purification.

Je suis allée seule. J'ai d'abord médité sur la montagne puis je suis descendue à la source. J'en suis revenue satisfaite comme si j'avais accompli une mission très importante.

Je crois que j'ai été très chanceuse, car cette initiation était improvisée à quelques jours de préavis et se déroulait dans mon atelier, avec des amies que j'avais choisies. L'autel était décoré avec mes choses.

Pendant l'initiation, à la première harmonisation, j'ai vu des couleurs qui sont passées du bleu nuit à un rose violacé, presque fluorescent. Au niveau de mon chakra du coeur, j'ai ressenti une chaleur.

À la seconde harmonisation, c'est au niveau de la gorge que j'ai ressenti quelque chose, comme si quelqu'un y exerçait une pression avec le doigt, pas assez forte cependant pour m'étouffer. Les couleurs étaient toujours présentes derrière mes yeux clos.

À la troisième harmonisation, c'est au niveau du troisième oeil que j'ai ressenti comme une succion en spirale presque désagréable qui donne envie de se frotter le front avec impatience. Il y avait aussi des couleurs.

À la dernière harmonisation, j'ai eu l'impression que j'étais tirée vers le haut par un fil qui sortait du chakra de la couronne. Drôle de sensation. Les couleurs étaient plus pâles et, à la fin, presque blanches.

Pendant les harmonisations, quand on me frappait dans les mains, je sentais comme une petite veine ou un petit tuyau dans mes avant-bras qui sursautait au moment de l'impact. Il y avait aussi de petites étoiles très brillantes qui m'apparaissaient quand j'avais les yeux ouverts. Et cette impression d'être branchée avec En-Haut par un tuyau sur ma tête!

Il y avait une belle complicité entre mon maître de Reiki et les trois autres personnes qui ont vécu l'initiation en même temps que moi.

Les jours qui ont suivi ont été rebondissants d'événements. Le lendemain, après m'être inondée de Reiki, je me suis levée et une énergie de colère m'a envahie. J'avais envie de virer le monde de bord, sens dessus dessous. Toute la journée, c'était comme si les événements me faisaient voir les sphères de ma vie où je me laissais envahir et contrôler par mes proches, par le système, par la vie! Je ne crois pas que ma colère était négative parce qu'elle m'a permis de régler des choses qui traînaient. Ça fait seulement neuf jours que je suis initiée au Reiki et vous devriez voir le ménage que j'ai fait dans mes papiers! En fait, je ne peux l'éviter car j'ai demandé à l'énergie de Reiki d'entrer dans mes dossiers! Vous raconter tout ce que j'ai fait, depuis neuf jours, serait sans intérêt mais, malgré une hernie discale qui me limite beaucoup, je suis certaine que j'ai abattu autant, sinon plus, d'ouvrage que beaucoup de personnes bien portantes.

Je crois que je suis entrée dans un beau tourbillon d'énergie et d'amour qui va, avec mes guides et mon ange gardien, envahir ma vie pour plus de bonheur. Ce ne sera peut-être pas toujours facile mais Reiki est là maintenant pour veiller! Voilà! Je vous aime.

Francine

La forme de l'organe malade fait de cire de chandelle

Aider à soulager et servir la Lumière, voilà mon but. C'est pourquoi je me plais beaucoup dans mon rôle de praticienne de Reiki.

Lorsque je commence une séance, je ressens toujours une présence me pénétrer et je rentre toujours en contact avec mes guides et la présence des Anges de Lumière. Je suis supportée par les Anges depuis plusieurs années. Depuis que je travaille en guérison, je n'ai jamais travaillé seule.

Maintenant que je suis initiée au Reiki, il se produit une manifestation particulière avec les chandelles que j'utilise durant la séance de Reiki.

Lorsque je touche avec mes mains la région affligée de la personne, la chandelle coule et me donne la forme de l'organe malade, en cire. J'ai reçu des coeurs, des foies, des intestins, des poumons et des parties du cerveau. J'ai même fait un traitement à une femme enceinte et j'ai pu accueillir un petit foetus dont on sentait très bien la forme. Le phénomène se manifeste autant au cours des séances de Reiki à distance qu'avec la présence physique de la personne.

J'avais demandé à mes guides et aux Anges de m'envoyer une manifestation pour m'aider à mieux comprendre les malaises de chacun et voilà que toutes les réponses me sont données par l'intermédiaire de la chandelle.

J'ai aussi remarqué que, lorsque la personne traitée souffre de problèmes psychologiques, la chandelle ne coule pas mais plutôt forme une fumée noire et dense qui représente bien le mental perturbé de la personne.

Il est très important pour moi de travailler en collaboration avec les Êtres de Lumière du monde invisible. Je me sens toujours supportée et protégée par eux depuis longtemps.

Il y a quelques années, j'ai eu un cancer à un sein et c'est avec le travail avec l'énergie que j'ai pu mieux vivre ma guérison. Je travaillais à l'époque avec le pendule et les cristaux, surtout le quartz.

Le Reiki est venu renforcer toutes ces techniques et m'apporter une communion encore plus directe avec la Lumière, surtout avec la venue des symboles du deuxième degré qui me donnent la chance, entre autres, d'envoyer du Reiki à distance. Par contre, le troisième degré est venu compléter ma formation et me donner le plaisir d'initier d'autres personnes et de renforcer davantage les résultats des traitements.

Le Reiki nous donne les moyens de nous guérir nous-mêmes, d'aider les autres à le faire et de prendre contact avec nos guides ainsi que les Anges de Lumière qui sont toujours là pour nous supporter. Il suffit de s'ouvrir.

Louise

Un bébé de neuf mois me dit comment le guérir

On m'a demandé de faire un Reiki à distance pour une petite fille de neuf mois qui, depuis sa naissance avait subi plusieurs opérations au niveau des intestins. J'ai donc décidé de lui envoyer trois Reiki à distance.

Le premier soir, tout s'est bien passé. Je ressentais très bien l'énergie circuler. Le deuxième soir, l'énergie ne passait pas; je n'ai donc pas insisté. Le troisième soir, après le début de la séance, j'entre soudainement en communication avec l'enfant; c'était beau, l'énergie coulait bien.

C'était une communion d'âme à âme et voilà qu'une conversation s'est établie de l'intérieur, entre le bébé et moi. Elle me dit: «Tu travailles sur mes corps physique et énergétique, mais maintenant je vais te dire quoi faire. Ce n'est pas un travail sur le corps physique qui est nécessaire mais, plutôt sur mon champ énergétique qui est blessé». J'ai alors déposé mes mains sur l'endroit qu'elle m'avait indiqué et elle me dit: «Maintenant, dessine le symbole sacré et fais-le mentalement en fil d'or de 24 carats». Elle m'indiqua ce symbole en me le faisant visualiser mentalement. J'ai alors ressenti un Être de Lumière le dessiner et me le remettre par la suite. Je le prends et le dépose sur le plexus solaire du corps énergétique de l'enfant. Elle me dit ensuite: «Maintenant, fais comme on fait avec les tout petits bébés: viens placer une bande de tissu autour de mon ventre pour bien soutenir le symbole en place à l'endroit où j'en ai vraiment besoin». Avec beaucoup de soin, je réponds à sa demande et je lui souhaite le bonsoir. Je lui donne rendez-vous pour le lendemain.

Le lendemain, tout était paisible, tout était en place; c'était très beau et lumineux. Alors, je lui demandai: «Maintenant, que dois-je faire?» Elle m'a répondu: «Tu as très bien fait ce que tu avais à faire; le temps fera le reste. Je vais garder le symbole en place le temps qu'il faudra et tu sais, ne t'inquiète pas, car c'est un peu comme avec les points fondants, quand je n'en aurai plus besoin, tout disparaîtra.»

Je l'ai remerciée de son enseignement avec beaucoup d'émotion. Le Reiki est tellement généreux: si nous ne posons pas de limites, nous pouvons vivre des expériences très enrichissantes. Nos seules limites sont dans notre imagination.

Au premier anniversaire de la fillette, j'ai eu de ses nouvelles par sa mère. Elle m'a dit qu'elle avait pris du mieux mais qu'elle était toujours sous surveillance médicale. Elle m'avoua que, malgré ses malaises physiques, cette enfant répandait partout autour d'elle l'amour et l'espoir, qu'elle était une petite fille bien spéciale, toujours souriante et remplie de joie. Je rends grâce pour cette merveilleuse expérience qui a rempli tout mon être d'une joie immense.

Avec toute ma reconnaissance, merci. Carole

Sa mission est d'aider des gens qui souffrent

Un mal de dos lancinant entre les deux omoplates me coupait le souffle depuis un ou deux jours. Une amie m'a dit: «Je vais voir une femme qui fait des massages et donne du Reiki; je l'avertis que tu viens avec moi.»

Je me rends avec mon amie dans une demeure très humble et une femme d'un certain âge nous reçoit. Elle a les mains calleuses de quelqu'un qui a travaillé la terre toute la journée et bien d'autres journées avant.

Elle me fait allonger sur une table de massage installée dans son salon. Quand elle pose sa main sur ma tête et l'autre dans mon dos, je sens un courant circuler comme si elle était branchée à une prise de courant. Je suis très impressionnée, je ressens le relâchement de la tension des muscles de mon dos.

Elle me parle un peu de ce qu'est le Reiki et m'avoue humblement qu'elle n'est qu'un canal et que sa mission est d'aider des gens qui, comme moi, ont besoin d'être soulagés. Elle n'a pas de tarif fixe pour ses traitements: elle accepte ce qu'on lui donne.

Je n'ai pas encore été initiée au Reiki; le moment n'est pas encore arrivé, car il y a toujours une circonstance qui fait que je passe à côté de l'initiation. Je sens que c'est très sérieux tout ça. Je ne crois pas qu'il faut être pauvre et travailler la terre pour être grand à l'intérieur de son coeur. Chacun a son espace de lumière en soi mais c'est dans une attitude respectueuse et humble, non pas feinte, que devraient s'échanger les courants d'énergie et d'amour du Reiki ou de toutes autres formes de transmission d'énergie.

Francine

Grand partage d'amour

Un grand désir d'aller chercher encore plus m'amena à demander à être initiée au deuxième degré de Reiki. J'avais une très grande soif qui m'a fait vivre une expérience magnifique.

Le maître qui m'a initiée a su très bien me comprendre et me garder en confiance. Ensemble, nous vivions une journée très importante. Une communion intense, remplie de sentiments très profonds, me fit vibrer au plus haut point. Je me sentais remplie d'amour. Une renaissance m'habitait et venait combler des vides intérieurs. Jamais je n'oublierai cette journée. Le Reiki m'aide à mieux vivre physiquement, mentalement et spirituellement. Cette clé d'amour que j'ai reçue me grandit chaque jour et m'aide à mieux équilibrer ma vie. Je dis merci au maître qui m'a initiée, pour cette journée inoubliable.

Avec amour, Priscille

Aucun effet secondaire

Nous venons rendre témoignage à la méthode d'harmonisation naturelle Reiki. Mon mari et moi avons complété le deuxième degré de Reiki. Nous avons constaté, lorsque l'on nous demandait de l'harmonisation à distance, par exemple, dans des cas de migraine, maux de gorge, maux de coeur, foi engorgé, inflammation de la vessie, insomnie etc, les résultats étaient révélateurs. La plupart des maux avaient cessé complètement. Tous, nous rappelaient en donnant leur appréciation que cette méthode ne laissait sur le corps aucun effet secondaire. Ils pouvaient sans encombre poursuivre leur vie quotidienne plus facilement.

Françoise et Laurent

Source d'eau fraîche désaltérante et régénératrice

Le Reiki ressemble à une source d'eau fraîche, désaltérante et régénératrice. «Le Reiki signifie l'Énergie universelle de vie et nous sommes tous composés de cette énergie». Une fois initié, chacun peut utiliser cette énergie pour améliorer son bien-être physique, mental, émotif et spirituel. En effet, les différents niveaux de Reiki aident à poser les jalons d'une transformation empreinte de respect, d'amour inconditionnel, de service: telle est mon expérience depuis ma première initiation au Reiki.

L'utilisation de la technique de Reiki à distance constitue un moyen extraordinaire et efficace pour aider les personnes éloignées dont l'état de santé nécessite une énergie lumineuse et régénératrice. En servant d'intermédiaire pour envoyer de l'énergie, le praticien de Reiki bénéficie lui-même de cette énergie. Donner ou recevoir l'énergie Reiki aide à dynamiser le potentiel de l'être humain, à apaiser l'esprit hyperactif, à soulager les douleurs physiques et morales. Ainsi régénéré, l'être humain poursuit son développement personnel et spirituel vers l'actualisation de sa personnalité, aidant ainsi à créer plus de lumière sur la Terre. Thérèse

Hommage au Dr Usui pour sa détermination

Si vous lisez ce livre, c'est que vous voulez vous améliorer sur tous les plans, physique, émotif, psychologique et spirituel, ou sur un plan en particulier. Lorsque je me suis fait initier au Reiki, j'ai compris mon cheminement depuis les vingt dernières années. J'ai été emballé par la simplicité du processus et par l'efficacité de son application.

Je rends hommage au Dr Usui pour sa détermination et son courage. Merci d'avoir tenu bon jusqu'au dévoilement de cette lumière céleste. Merci d'avoir osé utiliser cette connaissance pour aider vos semblables et pour la transmettre jusqu'à nous. Comme lui, je désire être un porteur de lumière et aider les personnes qui veulent s'aider par l'exercice divin du Reiki.

Rosaire

Je peux enfin m'abandonner totalement

La personne avec qui je travaille depuis plus de douze ans a, depuis quelques années, son degré de maître de Reiki. J'ai moi-même été initiée par elle. Le plus souvent, nous commençons notre journée par un petit échange de Reiki. Ces quelques minutes de communion directe avec la Source ont transformé notre vie de tous les jours. Nous sommes toutes deux beaucoup plus calmes, plus concentrées dans notre travail. Nous vivons moins de stress et moins de tension entre nous. Nous travaillons dans la joie et beaucoup plus connecté à l'intuition et à la créativité. Nous sommes beaucoup plus dans le moment présent.

Mais, ce qui m'a le plus émerveillée dans cette histoire, c'est que j'ai été témoin de la grande transformation qui s'est manifestée à travers ma compagne au cours des dernières années. Elle était toujours malade, angoissée, insécure. Elle vivait des douleurs constantes dans son corps physique. J'ai été témoin de ces grands changements qui se sont manifestés à travers elle, après chaque degré d'initiation.

Reiki fait maintenant parti de ma vie. C'est un plus, j'ai même l'occasion de m'en donner souvent, je n'ai qu'a fermer les yeux et déjà je prends contacte avec l'énergie. Je peux, grâce à ce moyen, trouver le calme et la paix, simplement en fermant les yeux et en écoutant la source de lumière couler en moi. J'ai souvent la chance de visualiser de belles couleurs lumineuses. Enfin, je peux m'abandonner totalement.

Marie

7

INSATISFACTIONS ET CRAINTES FACE AU REIKI

À travers nos expériences avec l'énergie du Reiki, nous avons constaté qu'il était souvent très difficile pour certaines personnes de supporter les premiers contacts avec l'intensité et les effets de cette énergie. Souvent, des effets immédiats qui se manifestent sont très douloureux ou même, semblent aggraver momentanément le problème original. Ceci amène la confusion chez la plupart des personnes qui ont leurs premiers contacts avec cette énergie.

Le Reiki est une énergie qui purifie en profondeur et qui élimine la cause du désordre mental, psychique ou physique, sur tous les plans de l'être. Si le problème physique disparaît, c'est que la cause, qui est d'abord sous une forme-pensée ou une peur bien définie dans l'un ou l'autre des corps subtils, devient inopérante par le changement de vibration de ces corps subtils et du corps physique. Ces formes-pensées ne sont, dès lors, plus nourries de l'énergie vitale de l'être en difficulté et s'évanouissent d'elles-mêmes. N'ayant plus de support énergétique, le malaise s'estompe peu à peu dans le corps physique. Dans certains cas, la disparition du malaise devient spectaculaire et définitif.

Nous vous présentons maintenant certains témoignages de personnes qui ont eu de la difficulté, au tout début, avec cette énergie, mais pour qui, par la suite, elle s'est transformée en un merveilleux cadeau.

Difficulté face à Reiki

Ma plus grande difficulté face à Reiki a commencé lorsque j'ai reçu les symboles, au deuxième degré. Cela amenait un grand changement dans ma manière de pratiquer, car ça changeait toutes mes structures mentales passées. Je travaillais avec l'énergie et l'imposition des mains déjà depuis quelques années. J'envoyais de l'énergie à distance en me servant de l'imagerie mentale et j'obtenais des résultats satisfaisants.

La venue des symboles venait tout bouleverser. J'avais de la difficulté à y croire et je me créais de gros barrages mentaux. J'avais l'impression de ne rien ressentir et de ne rien donner. Par contre, les commentaires des personnes qui en recevaient étaient très positifs. Ceci m'encourageait, car l'énergie passait parfaitement même si je ne me sentais pas à la hauteur et même si je ne me sentais pas consciemment en contact avec l'énergie.

Plus d'un an s'est écoulé avant que je ne devienne en harmonie avec les symboles et que j'accepte de m'en servir. Même si je vivais ce malaise, je sais que mon énergie personnelle n'atteignait pas les personnes traitées.

Je fais toujours une méditation avant chaque séance pour purifier mon esprit et prendre contact avec l'énergie de la Source. J'utilise toujours des mesures de protection que je récite avant chaque séance.

Maintenant que je suis rentrée en symbiose avec les

symboles, il m'est beaucoup plus facile de donner et, de plus en plus, l'intuition se développe en moi au cours des séances de Reiki. Je trouve très facilement les mots pour aider à libérer le trop plein des émotions de certaines personnes.

Ces derniers temps, j'ai rencontré des femmes dont on a abusé sexuellement. Au cours de la séance de Reiki, je ressens intérieurement leurs émotions et, par la grâce de l'intuition, je peux les guider à s'exprimer et à relâcher les mots emprisonnés en elles depuis tant d'années. Je suis alors témoin de grandes transformations.

On dit que Reiki nous libère de nos émotions et c'est vrai. Je peux en témoigner. Par contre, d'autres personnes à qui on donne cette énergie s'attendent à vivre de belles expériences, de belles émotions et c'est souvent le cas. Je leur dis qu'elles ressentiront la joie quand elles auront pris conscience de leurs blocages et qu'elles les auront réglés.

Présentement, les tiroirs de leurs mémoires passées s'ouvrent; elles doivent passer par une phase d'épuration. Ceci leur fait très peur. C'est pourquoi il est préférable de vivre ces expériences avec des gens qui sont prêts à faire ce passage. Tous ceux qui en ont le courage vivent la joie maintenant, la joie de la libération.

Je suis heureuse d'avoir la chance de vivre ces expériences et de pouvoir, à ma façon, servir Reiki.

Aline

Frustrations face au Reiki

Mes frustrations face au Reiki, c'est qu'au début, je n'en faisais pas assez. Je n'étais pas fière de moi. Avec le temps, j'en ai reçu et j'en ai donné. Ces échanges m'ont fait réaliser que l'important était de faire les choses et de participer.

La pratique, c'est le plus important, car le Reiki est un outil que l'on apprivoise par l'expérience en ressentant de l'intérieur. Il est un outil merveilleux et, plus on l'utilise, plus on a de résultats et plus on reçoit de l'énergie.

J'ai 76 ans et je ne suis pas toujours bien dans mon corps; le Reiki m'apporte la paix. Il m'apaise et me ralentit. Il m'isole de mon mental perturbé.

Nous avons formé un petit groupe et nous nous rencontrons une fois par mois pour échanger. Cela nous donne la chance de réaliser notre potentiel à chacun et de nous reconnaître en tant que canal d'énergie.

Merci à Reiki d'être dans ma vie. Sangati

Les 21 jours de purification

Voici un malaise que je vis avec Reiki: cela se passe avec les personnes que j'initie et qui doivent vivre de grandes perturbations au cours des 21 jours de purification qui suivent l'initiation.

C'est une réalité pour bien des gens et il faut en parler. Il n'y a pas que la lumière, les couleurs, les grands sentiments d'amour et de paix que l'on peut vivre pendant et après les initiations. Il faut quelquefois se faire face à soi-même, enlever la poussière sous le tapis, faire certaines prises de conscience très difficiles à accepter sur le moment.

Reiki vient nous aider à évoluer, à nous rendre plus conscients, nous éveiller et nous aider à nous transformer. Certains adeptes ont même des manifestations physiques telles des maux de tête, des nausées, des douleurs qui s'amplifient dans leur corps. Quand la Lumière prend racine, il n'y a plus de place pour les indésirables. Mais, heureusement, après quelques heures ou quelques jours de perturbations viennent, la plupart du temps, une grande paix et une joie profonde.

J'ai moi-même expérimenté tous ces états. Étant maître de Reiki, je suis très consciente des deux côtés de la médaille et, lorsque les gens sont perturbés, j'éprouve une certaine peine et un certain malaise. Je les aide du mieux que je peux, souvent par du Reiki à distance et aussi en les incitant à pratiquer tous les jours sur eux-mêmes.

Je sais que je suis en cheminement et qu'un jour je pourrai vivre ces situations avec un sentiment d'amour et de compassion sans être moi-même perturbée. Les maîtres grandissent en même temps que les étudiants; tous ensemble, nous nous élevons.

Il n'est pas dit que la parfaite maîtrise de nous-mêmes nous est donnée avec le diplôme de maître. Pour certains, l'initiation se fait après coup, à travers la pratique et l'expérience. C'est pourquoi il est bon de voir son maître de Reiki comme un être humain toujours en cheminement et en transformation comme soi-même.

Paulette

Sensation de chaleur, de picotement

J'ai vécu, moi aussi, au cours de ces dernières années d'apprentissage du Reiki, quelques insatisfactions. Je n'ai jamais ressenti dans mes mains ces sensations de chaleur, de picotement et de froid parfois, que la plupart des initiés ressentent. Peut-être est-ce à cause de la poliomyélite que j'ai eu dans mon enfance. Après mon deuxième degré de Reiki, je me demandais si j'avais bien été initiée.

Par contre, tous ceux à qui j'ai donné de l'énergie ressentent très bien chaleur, vibration, apaisement et autre. Ils sombrent souvent dans un profond sommeil et les résultats des séances de Reiki sont très satisfaisants, parfois même impressionnants.

C'est seulement après l'initiation de maître que se sont installées en moi des pulsations au centre de la couronne, un peu comme un coeur qui bat: une nouvelle façon de percevoir et de ressentir était en train de se développer. Aujourd'hui, je peux toujours, à l'aide de ces pulsations, connaître la durée exacte du temps nécessaire pour que Reiki fasse son oeuvre.

Lorsqu'un point en demande beaucoup, les pulsations augmentent et changent de rythme. Je n'ai qu'à attendre que tout se calme. Par contre, certains points ne demandent que quelques secondes. Je n'ai encore rencontré personne qui vit l'expérience de cette manière.

Lorsque j'initie, les personnes initiées ressentent très bien toutes ces sensations dans leurs mains. Je reste toujours émerveillée par la situation; nous sommes tous uniques et il faut accepter nos différences. Cette manifestation est pour moi une façon de faire preuve de détachement et de laisser Reiki faire son oeuvre à travers moi, à sa façon. Reiki est pure intelligence. Il sait très bien ce que nous avons vraiment besoin d'expérimenter, même si cela nous semble un peu bizarre.

Réjeanne

Le diplôme de maître ne donne pas la sagesse

Je sais que les expériences ne se vivent pas toutes de la même façon; heureusement. On dit que Reiki vient soulever les voiles de la conscience; j'en ai fait l'expérience. J'ai dû faire face à moi-même et à mes négativités, les reconnaître et en prendre conscience pour leur donner la chance de se libérer. Ce fut un travail de longue haleine et cela dure encore. Reiki a passé la tornade de son amour inconditionnel pour balayer mes négativités. Ça n'a pas été facile mais, heureusement, tout ne s'est pas vécu la même journée.

J'ai demandé, avec beaucoup de ferveur, la libération. J'ai donc dû reconnaître en moi toutes mes frustrations. J'ai toujours vécu, depuis ma petite enfance, dans l'insatisfaction, l'indignité, le manque de confiance en moi-même. J'ai aussi pris conscience que j'ai toujours eu peur de perdre ma place dans toutes les situations que je vivais. J'ai donc toujours eu de la difficulté à la prendre cette place et à m'affirmer.

Une fois adulte, j'avais bien pris soin de masquer et d'enfouir en moi tous ces sentiments derrière des apparences contraires. Mon image face à moi-même et aux autres était très importante. J'avais réussi à me construire une personnalité et une situation sociale enviables. Tout semblait parfait. Je devais continuellement lutter, car la fondation n'était pas très solide. Grâce à Reiki et à toute l'aide que j'ai reçue de l'extérieur, le château de cartes s'est effondré.

J'ai alors reconnu mes faiblesses et mes peurs, mes insécurités et mes peines profondes; je les ai accueillies avec amour. Je les ai bercées et consolées afin de m'en libérer et de les retourner à la Source.

Un grand ménage s'est effectué en moi. Je peux enfin m'abandonner et suivre de l'intérieur les inspirations qui me dictent ce que je dois faire dans ma vie. J'ai reçu l'éveil de la guidance intérieure. Je n'ai pas reçu tout cela avec mon diplôme de maître, mais par la suite. Cette initiation a été pour moi l'élément déclencheur qui a engendré le processus de purification et de transformation profonde.

C'est en cela que j'ai reconnu le vrai pouvoir du Reiki. Avant cette période d'éveil, je ne me sentais pas tout à fait digne et à la hauteur du titre de maître. Il me manquait quelque chose. Plus nous nous purifions, plus nous devenons un grand canal par lequel Reiki peut s'exprimer.

Amour, détachement, abandon à la grâce, voilà les plus grandes qualités que nous devons cultiver pour bien remplir notre rôle au service de Reiki. Tous ceux que nous aidons en profitent davantage car nous avons expérimenté sur nous-mêmes, pour mieux les accueillir dans leur démarche de transformation.

Supportés par nos guides et par les Anges de Lumière, il nous est beaucoup plus facile de parcourir cette route qui nous mènera tous, si nous le voulons, vers la libération, la réalisation.

Tous ensemble, par l'entraide, nous franchirons les premières marches du Nouvel Âge.

Paulette

Reiki m'a enlevé mes anciennes méthodes

J'ai très bien vécu ma première initiation et les trois jours qui suivirent ont été calmes et apaisants.

À la suite de quoi, à ma grande surprise, j'ai dû passer par de multiples perturbations qui m'ont affectée spécifiquement dans mon corps physique.

Un équilibre énergétique devait se faire et j'ai dû subir de nombreuses douleurs telles que maux de tête, nausées, insomnie, maux de dos: tout mon corps était douloureux. J'ai aussi eu un orteil qui s'est infecté près de l'ongle, ce qui fut très douloureux. Ensuite l'orteil de l'autre pied a abouti, lui aussi, me donnant de la difficulté à marcher pendant plus de trois semaines. Si c'est cela les 21 jours d'intégration, je dois dire, en ce qui me concerne, que je n'ai pas été ménagée.

Depuis plus de vingt ans, je travaille avec l'énergie en

utilisant ma propre technique. À la suite de ma première initiation, lorsque j'étais en contact avec un client, je ne percevais plus l'énergie de la même manière. Je ne pouvais plus me fier aux mêmes points de repères que j'utilisais auparavant. J'ai donc dû laisser derrière moi mes anciennes habitudes pour en adopter de nouvelles avec lesquelles je ne me sentais pas du tout à l'aise au début. C'était très difficile pour moi de me détacher de ma façon de ressentir l'énergie, à laquelle j'étais habituée depuis si longtemps et qui me sécurisait.

J'ai vécu une grande déception face à Reiki. Je ne voulais plus travailler avec l'énergie et ce sentiment a duré plusieurs semaines. Je regrettais même de m'être fait initier. Quelques mois ont passé et j'ai retrouvé mon équilibre et mon harmonie. Je me suis donc décidée à passer au deuxième degré.

Lorsque j'ai vécu l'initiation du second niveau, j'ai eu une grande expérience de lumière. Tous les symboles que je venais de recevoir me sont apparus tout en lumière. J'ai un symbole personnel avec lequel je travaille depuis des années. Lui aussi m'est apparu, comme les autres, vibrant en pure lumière blanche. J'ai été véritablement inondée de l'intérieur et cette expérience m'a laissée dans un état de joie et de paix profonde, une sorte d'ivresse et d'euphorie qui dura pendant près d'un mois. Cette fois-ci, l'intégration a été bien différente.

Cette joie intérieure ne s'explique presque pas; je pourrais la comparer à la joie d'une mère qui met un enfant au monde, une sorte de connexion avec la Source de vie.

Je dois dire que ça n'a pas été facile de redescendre de mon nuage et de reprendre contact avec la réalité de tous les jours. L'expérience s'est avérée bien différente de celle du premier degré. Avec un recul de quelques mois, je dois admettre que je suis très heureuse de m'être fait initier au Reiki et de partager cette lumière autour de moi.

Quand on s'arrête et qu'on observe, on s'aperçoit que la lumière est là tout autour de nous, qu'elle a toujours été là et que le fait d'en prendre conscience, nous unit davantage à elle. On s'arrête de chercher, car tout est là dans l'instant du moment présent.

Lise

Plus jamais je ne ferai du Reiki sur quiconque!

Au début, j'ai toujours pensé que les initiations au Reiki m'apporteraient beaucoup au niveau de la guérison et du bien-être personnels. Je ne désirais pas vraiment le partager avec d'autres gens, car toucher les gens pour moi était impensable, mises à part mon épouse et ma famille, bien sûr. Je gardais toujours mes distances face aux contacts et aux accolades. Je n'aimais pas ça du tout. Quand je voyais que je m'associais à des groupes pour des cours ou des échanges et que les gens se donnaient des accolades, je pensais alors: «On va passer à la lichette!». J'étais très mal à l'aise et j'adorais les groupes où les contacts épidermiques n'étaient pas recherchés.

Poser les mains sur quelqu'un que je ne connaissais pas ou que je connaissais à peine m'effrayait. Non pas parce que j'avais peur des gens, ni à cause de la censure, mais parce que je devais entrer dans leurs champs d'énergie. Dès que mon champ d'énergie était en contact étroit avec celui d'une autre personne, comme lorsque coincé dans un ascenseur bondé, ou même en file d'attente quelque part, je me sentais inconfortable, mal à l'aise.

Un jour cependant, je devais dépasser cette phobie: j'ai

été obligé ou presque d'offrir mes services d'harmonisation de Reiki à quelqu'un qui souffrait beaucoup. C'était la première fois que je donnais un traitement de Reiki à une autre personne. Je n'avais pas le trac, ni peur ni autre chose du genre. C'était pire que ça! Je me sentais comme un veau qui venait de naître, debout les quatre pattes écartées et qui ne savait pas où aller. J'étais dépourvu de mon intelligence, mon mental était enclenché sur les doutes de moi-même, de mes initiations. Je devais offrir mon aide pour vrai, ce n'était pas une pratique comme dans les cours; ça devait marcher.

Avec tout le courage que j'ai dû accumuler dans mes vies antérieures, j'ai finalement offert mon aide pour soulager cette personne que je connaissais déjà, un collègue de travail, un scientifique de surcroît. Mon mental raisonnait du genre: «Et si ça ne marche pas, vas-tu avoir l'air fou rien qu'un peu!». J'avais froid, j'avais chaud, je ne savais plus, mes mains étaient moites: quelle affaire!

Mon collègue avait un bandeau sur l'oeil affecté. Son épouse m'avait expliqué que l'incident s'était produit lors d'une randonnée en ski de fond: il avait reçu une branche dans l'oeil. Le médecin lui avait dit que la lésion était profonde; elle mesurait environ un demi-centimètre. Il lui a précisé aussi qu'une lésion de ce genre prenait environ six mois à guérir complètement et que le patient pouvait être incommodé, le matin au lever, pendant très longtemps.

J'ai demandé à mon collègue de s'étendre, la tête sur le bras du divan, et j'ai demandé à son épouse pour lui mettre une serviette sur la région douloureuse afin de ne pas causer de pression inutile. Il avait déjà assez mal comme ça. Tout en s'installant, il me posait des questions sur le Reiki. Je ne pouvais pas répondre correctement, car mon esprit était gelé par le doute et un sentiment de non confiance en moi-même.

Je lui ai dit que je lui donnerais de l'énergie pendant environ dix minutes.

En apposant mes mains sur la serviette qui couvrait son oeil, je suis allé à l'intérieur de moi et j'ai demandé à mes guides de prendre la relève car j'étais effrayé du résultat que mon mental me présentait comme probable. Je leur ai demandé de compenser pour toute erreur de ma part et de permettre à la grâce du Reiki de couler par moi en cette personne qui en avait grandement besoin.

Pour la première fois, j'ai ressenti l'énergie couler à un rythme qui m'a donné un sentiment d'espoir. Je sentais les poils de mes bras et de l'arrière de mon cou se hérisser. Mes mains ont commencé à picoter pour ensuite devenir complètement engourdies. Je ne les sentais plus. Je ne sentais même pas la serviette sur laquelle elles étaient posées. Je refaisais mentalement mes symboles encore et encore pour être certain de ne pas faire d'erreur. Au bout des dix minutes prescrites, l'énergie s'est arrêtée soudainement. J'étais déçu car je ne voyais pas, dans ma logique, comment mon collègue aurait pu être soulagé par une transmission de si courte durée.

Je lui ai dit alors: «C'est terminé. L'énergie s'est arrêtée, ça ne passe plus.» J'avais peur de lui demander s'il avait ressenti quelque chose. Mais il m'a devancé en disant: «Je n'ai rien senti.» Je lui ai répondu spontanément: «Ça peut prendre quelques jours.» Je lui ai souhaité bonne chance, sachant toutefois que c'était à moi-même que je la souhaitais, et je suis parti.

Deux jours plus tard, alors que je le croyais en convalescence sur prescription de son médecin, je l'ai aperçu au bureau, à travers une petite fenêtre adjacente à la porte de la salle de conférence, qui donnait une conférence à ses employés, car il était responsable d'une section. D'où j'étais, je le voyais bien mais lui ne me voyait pas. Je regardais son oeil qui n'avait plus de bandeau. Il regardait les gens et se tournait vers le tableau sans aucun signe de malaise. Il ne semblait pas incommodé du tout.

J'ai quitté l'endroit et, en m'en allant, je sentais le sang bouillir dans mes veines car j'étais certain qu'il m'avait joué une mauvaise plaisanterie. Vous savez le genre de type qui aime à se faire plaindre parce qu'il a un petit bobo et dès qu'il voit une belle fille, oups, plus de bobo. J'étais non seulement confus mais furieux contre lui pour m'avoir fait croire qu'il était vraiment mal en point. Je me suis promis que plus jamais je ne donnerais un traitement de Reiki à une autre personne, de toute ma vie. Ma carrière de Reiki venait de prendre fin. Elle ne fut pas très longue, je dois dire.

Je le rencontrai jour après jour durant cette semaine-là. J'évitais de lui parler de son oeil et lui de même. La semaine suivante, je suis allé faire des petits travaux chez lui, à sa demande. En rentrant dans la maison, j'ai aperçu son épouse étendue sur le divan-lit dans le salon; elle souffrait. Alors, j'ai eu une réflexion intérieure spontanée en me disant: «Ah non! Ils en font une maladie d'être malchanceux.»

Après avoir demandé ce qui s'était passé cette fois, je suis reparti vers l'endroit où je devais travailler ce soir-là et je n'avais pas l'intention d'offrir mon aide à donner des traitements de Reiki. Oh que non!

Tout juste avant mon départ, il vint me voir au sous-sol pour me demander si je voulais faire un traitement de Reiki à son épouse. J'étais mal pris, je ne savais plus quoi dire. Mon mental paniquait mais, en même temps, je constatais que, peut-être, j'allais apprendre ce qui s'était passé pour son oeil.

En mettant mes outils dans le coffret, je m'imaginais toutes sortes de scénarios. Comment m'y prendre pour refuser sans choquer ni blesser? Comment me sortir de cette situation et courir loin de là? Je ne voyais pas vraiment d'alternative que de dire: «Je vais essayer, mais je ne promets rien, dix fois rien et encore moins.» Il dit: «Ok!».

Lorsque je montai voir son épouse, je lui demandai timidement si elle voulait un traitement. Elle s'empressa de dire: «Oh oui! Tu sais ton affaire, le lendemain, son oeil était parfaitement guéri. Il a été voir le médecin qui l'a traité pour se faire examiner. Le médecin a voulu savoir ce qui s'était passé: il n'y avait plus aucune trace de lésion. Mon mari n'a rien dit.»

Vous savez, si ce phénomène n'était pas arrivé, je n'aurais jamais persisté dans la voie du Reiki. Pour ce qui est de sa femme, après des traitements de vingt minutes par jour pour le reste de la semaine, elle était parfaitement en santé.

Je crois que j'ai vécu l'enfer, du moins, j'étais très mal dans ma peau. Et si je rends ce témoignage, c'est pour que ceux qui, comme moi, ont des difficultés avec le contact des gens, ou qui ont peur de leurs aptitudes, ou encore qui ont des doutes, sachent que c'est normal et qu'il faut persister.

Aujourd'hui, je sais à quel point j'aurais manqué une belle opportunité de servir. Peut-être que le spectaculaire dans cette expérience était pour me faire comprendre et me faire réfléchir sur les barrières que je m'étais imposées. D'autres expériences semblables m'ont été accordées, naturellement sans l'angoisse ni les peurs, car celles-ci se sont transformées en gratitude et en sentiment profond d'être parmi les plus privilégiés du troupeau de la race humaine.

André

8

GRATITUDE POUR LES BIENFAITS DU REIKI

À travers leurs pratiques de traitements de Reiki ou d'initiations au Reiki, plusieurs personnes ont vécu, à un moment ou à un autre, de belles expériences d'ouverture à l'Amour Inconditionnel. Nous vous apportons ici quelques témoignages de gratitude à la suite de ces expériences avec l'Énergie.

La vie de la plupart de ces personnes a été transformée. Les valeurs qu'elles chérissaient ont changé pour des valeurs plus durables. Les expériences qu'elles vivent leur apportent une joie profonde. Voici leurs témoignages.

Le but ultime du Reiki

En tant que maître enseignant de Reiki, j'ai vu la vie de milliers d'élèves, d'amis, de gens de toutes races et de toutes croyances venus des quatre coins du monde, transformée par le Reiki, tant sur le plan physique, mental, émotionnel que spirituel.

J'ai pu constater qu'au-delà de toutes politiques, associations, interprétations, concepts, attentes, ego, le Reiki, cette énergie d'Amour Inconditionnel, agit comme il se doit et non pas selon nos idées préconçues, si bonnes soient-elles, ou nos désirs, si justifiés soient-ils. **LE REIKI NE REMPLACE RIEN ET RIEN NE REMPLACE LE REIKI**. Il complète merveilleusement bien toute notre démarche de santé, de bien-être, de croissance tant personnelle que transpersonnelle. **ORIGINELLEMENT, LE BUT ULTIME DU REIKI EST LA RÉALISATION DE SOI**.

Que de leçons m'a enseignées le Reiki. Toute ma vie en est affectée: l'ACCUEIL sans condition des résultats, de soi, des autres, de la Vie, de la Réalité telle qu'elle est et non pas telle que notre ego voudrait qu'elle soit, **S'INSTALLE TOUT NATURELLEMENT DANS NOTRE VIE**, dans ma vie.

En tant qu'instrument de cette présence d'Amour Inconditionnel, la gratitude et la reconnaissance jaillissent spontanément en moi pour tous les bienfaits du Reiki tant dans ma vie que dans celle de milliers d'autres personnes.

REIKI = PAIX = AMOUR INCONDITIONNEL = SILENCE ULTIME

PRAJNADATTA

Reconnaissance en hommage au Reiki

C'est grâce à un cheminement spirituel que j'ai connu le Reiki, il y a déjà cinq ans, soit en 1990. Mon premier merci, je l'adresse à un Grand Maître spirituel vivant actuellement en Inde. C'est grâce à sa bénédiction que j'ai réalisé un grand rêve qui m'a amenée à franchir toutes les étapes d'initiation jusqu'à Maître de Reiki, il y a déjà plus d'un an. Mes expériences sont toutes simples et peuvent s'exprimer par un sentiment de sérénité, comme un coffre rempli de trésors où je peux puiser indéfiniment ce dont j'ai besoin, au moment où j'en ai besoin. Je sens que l'Énergie du Reiki m'habite à chaque instant de ma vie. Je rends hommage à Maître Usui et c'est avec gratitude, que lorsque je me sers du Reiki pour aider mes semblables, je dis merci à cette Énergie divine. Je rends grâce à Dieu de pouvoir servir de canal, afin de faire connaître les bienfaits du Reiki à tous ceux qui m'approchent.

Pour toujours, merci... Michèle

Une maladie de naissance résorbée à 90%

Par ce témoignage, je désire rendre hommage à l'Énergie du Reiki pour tout le support que j'ai reçu durant ces trois dernières années.

J'ai eu mes premiers contacts avec le Reiki alors que ma mère venait de mourir. J'y ai trouvé beaucoup de réconfort. De fil en aiguille, les traitements que je recevais devinrent plus spécifiques, car j'ai voulu trouver la cause profonde d'un problème d'eczéma que j'ai depuis la naissance. Le Reiki m'a ouvert les yeux sur un monde dont je ne soupçonnais pas l'existence; un monde de mémoire du corps, d'énergie de lumière et de prises de conscience.

Depuis, j'ai été initié au deuxième degré de Reiki. J'ai fait des petits bouts de chemin en me donnant des auto-traitements et j'en recevais aussi à l'occasion de ma praticienne, celle que le ciel avait mise sur ma route. J'ai découvert avec joie la beauté intérieure et la grandeur que tout être a en puissance à l'intérieur de lui-même. Ma mémoire cellulaire m'a alors confirmé que mon eczéma me venait des premiers temps de ma vie. Avec le Reiki à distance, on peut envoyer de l'énergie sur des événements passés et travailler sur des émotions refoulées. J'ai donc fait des traitements à distance dans ma vie passée, en trois volets.

Le premier volet consistait à m'envoyer du Reiki pour chacun des mois de ma gestation dans le sein de ma mère. Pendant le deuxième, je traitais les heures avant, pendant et après ma naissance. Enfin, le troisième volet s'adressait à ma première année de vie. J'ai eu bien des surprises! Ça m'a permis de libérer ces mémoires et de poursuivre ma vie avec des poids en moins sur les épaules. Les symptômes d'eczéma se sont résorbés à 90%. Je peux maintenant reconnaître les situations qui peuvent me causer de nouvelles crises: la libération est proche!

Depuis le début de mes expériences en Reiki, j'ai remarqué que je suis beaucoup plus «spectateur de ma vie». Je veux dire, par là, que c'est comme si je voyais ce qui m'arrive sans laisser les émotions prendre le contrôle de la situation. J'ai la tête froide; je suis plus clairvoyant. J'évite les situations dangereuses en suivant mes intuitions.

Le plus important pour moi a été de faire un ménage autour de moi: je me suis éloigné des gens négatifs ou de ceux qui prenaient avantage sur moi, vous savez ceux qui ont toujours besoin d'un service ou de support, sans jamais penser à l'autre. Vous en connaissez quelques-uns? Si oui, faites comme moi: éloignez-les gentiment. Vous pourrez alors élever vos vibrations et les aider à élever les leurs par des traitements à distance! Vous verrez, ça fait beaucoup de bien.

Lorsqu'on chemine spirituellement, il est très important de pratiquer, car la vie telle qu'elle est menée en Amérique peut nous engloutir en nous enfonçant dans le système. Par exemple, la peur de manquer de travail, de ne pas pouvoir payer ses comptes, etc. En gardant un niveau de vibrations élevé, nous sommes à l'abri. Il existe ce que j'appelle des énergies grises qui n'attendent qu'une faille pour nous faire redescendre dans la peur, la tristesse, l'envie d'autrui: tout ce qui n'a pas sa place. Je peux vous l'affirmer, car ils ont profité d'une de mes failles; ça m'a pris six mois pour m'en rendre compte. J'en avais perdu ce que j'ai de plus précieux: mon sourire.

Pratiquons donc, prenons soin de notre amour, de notre compassion et surtout de notre sourire. Avec eux, rien n'est grave. Rappelons-nous: tout est possible. Il suffit d'y croire et cela sera!

Merci Reiki, même pour les failles!

Amour, paix et harmonie à vous tous.

Jean

Les symboles sont devenus vivants et pleins d'Amour

Un jour, j'ai reçu un appel de ma soeur cadette m'annonçant que ma mère venait d'être victime d'une insuffisance cardiaque: elle était à l'unité des soins intensifs depuis la veille et très mal en point. J'ai dit à ma soeur que j'enverrais à ma mère de l'énergie de Reiki à distance le soir même, vers 21 h. Après la conversation, j'ai contacté d'autres pratiquants de Reiki qui sont de belles âmes dévouées pour les causes semblables. Nous avons fait une entente commune de transmission d'énergie en groupe. Nous étions, je crois, six personnes avec une grande vision: aider un être en détresse.

Après certains préparatifs, à 21 heures, je commence le traitement à distance. Au bout de quelques minutes de recueillement, je traçais le premier symbole très lentement et avec beaucoup de respect et de dévotion. Mon corps tout entier se mit à trembler et j'avais des frissons partout. Je ressentais la Vie dans le symbole que je traçais et cette Présence me communiquait un Amour sans bornes et si vivant! Mes yeux sont devenus comme des fontaines et toutes ces larmes qui coulaient sur ma main droite, traçant toujours le premier symbole avec une lenteur et une douceur si respectueuse, étaient chaudes et caressantes.

J'étais électrifié d'énergie que je sentais couler de mes mains, de mes larmes, enfin de partout. J'ai tracé tous les symboles de la même façon en communiant à cette Présence vivante qui émanait d'eux. Je tremblais toujours et je ne pouvais plus contenir les sentiments de gratitude qui émanaient de mon coeur, des sentiments que les mots ne peuvent colorer à leur juste valeur.

La transmission a duré quinze minutes, le temps prescrit pour une transmission d'énergie à distance. Pendant tout ce temps, je ne pouvais plus bouger, ni arrêter de trembloter et encore moins cesser de pleurer. J'ai dû mettre environ une heure à revenir à un état normal. Depuis ce moment, toutefois, la gratitude n'a jamais cessé de s'exprimer en moi et ce, pour toutes sortes de raisons, insignifiantes ou importantes.

Avant cette expérience, je me demandais toujours quelle importance les symboles avaient dans tout ceci. Je croyais qu'ils étaient plus arbitraires qu'autres choses. C'est peut-être pour me guérir de ces doutes que Reiki Lui-même me révélait Sa véritable Signature. Maintenant, je sais. Tout devient important lorsque tout est vénéré. Par cette expérience, j'ai découvert les deux plus grandes Clés de l'Univers: la Gratitude et le Respect.

Vous voulez connaître le résultat de cette transmission? Le lendemain, ma mère est sortie des soins intensifs. Elle est restée sous observation dans une autre chambre pendant un peu plus d'une semaine et, lorsque qu'elle est sortie de l'hôpital, elle m'a avoué qu'elle n'avait jamais souffert et qu'elle se demandait pourquoi tout le monde était si excité autour d'elle.

Avant sa sortie de l'hôpital, toute la famille s'était réunie près de son lit. Nous bavardions de choses et d'autres quand une de mes soeurs dit: «Je me demande ce qui a pu se passer pour que vous sortiez si vite des soins intensifs». J'étais alors au pied du lit et ma mère me regarda dans les yeux en disant: «Moi, je sais!». Ses yeux, vitreux et pleins d'eau témoignaient de toute la gratitude que son coeur voulait exprimer. Je me mis à pleurer de nouveau, mais de l'intérieur, unissant ma gratitude à la sienne. J'ai alors ressenti que nous étions unis dans l'Énergie.

Ces lignes me ramènent tellement le souvenir et les émotions que je ressentais alors, que même maintenant j'ai de la difficulté à voir les mots que j'écris car la gratitude n'est toujours pas partie.

Merci Reiki, Grande Énergie de tous les Temps, je te vénère et je m'incline.

André

Contact avec un ange

Je vis présentement une aventure extraordinaire avec une de mes clientes lors des séances de Reiki. À partir du moment où je dépose mes mains sur sa tête, nous sentons une présence entrer dans son corps. À ce moment-là, les lèvres de ma cliente bougent et elle entre en communication avec un Ange de Lumière qu'elle voit également. Il a les cheveux blonds, une aube de couleur violette et un collier d'or autour du cou. Cet échange avec l'Ange de Lumière dure plus d'une heure, c'est-à-dire, pendant tout le traitement à l'énergie du Reiki.

Pendant tout ce temps, les lèvres de ma cliente bougent, car elle parle avec l'Ange à voix basse. Lorsqu'elle revient à elle, après une longue période de repos, encore entre deux mondes, elle devient médium et me transmet tous les messages qu'elle a reçus de l'Ange. Ces messages sont pour moi, ma famille, pour elle-même et pour ses proches.

Elle a développé ses dons de médium en recevant des séances de Reiki. Je crois que cette cliente est aussi un ange car elle est tellement belle. J'ai eu la chance de l'initier au Reiki et, pendant cette initiation, j'avais l'impression de ne pas toucher à un corps palpable, mais bien à celui d'un ange. Je ressentais un fluide très épais passer à travers elle.

Lors des séances de Reiki, je ressens la présence d'un Ange et de ses guides autour d'elle et, lorsqu'un Être de Lumière la touche de sa main, je dépose ma main sur la sienne car moi aussi je désire ce contact avec la Lumière pour pouvoir la partager avec d'autres.

C'est merveilleux d'avoir la chance de vivre des expériences aussi passionnantes et de s'éveiller à ce monde de Lumière, à cette fréquence vibratoire très proche de la nôtre. Merci aussi à cette dame qui est devenue pour moi une grande amie. Merci d'être de passage dans ma vie.

Louise

Le Reiki me rapproche de la Lumière

J'ai entendu parler du Reiki pour la première fois par mon ami de coeur qui avait vécu une expérience très forte pendant et à la suite d'un traitement. J'ai décidé d'aller voir ce dont il s'agissait et j'ai pris rendez-vous pour recevoir un traitement à mon tour.

Au cours de ma première expérience, j'ai ressenti une paix intérieure et une grande chaleur qui m'envahissaient, comme un contact qui se refaisait avec mon essence profonde. Au deuxième traitement, je me suis sentie transportée de joie: j'étais dans un état de grâce, j'avais retrouvé mon enfant intérieur et la joie de vivre que j'avais perdue depuis quelque temps. Dans la semaine qui suivit ce deuxième rendez-vous, j'ai commencé à me libérer de mes inquiétudes. Commençait à naître en moi une nouvelle confiance en la vie. Le maître qui m'avait donné ces traitements, me fit prendre conscience de la chance que j'avais de ressentir les résultats de façon aussi vive. Cela pouvait ne pas se reproduire à chaque fois, le Reiki pouvant agir parfois de façon plus discrète. Quelques semaines plus tard, je me suis fait initiée aux niveaux 1 et 2. Et là, le grand nettoyage a commencé.

Mon expérience avec le Reiki, c'est un retour à l'essentiel, un retour à l'Amour, un retour à la Source. Le Reiki a nettoyé et nettoie encore ce qui n'appartient pas à ma vraie nature. J'ai l'impression de me connaître de mieux en mieux et de savoir de façon beaucoup plus précise ce qui est bon pour moi et ce qui ne l'est pas: je réapprivoise ma vie. J'apprends à faire confiance à la vie. Je sais aussi que je suis responsable de ce qui m'arrive et que je dois apprendre à faire les bons choix. Je suis consciente que c'est un travail de longue haleine mais, maintenant, je connais mieux les outils qui vont me permettre d'y arriver.

Le Reiki a nettoyé en moi des blessures que mon corps n'avait pas oubliées. Il les a fait resurgir par certaines manifestations inattendues (pleurs, nausées, étourdissements, images très fortes), comme si j'évacuais certains traumatismes du passé qui m'empêchaient d'aller de l'avant. J'ai compris que j'étais appelée à changer ma vie pour créer l'ouverture nécessaire au don d'amour. Autrement dit, pour aimer, il faut être disponible à l'amour et pour être disponible, il faut purifier son coeur et son corps. Le Reiki est un outil de guérison extraordinaire: c'est une prière pour moi. Je ne dis pas que c'est la seule façon de guérir, mais c'est une des nombreuses manifestations d'amour qui nous sont données par la Source, c'est l'ouverture d'un canal sur une énergie infinie d'amour et de vie.

Ma démarche spirituelle ne date pas d'hier. Le Reiki est venu s'inscrire dans cette démarche comme un rappel et une façon concrète de répandre la Lumière. Il est venu renforcer ma prière devenue quasi inexistante. J'ai ressenti le besoin de me tenir toujours plus proche de cette Lumière et de la partager. Par contre, je ne suis pas encore rendue à l'étape de donner des traitements de Reiki de façon constante. Je le fais si on me le demande ou si je sens profondément que je dois aider, mais je n'insiste pas pour que les gens autour de moi ressentent le même intérêt. Ceux pour qui je peux faire quelque chose, ceux-là viennent à moi naturellement.

Je sais que j'ai encore beaucoup de chemin à parcourir et c'est peut-être ce qui m'empêche de pratiquer souvent. Je veux être vraie dans ce que je fais et être honnête avec ceux qui ont besoin de l'énergie du Reiki. Pour moi, cette énergie est sacrée et, si je ne me sens pas disponible au don de cette énergie, je préfère recommander la personne à Dieu sous forme de prière. Je suis cependant de plus en plus consciente que l'Amour doit se répandre et ce, par tous les moyens. Je sais que le Reiki peut guérir s'il est fait selon la volonté de Dieu. Je souhaite qu'il se répande dans le respect de sa forme sacrée.

Je crois que le Reiki est un outil de guérison qui vient panser les plaies dues aux manques d'amour accumulés au cours de notre vie, mais il est souvent là aussi pour apporter la force et le courage nécessaires pour traverser les épreuves qui jalonnent notre chemin sur Terre. Il n'effacera pas tous les obstacles qui sont là aussi pour nous aider et nous apprendre quelque chose; il ne guérira pas toujours notre mal, mais il peut nous aider à le comprendre et à l'accepter. Je remercie Dieu de m'avoir permis de m'ouvrir à cette énergie de guérison et d'amour.

Marie-Josée

Le Reiki m'a délivrée de mon secret d'inceste

Je suis esthéticienne et masseuse de profession: j'ai donc eu la chance d'expérimenter plusieurs approches de massages. Les premiers Reiki que j'ai reçus ont été une révélation pour moi. Les tout premiers traitements m'ont aidée à travailler au niveau de mes émotions. Ils m'ont fait revenir en arrière dans mes mémoires passées à travers des événements que j'avais complètement mis de côté. Aucun autre type de massage m'a fait cet effet-là.

De l'âge de cinq ans jusqu'à l'âge de neuf ans, j'ai vécu des attouchements sexuels avec mon père. J'ai toujours aimé mon père et pour moi, à cet âge, je ne voyais pas de mal dans cela car je recevais beaucoup d'affection à travers ces relations.

Lorsque j'eus neuf ans, ma mère prit connaissance de la situation. Sa réaction fut violente. Elle en parla à tout le monde autour de moi: à mes frères, mes soeurs, mes tantes, ses amies et même à l'école. Tout le monde en parlait.

Ce fut un très gros choc pour moi et l'attitude de ma mère m'a causé le plus grand tort. Par chance, j'ai pu avoir recours aux services d'un psychologue qui m'aida vraiment à dédramatiser la situation et à me débarrasser de mon sentiment de culpabilité.

Je pensais, à tort, avoir tout réglé face à cette situation. Les séances de Reiki m'ont aidée à revenir en arrière et à libérer les mots que je n'avais jamais partagés avec personne. Petit à petit, à travers les traitements, je me suis dénouée et délivrée enfin de toutes ces émotions. Pour la première fois, j'ai raconté cette histoire à la praticienne qui me donnait cette énergie libératrice qu'est celle du Reiki.

Avec le temps, j'ai même eu le courage de parler à mon père et de lui pardonner. Étant masseuse, je donne beaucoup de massages mais jamais, auparavant, je n'aurais pu donner un massage à mon père. Pour son anniversaire, je lui en ai offert un et ça nous a beaucoup rapprochés.

Un peu plus tard, j'ai parlé de ces événements avec lui et ça nous a donné l'occasion de relâcher toutes ces émotions retenues et de repartir à nouveau dans un climat de confiance. J'aime mon père et je peux enfin lui exprimer mon amour sans retenue.

J'ai entrepris la même démarche avec ma mère. À elle aussi, je pardonne. Ma mère est une femme renfermée sur elle-même; elle ne parle pas de ses émotions. Avec elle, c'est un peu plus difficile. Mais je sais que, avec le temps, le travail se fera; j'ai beaucoup d'espoir.

Ma relation avec mon père et ma mère a beaucoup changé. Je sais qu'en me délivrant moi-même, je les aide à se délivrer.

Le Reiki m'apporte une grande détente. Il m'a donné le courage de poser ces gestes que je n'aurais jamais pu poser sans ce soutien.

Un gros merci à la praticienne qui m'a accordé la chance de m'abreuver à cette énergie d'amour, cette énergie de la Source de vie.

Danielle

Ma rencontre avec un moine à Kyoto

J'ai commencé mon apprentissage avec l'énergie par la polarité au début des années 80 et j'ai réalisé que, pour moi, l'amour du coeur devait s'exprimer par les mains.

À cette époque, mon mari a été appelé pour aller travailler en Corée. Je l'ai suivi. J'étais très attirée par les pays asiatiques et j'avais l'intention d'y faire un apprentissage au niveau de l'énergie. J'y suis demeurée deux ans. J'étais fascinée par le Japon; la ville qui m'inspirait le plus était Kyoto. J'étais à une heure d'avion de Kyoto; je m'y suis rendue à plusieurs reprises.

Lors de mon dernier voyage à Kyoto, j'étais avec mon mari. Il nous restait à peine deux heures avant de reprendre l'avion. Nous avons donc décidé de marcher un peu. Après avoir visité un temple, nous nous sommes retrouvés à la porte d'un cimetière. Nous l'avons visité et nous y avons constaté une énergie tout particulière. Tout me parlait, tout était si beau: la nature, les gens qui marchaient... À la suite de cette belle promenade, nous revoilà à nouveau devant le temple, prêts à reprendre l'autobus pour le retour.

À côté de moi se tenait un moine japonais, habillé de brun. Il me regarda et me salua, les deux mains jointes. Je le regardai ne sachant pas trop comment me comporter. Son regard me pénétra longuement. J'étais suspendue dans le temps. J'avais l'impression d'être seule avec lui.

Il sortit de sa poche trois coquillages et les déposa dans ma main. Ils étaient enrobés de soie de couleurs différentes. Il me pénétra à nouveau de son regard, me salua sans rien dire, puis repartit.

Je regardais les coquillages, les touchais du bout des doigts. Je ressentis alors une chaleur indescriptible au niveau du coeur. Pendant ce temps, mon mari prenait des photos de la scène. Lorsque le moine s'éloigna, je revins à la réalité: notre autobus était déjà passé sans que l'on s'en rende compte.

Je sentais que le cadeau de ce moine était précieux; il me donnait le sentiment d'être hautement protégée. J'ai toujours gardé ces coquillage.

Quelques années plus tard, j'ai été sollicitée pour me faire initier au Reiki. Je répondais toujours: «Non, je l'ai déjà.» Un peu plus tard, j'ai vécu un événement bouleversant qui a ébranlé mes émotions.

Par une amie, j'ai à nouveau reçu l'invitation à me faire initier au Reiki. J'ai décidé à la dernière minute de m'y inscrire. C'était très intense en énergie comme initiation et, lorsque j'ai découvert les symboles sacrés, j'ai vraiment eu l'impression de reconnaître quelque chose que je connaissais déjà.

Au cours de la nuit suivante, j'ai vécu une grande expérience spirituelle: entre le coeur et le plexus solaire m'est apparue, en énergie, une rose dorée qui s'ouvrait. Elle était très grande. Au coeur de la rose qui se déployait, j'ai revu le moine. Il m'a saluée, m'a souri et m'a dit ces quelques mots: «Tu sais, maintenant».

Cette expérience me donna l'impression que je venais de refermer la boucle. Elle me donna aussi la certitude intérieure que je devais aller chercher la maîtrise. Ce que j'ai réalisé depuis et j'en suis très reconnaissante.

Avec amour,

Carole

Une juste gratitude au Reiki nécessiterait un livre

Un témoignage de gratitude pour l'Énergie du Reiki nécessiterait un livre au complet, car le Reiki se situe au-delà des mots. Bref, en 1989, à la suite d'un terrible accident qui occasionnait la perte partielle d'un bras, le plus important pour moi était de passer à travers cette étape de réhabilitation tant physique que morale. Cela n'est pas évident quand nous sommes concernés, c'est facile à dire mais à faire, c'est autre chose.

Lise, une amie avec qui je méditais, m'invita à une soirée de Reiki. Par curiosité, je me suis rendue chez elle et ce fut pour moi une révélation qui marqua ma vie. De là, tout s'est mis à aller si vite et vous exprimer ce que cela peut nous apporter tant au niveau psychique, émotionnel et surtout physique. L'énergie de guérison circulait dans le membre atrophié et tout se remis à vivre.

C'était la sixième greffe osseuse que je subissais. Toutes les autres greffes ne guérissaient pas et soudain tout s'est transformé. Le processus de guérison s'est mis en marche à tel point que les médecins de la Terre en furent tout surpris. Voici un fait inusité, alors que j'attendais dans le bureau des médecins pour passer devant le comité afin trouver une solution pour améliorer mon sort, car il y avait une douleur constante, je lisais le livre intitulé: «À travers les Yeux des Maîtres» de David Anrias et le Maître Jésus disait: «Quand viendra l'heure de la délivrance, ces âmes courageuses seront mises en contact avec des guérisseurs et des médecins capables de CONTRECARRER les effets de leurs maladies par le traitement approprié. La clairvoyance sera, bien entendu, indispensable afin de déterminer l'origine du mal. Les vibrations de la couleur et du son seront de plus en plus utilisées afin de produire des effets curatifs, et de reconstruire et renforcer non seulement les corps subtils mais aussi le corps physique. Le champ de lutte, dans la conscience de l'homme, change à chaque époque. Alors qu'auparavant, le problème consistait à élever les émotions vers la spiritualité par la prière et l'aspiration, la tendance est maintenant de vaincre le désir par l'analyse. Ce n'est pas aisé à accomplir, et exige la plus grande compétence dans la manipulation de ces courants de direction spirituelle qui, semblables à l'électricité, parcourent la conscience de l'homme».

Suite à cette lecture, il va sans dire que tout mon être vibrait d'une grande joie, comme une révélation, un message pur et simple. Je suis devenue maître de Reiki et pendant mon initiation, les mots qui me venaient à l'esprit furent: «Ô Toi mon Dieu, je t'ai donné ma vie, je te remercie de ce que tu en as fait, un Maître de Reiki, cette signature que j'inscris à la fin de chaque diplôme.

Depuis ce temps, la vie pour moi est devenue très importante. J'affirme à chacun de vous qu'il y a toujours un espoir, car vous savez, votre source est inépuisable et vous portez en vous ce qu'il y a de meilleur. Ne laissez pas ce que vous êtes faire obstacle à ce que vous pourriez devenir. Ouvrez-vous à votre source. Je suis une messagère de la Lumière et je vous offre le manteau de la Paix.

Amie Douceur de Lumière

Le gardien du Temple du mont Kuruyama

En 1993, mon ex-mari, avec qui je suis restée très amie, me proposa d'aller passer quelque temps chez lui en Corée et m'invita à faire un voyage au Japon. Après la troisième invitation, je décidai d'accepter.

De la Corée, je suis partie pour le Japon toute seule. J'avais choisi d'aller sur le mont Kuruyama pour le jour de mon anniversaire, ne sachant aucunement à l'avance où se trouvait ce fameux mont sacré.

C'est seulement sur place que l'information m'est venue, comme sur un plateau d'argent. J'ai alors découvert que le mont Kuruyama est bien près de Kyoto, à quinze kilomètres à peine.

Je ne parle pas parfaitement l'anglais et encore moins le japonais. Étant seule, j'ai eu l'occasion de vivre toutes sortes d'expériences. J'ai été protégée tout au long de ce voyage qui est devenu pour moi un véritable voyage initiatique.

À mon arrivée à Kyoto, je me suis retrouvée près du même cimetière que j'avais visité en 1982. J'ai alors pris conscience que je ne faisais que continuer ce dernier voyage. C'était une façon pour moi de refermer la boucle.

Quand je suis arrivée sur la montagne pour la première fois, j'avais chaud au coeur. Après avoir longuement marché, je suis arrivée au temple qui se trouve à flanc de montagne. C'est un lieu extraordinaire; la vue est magnifique. Tout au long du chemin qui mène au temple se dressent de grandes statues sculptées dans le bois: ce sont les gardiens du temple.

J'ai été attirée par l'un de ces personnages qui était plus près du temple, l'un de ces guerriers magnifiques qui portait sur son bras un des symboles que l'on reçoit à la maîtrise. Je l'ai salué et j'ai décidé de venir fêter mon anniversaire avec ce personnage antique. Tout près de moi se tenait un vieux Japonais. Il m'a saluée et m'a offert gentiment du saké. En partant, il m'a laissé la bouteille de saké et un verre. J'ai alors promis au guerrier de revenir fêter mon anniversaire avec lui. Je célébrais alors mes 44 ans.

Deux jours plus tard, c'était le grand jour. J'étais au rendez-vous. J'ai mangé près du guerrier et j'ai trinqué en levant mon verre de saké. Nous sommes entrés en communication. Il m'a initiée de l'intérieur et m'a révélé comment utiliser le symbole sacré qu'il portait sur le bras. Il m'a donné une autre façon de m'en servir. J'éprouvais beaucoup de gratitude pour ce moment béni.

Le guerrier m'a appris que je reviendrais et que je ne serais pas seule. Ceci se passait en 1993. En mai prochain, en 1995, j'ai l'intention d'y retourner pour la fête du «Wesack». À la montagne, ils ont une célébration spéciale pour cette fête. Le «Wesack» se fête à la première pleine lune du printemps.

C'est le coeur rempli de gratitude que je suis redescendue de la montagne. C'est à nouveau de l'intérieur que j'ai reçu l'information que j'allais enseigner et pas seulement le Reiki. Ce projet s'est déjà réalisé car j'ai fondé, l'an dernier, un centre de formation en massothérapie.

Pour conclure, je dois dire que ce voyage m'a mise en contact avec l'émerveillement, le «lâcher prise», car mon expérience m'a forcée à vivre dans l'abandon. Ce que je recevais des gens là-bas, c'était l'Amour, des sourires, de la gentillesse. Guidée de l'intérieur, tout en ne connaissant pas la langue, j'ai vécu le plus merveilleux des voyages.

Toute ma gratitude va à la Source de Vie pour ce merveilleux cadeau.

Carole

Hommage au Reiki

Un jour, une collègue vivant dans le même immeuble que moi, me confia qu'elle allait prendre une formation en Reiki. À ce moment-là, le Reiki n'était pas aussi répandu qu'il l'est aujourd'hui.

J'ignorais la signification du mot «énergie» et, à vrai dire, j'avais peur de tous les enseignements provenant d'autres sources que ceux du Maître de méditation dont j'avais fait la connaissance en 1985.

Néanmoins, lorsque des problèmes de santé se présentèrent, ma collègue consentit à me donner des séances de Reiki. C'était très efficace. Très spectaculaire aussi. Par contre, elle m'expliqua que l'on était jamais si bien servi que par soi-même et elle m'encouragea à recevoir une initiation au Reiki. Ce que je fis.

L'initiation au premier niveau me coûta 150$. Cette somme d'argent était considérable pour moi à ce moment-là. Je mis d'autant plus à profit cet investissement. En bonne élève, je me suis donné consciencieusement du Reiki tous les jours pendant les six mois suivant mon initiation au premier niveau. Les rhumes et les malaises de toutes sortes s'espaçaient graduellement pour disparaître ensuite complètement. J'étais ravie et j'éprouvais de la gratitude pour ce que j'invoquais le soir en termes de «Oh, Reiki, mon amour». Une sorte de douceur, d'amour et de gratitude m'envahissait. Je n'aurais jamais cru en arriver à me soigner moi-même. Grâce au Reiki, j'allais de mieux en mieux. Ce pouvoir augmentait.

Alors, je résolus de me faire initier au deuxième niveau. Cette initiation me coûta 600$. Pour amasser cette somme, je m'étais privée de plusieurs choses dont un atelier de croissance auquel assistaient tous mes amis. J'ai dû y renoncer avec beaucoup de chagrin.

L'avenir me démontra que ce fut une décision sage. Après l'initiation au deuxième niveau, j'ai pu me payer davantage d'ateliers. Ma santé ne cessait de s'améliorer et je débordais de gratitude pour cette chance de pouvoir m'autoguérir. Un soir, et tous les autres ensuite, je m'endormis avant de finir mon auto-guérison avec Reiki. C'était la fin de l'insomnie dont j'avais souffert pendant une bonne partie de ma vie. Je peux incontestablement affirmer que le Reiki règle les problèmes de sommeil.

Ensuite, mes amis ont remarqué un changement dans mon attitude face à la vie et dans mon énergie. Ils ont commencé à réclamer du Reiki. J'ai pu ainsi gagner ma vie tout en soulageant les douleurs des autres et compiler ainsi de nombreux témoignages sur la grandeur du Reiki.

Au fil du temps, désireuse d'augmenter cette force de guérison qui ne cessait de m'émerveiller, j'ai songé à devenir maître de Reiki. Le coût était alors de 10 000$ US. Des gens empruntent d'importantes sommes d'argent pour s'acheter une voiture qui pollue l'environnement. Pourquoi ne ferais-je pas un emprunt pour améliorer ma santé et ma capacité de travailler? pensais-je. Ma santé s'améliorant, je pourrais travailler davantage et rembourser ce prêt. J'ai alors utilisé la technique des respirations divines qui nous vient des Kahunas. J'ai demandé ce que je devais faire. La réponse m'est venue par le biais d'une annonce d'un docteur en naturopathie qui donnait une formation en maîtrise pour la somme modique de 1700$ canadien. Le maître de Reiki qui m'avait initiée aux niveaux 1 et 2 s'est trouvé très offusqué de cette décision, m'assurant que mon niveau d'énergie serait proportionnel à la somme versée. Ce fut mon premier test. La relation avec ce maître prit fin soudainement et j'ai su d'emblée que, sur la voie spirituelle, on doit être prêt à tout perdre si telle est la volonté divine. Il s'agissait simplement de définir mes nouveaux objectifs et d'aller de l'avant.

Une longue contemplation sur la Force de Vie Universelle s'amorça.

1. Qu'est ce que la Force de Vie Universelle?

2. La transmission de cette Force est-elle proportionnelle à la somme versée?

3. D'où vient-elle?

4. Le concept de «doership»[1] s'applique-t-il aussi au Reiki? Qui est l'auteur des initiations? Le maître ou Dieu?

5. Quels sont les pré-requis pour devenir un bon maître?

6. L'appartenance à telle ou telle association influence-t-elle la qualité des maîtres?

7. Ma rencontre avec ce naturopathe est-elle l'oeuvre de la grâce?

L'enquête que j'ai faite a démontré que ce naturopathe était très sérieux. En tout temps, il n'a jamais commenté le comportement d'autres maîtres. Il pratique la naturopathie depuis de nombreuses années. Lui et son épouse, qui est aussi sa secrétaire, jouissent d'une excellente réputation. Ils méditent tous les deux depuis 20 ans. Ils se sont rendus plusieurs fois en Inde pour visiter leur Maître spirituel. Cet homme n'est rien d'autre qu'intègre.

J'ai finalement reçu l'initiation au niveau de maître et plus tard au niveau de maître-enseignant. Ces initiations ont transformé ma vie sur tous les plans. Mon initiation au niveau de maître coïncida avec la naissance de la polémique sur la lignée à 1700$ canadien et l'autre à 10 000$ américain. J'ai

---

[1]«Doership», mot anglais qui veut dire être l'artisant d'une action. Dans la philosophie orientale, celui qui se détache de ses actions n'accumule aucun karma car il n'est pas l'artisant de cette action. C'est le «none doership»

formé plusieurs maîtres de Reiki qui, à leur tour, en forment d'autres. Les tests de toutes sortes se sont succédés. Avec le recul, je réalise à quel point le Reiki n'est pas uniquement une source de guérison; il est aussi une voie spirituelle.

Les prix mis de l'avant par l'ARMA[2] permit au Reiki de se répandre au Québec comme un feu de forêt. Nous avons pris une bonne partie du marché. Beaucoup d'amis se sont fait initier au Reiki, par moi-même, par mes élèves ou par des collègues.

On dit qu'il y aurait présentement dans le monde deux millions de praticiens en Reiki. Aucune autre discipline en énergie n'a fait couler autant d'encre. Aucune autre n'a provoqué autant de rivalités, de jalousies et de spéculations.

Certaines associations, oubliant que nous ne sommes que le canal, ont continué à clamer leur suprématie, tout en enseignant que l'humilité, le pardon, la gratitude et l'amour inconditionnel étaient le fondement de la santé mentale et physique parfaite. Le Reiki, mon amour, était sur la place publique. Il a fait l'objet de toutes sortes de ragots, d'accusations et de mesquineries.

Dans ce méli-mélo, le Reiki, Force de Vie Universelle, n'a jamais cessé de guérir et d'émerveiller les étudiants. Tous, sans exception, en ont bénéficié et continuent d'en bénéficier.

Le Reiki, on l'a vu, se protège de Lui-même. Il est efficace en tout temps. Il fonctionne inconditionnellement. Qu'il soit transmis par un dévot de Marie ou d'Allah, par un Asiatique ou un Africain, le Reiki répand ses bienfaits en tout

---

[2] American Reiki Masters Association.

temps. Le seul fait d'être initié et d'imposer les mains est suffisant pour que l'énergie coule, volontairement ou non. Cette énergie est divine et guérit d'une façon inconditionnelle même les sujets les plus sceptiques. Le Reiki est l'Amour inconditionnel. Il transmet son énergie inconditionnellement.

Parce qu'il est simple et accessible à tous, plusieurs l'ont pratiqué pour des profits matériels ou pour le pouvoir. Il m'a semblé qu'il était parfois malmené et transmis de façon scandaleuse. Néanmoins, en tout temps, j'ai pu noter des expériences incroyables et des transformations notables chez les bénéficiaires.

Le Reiki, Force de Vie Universelle, n'a jamais vacillé. Son intensité n'a jamais diminué. Elle a toujours prodigué à souhait ses bienfaits et son amour à tous, sans distinction de religion, de classe, de race ni de couleur.

Le porte-parole du Chariot blanc,[3] l'Archange Michaël, par l'entremise de Louise Vincent, a remis les choses dans leur vraie perspective en produisant une cassette sur le Reiki, Force de Vie Universelle.

On y apprend, entre autres, que:

1. Le Reiki nous aide à passer d'un rayon à un autre;

2. La raison pour laquelle il y a plusieurs maîtres, maîtres-enseignants et praticiens du Reiki, est que l'humanité

---

[3]Le Chariot blanc est le nom donné à l'Énergie de l'Archange Michaël dont les enseignements sont reçus en transe profonde (channeling) par Louise Vincent. Ces séances de transes profondes ont lieu à différents endroits à travers le Québec à des occasions régulières. Pour information: Louise Vincent, André Desautels, (514)446-4729 ou (514)446-8709.

a présentement besoin de cette énergie sur la Terre;

3. Le Reiki se protège lui-même. Nous n'avons pas à porter de jugements sur les praticiens. Ceux et celles qui l'utilisent à mauvais escient — c'est-à-dire pour acquérir des biens matériels ou du pouvoir — se verront dégagés de cette énergie. Ils en seront dispensés.

4. Toute association devrait compter sur son conseil d'administration l'énergie d'anges ou d'archanges.

Au moment d'écrire ce témoignage, j'ai contemplé les transformations qui sont survenues, à l'intérieur comme à l'extérieur, depuis mon initiation au Reiki. J'ai contemplé la signification du mot «énergie» et je n'arrive pas à le définir. La grandeur du Reiki n'est donc pas mesurable, car on ne voit qu'une fraction de ses bienfaits.

Néanmoins, j'ai noté les nombreux tests qui m'ont subtilement transformée:

1. Le centre de méditation où je me rends tous les jours pour méditer, constitue une clientèle-cible pour tous les cours en énergie. De ce fait, le nombre des maîtres de Reiki et des maîtres-enseignants sont nombreux. Peu d'élèves passent tous les niveaux avec le même maître. Cet état de fait a été un grand test pour moi.

2. La polémique sur l'énergie du Reiki, alimentée par les différentes associations, a constitué pour nous une véritable épreuve.

3. En ce sens, le Reiki a été pour moi une source d'évolution incroyable puisqu'il m'a forcée à transcender plusieurs émotions. J'ai dû me tenir à l'écart des ragots et j'ai aussi pris conscience de l'urgence de me tourner vers l'intérieur, me centrer en tout temps et me fier uniquement à

ma voie intérieure pour connaître l'essentiel.

4. Mon initiation au niveau de maître de Reiki a créé des ruptures avec des personnes que j'aimais bien. Ces ruptures ont aussi été une source d'introspection.

5. Les tests se sont succédés si rapidement que je ne les avais pas identifiés comme une source de transformation.

6. Parce que je suis maître de Reiki, mes services ont été retenus par un organisme pour soulager les sidatiques, en phase terminale, qui ont choisi de recourir aux soins palliatifs. J'ai pu ainsi apprivoiser ma mort et celle des autres. Il y a quelques années, entendre parler de la mort me jetait dans le plus grand trouble. C'est une victoire pour moi.

7. Plus une personne est souffrante, plus elle bénéficie des bienfaits du Reiki. Cela, je le constate tous les jours. Le fait de travailler avec de grands malades me permet de témoigner de la grandeur du Reiki.

8. J'ai transcendé les jugements lorsque j'ai compris que, dans sa grande sagesse, le Reiki nous confronte uniquement avec nos miroirs et nous amène uniquement les personnes destinées à nous faire croître.

9. J'ai aussi compris à quel point on ne peut définir le mot «énergie». Dans le cas du Reiki, cette énergie est si puissante qu'elle a orchestré tous les tests, les situations et les conflits de sorte que nous puissions contempler nos émotions et aussi nous en libérer.

10. Par le Reiki, j'ai rencontré mon compagnon de vie.

Oh, Reiki, Force de Vie Universelle, on a dit tant de choses à ton sujet. Je te rends hommage, toi qui nous amènes à notre insu à contempler l'essence même de la Force de Vie Universelle.

Gisèle

Partager Reiki, c'est recevoir du ciel

Je me rends compte que les mots sont très limités pour exprimer l'infinie gratitude envers ce que j'ai reçu lors de chacune de mes initiations, ce que je reçois au quotidien et, qui plus est, lorsque j'initie.

Ce qui vient à mon esprit, c'est une lumière verte, brillante, et ensuite des grands cercles violets dans le milieu de mon front, une paix profonde dans l'âme, des larmes sur mes joues et deux mots: «**Enfin, merci** ...»

Après plusieurs années de recherche, d'une vision datant de mon enfance, après un voyage de deux ans en Asie jusqu'à la chaîne Himalayenne... à Montréal... **enfin**. Et la lumière fut. Et, avec la lumière, ce qui était dans l'ombre se fit soudain visible: peurs, anciens schémas, objets inutiles... Le grand ménage a été fait, pas toujours sans douleur il va sans dire, mais avec, comme récompense, l'espace et la liberté de l'être.

Partager le Reiki, c'est tendre les mains vers le ciel pour recevoir. Je sais que plus je sers le Reiki, plus le Reiki me sert dans ma vie. Et c'est toujours avec beaucoup d'émerveillement, à chaque fois, que je constate les résultats fabuleux et les grâces innombrables du Reiki.

Après avoir reçu la fréquence de maître, une année s'est écoulée avant que je me sente prête à initier. Depuis, chaque initiation au Reiki que je donne en est une pour moi. Il est tout à fait clair aussi que je ne suis le maître de personne. J'essaie d'être maître de moi-même et il y a là déjà beaucoup à faire. J'ai réalisé que, pour la maîtrise de l'enseignement du Reiki, j'ai le très grand honneur d'être le simple outil entre la

Source et l'initié. Et que celui ou celle qui reçoit l'initiation la reçoit à la mesure de ce qu'il ou qu'elle doit recevoir. C'est souvent tout à fait impressionnant!

Parmi les initiés rencontrés au Québec et en Europe, la générosité et le partage inconditionnels des expériences et des connaissances est là, je pense, la seule voie digne du Reiki.

En résumé, mon expérience du Reiki c'est: «**Enfin, merci, wow et encore...**»

Michelle

Je ne suis pas encore prête à passer le flambeau

L'énergie du Reiki m'a beaucoup entousiasmée et m'a ouverte à devenir un canal. J'ai beaucoup pratiqué sur moi-même et sur les autres. J'ai fait des transmissions à distance et des initiations suite à ma formation de maître.

Je ressens beaucoup plus l'énergie lorsque je le donne aux autres que pour moi-même. Je suis encore profondément touchée par la connexion qui se fait avec la personne à qui l'on donne.

Ensuite, j'ai commencé à aider les autres, je voulais leur faire du bien mais l'énergie du Reiki dans sa grande sagesse m'a très vite ramenée à moi-même. Depuis ce moment, j'apprends à m'aimer, à me réconcilier avec moi-même et surtout à mieux me considérer.

L'énergie du Reiki coule continuellement par mes mains; je la ressens constamment. Dans mon travail, je dois toucher les gens car je pratique une médecine douce et l'énergie est toujours présente. Elle me supporte et se donne aux autres à travers moi. Elle coule constamment et elle est devenue mon amie.

Pour l'instant, je ne suis pas prête à faire des initiations, j'ai de la difficulté à prendre ma place et à m'affirmer car je suis consciente de la responsabilité que ceci implique. J'attends d'être prête et de m'aimer suffisamment, d'être aussi détachée pour prendre la responsabilité de passer le flambeau aux autres.

Merci de m'avoir donné cette opportunité de faire le point et de pouvoir l'exprimer.

Céline

9

MESSAGES POUR L'ÉVEIL PLANÉTAIRE

Ce chapitre comprend une série de messages reçus en «channeling» par Nathalie en dehors de nos rencontres régulières en vue de ce livre. Ce sont des messages très importants pour aider ceux et celles qui sont sur le chemin de l'Éveil spirituel dans le cadre de l'Éveil Planétaire. Lucia et les Anges de Lumière nous entretiennent sur des thèmes qui sont urgents pour la situation globale actuelle. Voici les messages:

Bonjour, bienveillants bâtisseurs de l'Aube Nouvelle. Je suis Lucia, la Lumière qui éclaire votre route.

Aujourd'hui, l'humanité entière a accès à une fréquence vibratoire plus élevée qui vous transforme, qui vous élève, ainsi que votre bien-aimée planète, vers le Paradis en Tout. C'est un Renouveau longtemps prédit mais jamais expérimenté en tant que tel sur cette Terre.

Il faut s'unir consciemment à cette Infinie Source d'Amour et de Paix pour qu'une Harmonie nouvelle puisse couler à travers nous et changer le monde. Le temps est venu où chacun assistera, témoignera de la venue du Christ dans son temple intérieur. Jésus fut le premier à atteindre ce niveau, cette Union avec la Conscience Christique. Vous tous serez témoins des grands changements occasionnés dans votre Vie, si vous laissez toute la latitude d'expression à cette Intuition divine. Tranquillement, l'humanité tout entière délaissera ses objectifs égoïstes, sa fermeture à la souffrance d'autrui. L'entraide et l'Amour seront Loi. Il faut désirer cette venue aussi ardemment que la venue du Christ aura été prophétisée et surtout espérée. Plus les gens feront cette expérience et plus il sera facile aux autres d'y parvenir également. Un énorme mouvement se mettra en branle, que nul ne pourra arrêter.

Mais pour ceci, il faut des volontaires, il faut des âmes qui peuvent oeuvrer avec Foi, en tant que précurseurs d'un Jour nouveau. Si vous lisez ce livre et que vous ressentez l'Appel, alors soit! Il faut vous mettre au travail et ce, sans relâche, pour aider à votre Mère la Terre à renaître à elle-même, à renaître à l'Amour et, par le fait même, à votre espèce, de renaître à l'homme de demain: l'Homme des Étoiles.

Nous ne demandons aucune observation aveugle de nos conseils, aucun endoctrinement. Nous vous renvoyons à vous-mêmes, à ce qui se passe au fond de votre coeur. Il faut tâter du côté des intuitions, analyser le tout sous une perspective nouvelle. Observer le passé d'un oeil nouveau, y dégager les motifs de votre incarnation pour être en mesure de vous engager dans la voie qui vous est destinée.

Nous vous assistons dans cette quête, vous n'êtes pas seuls. Ceux qui sont prêts à faire le saut évolutif sauront aller puiser, au-delà des mots, la sagesse qui s'y cache. Chacun recevra selon son degré de compréhension et son rythme d'assimilation. Le temps presse, il est certain, mais il ne faut pas reprendre les mauvaises habitudes du passé et recommencer à agir sans but et sans raison profonde. Chaque geste, chaque mot, chaque pensée peut être porteuse d'un espoir nouveau. Il n'en dépend que de vous.

Pour ce faire, plus vous vous immergerez dans cet Océan d'Amour ambiant, plus vous vous maintiendrez à cette fréquence vibratoire et moins vous chuterez en arrière dans vos habitudes, les mécanismes de défense qui vous font manquer le bateau. Osez être audacieux, osez la nouveauté. Allez expérimenter vos limites pour qu'une connaissance nouvelle se dégage et éclaire votre chemin d'une lueur nouvelle.

Nous vous montrons du doigt la route immémoriale du retour: le retour à soi-même. Cette réconciliation est nécessaire pour continuer d'avancer sur la route spirituelle. Dieu aime tous Ses enfants. Alors, si vous tous, individuellement, avec vos beautés et vos manques d'amour, êtes dignes de cet Amour Inconditionnel, vous êtes aussi capables de ce même Amour envers vous-mêmes et envers les autres! Vous êtes ***Un****. Toutes pensées de division, de haine, de jugement vous maintiennent au sol, vous obligent à ramper dans les souterrains bourbeux qui sont indéniablement votre création. Quand vous délaisserez tout cela, vous serez prêts à recevoir le Christ en vous. Vous serez transformés.*

Pourquoi êtes-vous si durs envers vous-mêmes? D'autres ont été durs envers vous et, sous l'agression, sous le souvenir de la douleur, vous vous êtes durcis à votre tour. Quand il y a dureté, il n'y a plus de place pour l'Amour. L'Amour fait fondre les blocages, dissout les conflits et ramène la Paix. Que vous ayez été victimes, d'accord; cela peut faire partie de votre réalité, de l'histoire de votre vie, mais ne devenez pas agresseurs à votre tour. Réalisez-vous qu'en étant durs avec vous-mêmes, en entretenant cette rigidité en vous, vous *tuez l'Amour? Et quand l'Amour n'est plus là, il ne reste pas de raisons de vivre. Votre orgueil vous pousse à renier l'Essence même de votre Être. Il faut que des gens braves et courageux se pardonnent à eux-mêmes. Ils cesseront d'endosser le masque de la victime et de l'agresseur et la chaîne de souffrances sera brisée. Il n'en tient qu'à vous de briser vos chaînes. Si vous vous laissez aller à l'Amour de vous-mêmes, vous serez contagieux. Il ne suffit que d'un pas pour que l'humanité tout entière soit libre, libre d'exercer son libre arbitre. Libre de suivre sa destinée d'***Enfant de Lumière***.*

Demain commence aujourd'hui, et ce lien c'est vous. Vous seuls faites la différence. Êtes-vous prêts à relever le défi?

Les couples

Vous a-t-on déjà fait remarquer à quel point les gens sont bien assortis l'un à l'autre pour ce qu'ils ont à apprendre et à vivre dans le présent? Dites-vous bien qu'aujourd'hui, en ce moment même, le conjoint qui partage votre vie est l'être le plus près de vous, le plus apte à vous faire grandir.

Quand vous vous arrêtez et que vous replacez en ordre les événements et faits saillants de votre petite histoire, vous voyez s'y dégager la charte des hauts et des bas de votre personnalité, votre ego et votre âme luttant chacun pour prendre toute la place.

Tout a sa raison d'être, tout comme chaque couple forme une cellule créative unique ayant une mission qui lui est propre. Savoir dégager ses manquements d'amour et ses jugements pour être en mesure d'avoir une vision claire, c'est quelque chose que l'ego laisse difficilement faire. Au-delà de vos limites et petitesses, de vos rêves personnels, de vos aspirations communes, réside la clé de votre karma conjugal, ce que vous êtes venus résoudre en cette vie, que vous n'avez pas résolu auparavant.

Pourquoi autant de couples se séparent-ils, maintenant plus que jamais? Il y a deux volets à cette question. Premièrement, le rythme d'évolution ayant été accéléré, les gens découvrent de plus en plus ce qui ne va pas dans leur vie et décident d'y apporter des changements. C'est la bonne façon, celle de régler de façon honnête et responsable les conflits et ensuite de passer à autre chose.

Il n'y a pas grand différence avec le deuxième volet, tout est question du niveau de conscience. Si par contre, fuyant qui vous êtes vraiment, ne voulant pas vous assumer, vous rejetez tous les torts sur l'autre, si votre orgueil vous tient dans une lutte déchirante et que personne ne veut lever le pavillon blanc, vous êtes alors aux prises avec de vieilles blessures profondes, de vieilles rancunes incrustées. Il n'y a qu'une solution! Pardonnez. Pardonnez-vous et pardonnez à l'autre. Cela ne sauvera peut-être pas votre couple mais, au moins, vous ne contracterez pas de karma inutile.

L'autre est votre miroir: il reflète ce que vous êtes. Si tout ce que vous voyez en l'autre vous horripile, vous agace, vous enrage, il y a lieu de vous poser de sérieuses questions. Pourquoi doit-il toujours y avoir un gagnant dans ces luttes qui n'en finissent pas, ces luttes qui durent depuis toute une éternité?

Votre Terre étouffe de ces discordances qui remontent à la fin des temps. Dites-vous bien que la Vie ne fait rien en vain. Les gens sur votre route sont tous là pour une raison: pour se faire pardonner ou bien pour pardonner. Si, dans votre entêtement et orgueil, vous vous fermez à l'autre, vous sabotez ce rendez-vous cosmique, cet engagement mutuel pris librement et vous n'aidez personne, même pas vous-mêmes.

Dans cette ère de communication rapide et de consommation, tout doit être facilement jetable après usage, malgré les répercutions écologiques que cela implique. Imaginez les retombées émotionnelles, les débris et parasites amoureux que vous avez semés depuis votre naissance.

Il est temps de vous alléger, de libérer votre coeur. Vous ne pouvez faire autrement si vous voulez persister sur la voie évolutive. Il n'y a plus de place pour les demi-mesures. La vérité doit éclater au grand jour. Ceux qui, depuis des années, ne s'aiment plus mais vivent ensemble, ne pourront plus supporter cet état de fait. Les façades tombent et tout le monde se voit tel qu'il est vraiment. Les plus braves apprennent à vivre dans leur nouvelle identité allégée qui, soit dit en passant, est bien au goût du jour avec tous vos produits sans cholestérol, allégés, diètes, etc.

Les nostalgiques essaient de recoller les morceaux de leur façade quand ce n'est pas celle de leur conjoint, tous incapables qu'ils sont de progresser avec cette nouvelle peau. Il y a aussi les durs à cuire qui ne réalisent pas qu'un changement s'est opéré en eux et chez l'autre. Ces couples-là sont appelés à plus ou moins brève échéance à se dissoudre.

Réalisez-vous qu'il est impossible de maintenir quelque chose qui n'est plus vrai. L'amour, grand révélateur, balaie tout sur son passage; seule la vérité a une sur le présent.

Si vous êtes en couple eh bien, analysez le bien-fondé de

cette union. Osez voir au-delà des détails sans importance et des petits travers. Si vous persévérez, vous verrez, au-delà des contraintes, la raison même de votre union, le portrait de vos aspirations communes — et alors là, seulement là, il vous sera possible de progresser réellement, de grandir et de vous épanouir.

Le retour à la Source

Nous sommes présents parmi vous pour vous montrer la voie du retour à Soi. En effet, de plus en plus de gens seront contactés et développeront les dons multiples de l'Esprit: prophétie, guérison, «channeling». Il est impératif que l'humanité réalise qu'il est grand temps qu'elle prête attention à sa dimension spirituelle. Vous avez tous une activité qui vous tient à coeur plus que tout et nous sommes certains que vous vous plaisez énormément en la pratiquant. Vous prenez plaisir à la partager avec ceux qui vous sont chers et qui partagent le même intérêt.

Mais que faites-vous de la relation primordiale de votre existence à cet Être qui vous aime tant qu'Il vous a tout donné? Le foisonnement des messagers et la multitude de messages ont pour seul but que chacun y trouve son compte. Dieu, dans Son Infinie Bonté et Sagesse, tient à s'assurer qu'aucun de Ses enfants ne soit pénalisé. Chacun y trouvera le message qui lui convient le mieux, approprié à sa compréhension.

D'autre part, il ne faut pas s'alarmer devant cette explosion d'informations. Vous êtes maintenant à l'ère des communications, du village global, de l'autoroute électronique. Nous, des Royaumes Spirituels, savons nous adapter à votre réalité et avons conclu que plus nous serons exposés, plus nous aurons le micro et plus nous rejoindrons de gens.

Car le défi consiste à présenter un message universel, englobant, qui puisse souligner l'essentiel: le retour à Dieu, cette partie oubliée de vous-mêmes, le chaînon manquant de l'Évolution humaine.

Ce retour, ce contact, se vit bien au-delà du contexte défini et structuré de vos religions organisées. Ce contact est un dialogue intime qui se poursuit à tout moment de votre journée, tels le flux et le reflux des marées, l'inspire et l'expire. De plus, vous avez le contrôle, car c'est à vous de vous arrêter assez longtemps pour tendre l'oreille à la petite voix à l'intérieur qui vous dit depuis toujours: «Je t'aime et serai toujours là».

Vous êtes les Maîtres de votre Destin, vous êtes les Créateurs de votre Réalité. Ce qui est approprié pour l'un ne l'est pas nécessairement pour un autre. C'est là habituellement que les conflits surgissent, car l'homme ressent un besoin inné de se conformer. C'est un conditionnement social qui fait que l'on rejette et met de côté ceux qui sont différents, dérangeants. Ce qui est différent fait peur; alors l'homme, dans tout son conditionnement et son animalité, réagit en voulant soit détruire la source de sa peur, soit la conquérir.

On élimine, de ce fait, la chance d'apprendre et de grandir car, en partageant, on peut en apprendre un peu plus sur nous-mêmes et sur l'autre. Autant la Nature est généreuse dans la multiplicité des êtres et espèces qui la peuplent, autant devez-vous vous ouvrir à l'autre et l'accepter pour ce qu'il est: un frère dans l'Esprit. Vous êtes tous membres de la même famille. Vous êtes tous unis, interreliés. Vos destins sont intimement reliés. Tant que l'humain n'aura pas compris ce fait, il courra à sa perte en ne pensant qu'à la satisfaction aveugle de ses désirs sans aucune considération pour les autres.

L'humanité entière crie son besoin d'Amour et de Compassion, et cet Amour dépend de vous. Il n'en tient qu'à vous de faire la différence, de sourire aux passants, d'ouvrir la porte aux faibles, d'accueillir l'autre pour ce qu'il est, avec ses défauts et ses qualités.

Vous pouvez nous taxer de simplistes mais vous ne pouvez qu'acquiescer que, dans son aveuglement, l'humanité court à sa perte. Vous n'êtes pas impuissants; vous êtes des facteurs de changements importants dans la grande chaîne humaine.

Vous avez une qualité, une disposition particulière qui vous rend uniques. Chérissez ce don, polissez-le, faites-le fructifier, car c'est ce don même qui vous amènera à la libération, qui amènera la Paix à votre Âme et la Joie à votre Coeur.

Méditez ces paroles et, la prochaine fois que vous jugerez l'autre, essayez de vous mettre à sa place. Il en faut un qui cède en premier; il ne suffit que d'un premier pas pour que la route vous semble plus facile.

Le Service

Vous est-il déjà arrivé de vous questionner sur certaines personnes illustres qui ont marqué profondément leur époque par leurs écrits, leurs réalisations, leurs créations, ou par la vie qu'ils ont menée? Un dénominateur commun réunit toutes ces destinées humaines: c'est le ***service****. Si tous les grands artistes, les bâtisseurs de génie, les grands* *pacifistes, les chercheurs n'avaient jamais été jusqu'au bout de leur folie, nous vivrions dans un monde un peu plus terne et sombre aujourd'hui.*

Tout est noble au yeux de Dieu, car chacun a sa place dans la Création. Certains enseignent, d'autres élèvent, d'autres créent: tout cela a sa raison d'être. Dieu ne vous demande rien en retour de ses largesses sinon de vous aimer et d'aimer Sa Création. Il a distribué des talents et des dons en chacun et Il vous invite à les découvrir. Chaque personne humaine, dans son unicité, enrichit à sa façon la communauté. Il faut délaisser la lunette déformante du jugement pour le découvrir.

Oh! bien sûr, on n'est généralement pas satisfait de ce que l'on a reçu. C'est comme pour les attributs physiques: ceux qui ont les cheveux frisés les voudraient droits ou blonds, avec les yeux bleus ou noirs. Dites-vous bien que si certaines choses sont immuables, c'est qu'elles contiennent en leur centre une leçon cachée prête à se révéler à celui qui aura la patience et la persévérance de chercher. Vous êtes un miracle de la Nature. Alors, en tant que tel, vos richesses et vos trésors se révéleront à vous en temps voulu. Votre société manque de confiance: confiance en l'espèce humaine, confiance en son prochain, confiance en Dieu.

Ceux d'entre vous qui accomplissent de grandes et de belles choses nourrissent en eux cet espoir d'un monde meilleur. Ils savent que leur modeste contribution touchera et transformera les gens de leur entourage. Consciemment ou non, c'est gens-là sont guidés; ils s'abandonnent au courant de la vie au lieu de lutter contre lui. C'est en cela que consiste le service véritable, ce don de soi, cet abandon à sa destinée pour offrir le meilleur de soi-même aux autres.

Nul besoin de devenir missionnaire ou artiste, car chacun contribue à sa manière. Il s'agit d'anoblir l'espèce humaine, de faire grandir les plus petits, de répandre l'Espoir et l'Amour. Cela peut s'accomplir aussi bien en faisant la vaisselle qu'au travail. Ces petites choses simples et désuètes à vos yeux, mais qui contribuent à faire un monde meilleur ici-bas, sont ce dont la Terre a le plus besoin.

C'est à vous, femmes et hommes de bonne volonté, de laisser tomber les barricades qui vous séparent, physiquement et idéologiquement. Laissez-vous emporter par ce vent de Renouveau qui souffle sur tous les visages. Il ne faut pas fuir son quotidien, il faut l'apprivoiser, car le quotidien, c'est votre vie, votre réalité. Vous vous devez, pour vous et pour les générations qui suivent, de donner le meilleur de vous-mêmes dans tout, et tout de suite.

Il n'est plus le temps de remettre au lendemain. Demain, c'est aujourd'hui que ça se joue. Regardez ce que les générations passées vous ont légué: haine, famine, guerre, pollution, violence, racisme, isolement. Voulez-vous offrir ce lamentable gâchis en héritage à la génération montante? On ne peut plus trouver un coupable et se relancer le ballon. Le temps est écoulé dans le Sablier Cosmique, il n'en tient qu'à vous de faire la différence, de vous lever et d'emboîter le premier pas du changement. Ce n'est pas sorcier: il suffit de relever ses manches et de nettoyer.

Nettoyer le fouillis de vos coeurs et de votre monde. Personne d'autre ne peut le faire à votre place. La Terre vous lance un appel au Service, pour l'aider à s'élever vers la destinée qui lui est réservée. Elle ne peut le faire sans vous, ni vous sans elle. C'est un peu cela le Pont de Lumière. Vous en faites tous partie et tout le monde y contribue à sa façon. Ce pont est un mot d'espoir lancé au-dessus du marasme, un passage vers le nouveau monde, une main tendue des Royaumes Angéliques, une Arche d'Alliance entre tous les peuples de la Terre et le Créateur.

Ce pont ne prendra racine que si chacun de vous nourrit en lui l'Espoir d'un monde meilleur et offre, sur l'Autel de l'Humanité, son humble contribution, son Service, son quotidien sanctifié.

Permettez-nous de résumer un peu ce qui vous est demandé. La Terre est à un point tournant de son histoire, un temps charnière qui fera passer l'humanité entière à une dimension plus élevée d'Amour et de Lumière. Il est normal que, dans tout changement de cette envergure, il y ait des bouleversements. Ceux qui se seront préparés sauront puiser à l'intérieur d'eux-mêmes la Sérénité et la Paix qui les nourriront et les soutiendront en ces temps troublés. Ils sauront ne pas céder au vent de panique qui prévaudra sur la Terre à ce moment-là.

Nous, des Royaumes Angéliques, vous tendons la main pour vous aider à faire cette grande Traversée. Nous avons intercédé auprès de la Source pour qu'un lien tangible, un signe vous soit donné de notre présence et de notre désir d'entraide. Voici ce que symbolise le Pont entre deux Mondes. C'est un pacte ainsi qu'une bouée de sauvetage pour votre monde qui s'en va à la dérive. Nous vous aimons et vous protégeons mais le premier pas, c'est à vous de le faire. Nous ne faisons que rendre cette première marche plus accessible pour un plus grand nombre, car nous désirons sincèrement le bien de l'humanité.

De tous les temps, nous avons toujours été porteurs d'un message. Il en est de même aujourd'hui. Nous nous voulons porteurs d'un message de Paix et d'Espoir. L'Arche de Noé a pris la forme, cette fois-ci, d'une nacelle énergétique qui entoure la Terre entière. Cette nacelle est soutenue et alimentée par nous, des Royaumes Angéliques, ainsi que par des volontaires qui font office de points d'ancrage pour ce Pont de Lumière, merveille entre toutes, qui facilitera la transition, le passage à cette fréquence vibratoire plus élevée.

C'est un puissant rayon d'Énergie qui vous élève et nourrit en vous les plus hautes aspirations pour que chacun puisse exprimer son plein potentiel d'Enfant de Lumière. Vous tous êtes le Pont; vous symbolisez cette marche et, par cela, il vous appartient et il n'en tient qu'à vous de vous y engager, de prier et méditer pour maintenir les attaches bien ancrées dans le plan physique.

Il vous est demandé d'être courageux, pleins de bonne volonté et de laisser tomber le superflu. Êtes-vous prêts à nous rejoindre, nous vos frères et soeurs du Royaume Angélique, dans cette magnifique aventure qui vous attend, cette ère de mille ans de Paix si longuement prophétisée, cet avenir glorieux qui est prévu pour votre Mère Gaïa? C'est notre voeu le plus sincère.

Sur ce, nous vous laissons en nourrissant l'Espoir que le désir d'un Monde Nouveau saura germer en tous les coeurs.

Que la Paix, l'Amour et l'Harmonie soient avec chacun de vous.

Lucia et les Anges de Lumière

«Lorsque nous nous occupons de notre corps, nous devons le faire avec la connaissance qu'il n'est qu'un résultat et un instrument de la Réalité Suprême de l'univers et de la vérité de notre être.»

La Mère

10

QUESTIONS ET RÉPONSES SUR LE REIKI

En plus des exposés qui nous ont été donnés durant nos rencontres, nous avons eu la chance de profiter d'une période pendant laquelle Lucia et les Anges de Lumière ont accepté de répondre à nos questions. Des questions qui sont pertinentes au Reiki afin d'éclaircir quelques points obscurs ou mal compris pour les pratiquants et les receveurs de l'Énergie Reiki.

Paulette — Pouvez-vous définir le Reiki en quelques mots?

«Traditionnellement, le Reiki se traduit par Énergie de Vie Universelle. Et c'est assez près de la Vérité. Le Reiki est Amour. Le Reiki, c'est la Vie. L'Amour, c'est la Vie, donc le Reiki est l'Énergie qui vous supporte d'où son aspect ***universel*** *dans le sens où c'est l'Essence de votre Être. C'est donc l'essence même de votre connexion à Dieu. Le Reiki, c'est l'Énergie divine en Action.»*

Paulette — Comment doit-on se préparer à une initiation?

«Là encore, il n'y a point de prescription puisque chaque être est unique. Certains ont un besoin de profondeur tandis que d'autres, sans être irrévérencieux ni irrespectueux envers l'énergie, n'éprouvent pas ce besoin. Bien sûr, la gratitude et l'accueil sont les deux attitudes les plus importantes mais l'Énergie, dans sa sagesse, sait faire son chemin jusqu'aux coeurs de pierre. Il n'y a que le non-respect qui annule les effets du Reiki, ce qu'André a déjà expérimenté lors d'une initiation.»

Paulette — Expliquez-nous ce qui se passe au cours des 21 jours de purification après une initiation. Est-ce préférable de prendre au moins cette pause entre deux initiations?

«Il est absolument nécessaire de prendre cette période de purification, car c'est durant ce temps que l'être assimile le plus, change le plus et apprivoise sa nouvelle fréquence vibratoire. Nous l'avons déjà mentionné. Il est important de respecter un multiple de trois, par exemple trois semaines, trois mois ou trois ans. L'on ne saurait être trop strict sur cette période de purification. Prendre deux niveaux dans la même fin de semaine, c'est en quelque sorte prendre les bouchées doubles, hypothéquer son avenir, se donner du fil à retordre, malgré que cela ait été réussi par plus d'un.»

André — Pourquoi y a-t-il 21 jours d'épuration après une initiation de Reiki? Que symbolise le nombre 21? Pourquoi pas 15 jours?

«Le 3 est le chiffre de la manifestation.
Le 7 est le chiffre de l'Esprit Divin.
3 X 7 = 21, le pouvoir du 3 fois 7 = La Manifestation de l'Esprit Divin dans vos vies.»

Paulette — Est-il favorable de recevoir les premier et

deuxième degrés de Reiki dans la même fin de semaine?

«Tout est relatif. Il se peut qu'un élève puisse recevoir les deux niveaux parce que, sur les plans intérieurs, il possède déjà ces initiations. L'initiation consiste alors en une réactivation dans le plan physique de quelque chose déjà acquis. Mais qui peut se vanter d'être en mesure de savoir cela? Certains maîtres peuvent effectivement le discerner, et c'est très bien ainsi. D'autres cependant sont motivés par leurs ambitions monétaires; ils voudront alors à tout prix faire les deux harmonisations, histoire de faire de l'argent plus vite. Nous ne pouvons pas édicter de lois rigides, car chacun récolte selon les mérites de son coeur.

«Quoi que vous fassiez, les abus iront en s'accélérant. Nous ne pouvons pas condamner ces pratiques quoique nous soyons d'avis qu'un temps d'assimilation est nécessaire entre deux niveaux, bien qu'il varie d'une personne à une autre. Il faut recevoir une initiation quand on se sent appelé et non quand le maître est de passage cette fin de semaine-là. Il faut au moins laisser passer un jour. En aucun cas, il est recommandable d'initier deux niveaux différents le même jour. Une bonne règle est de suivre un multiple de trois. Attendre trois jours, trois semaines ou trois mois. Vous me suivez?»

Paulette — Entre le troisième degré de maître et le quatrième degré de maître enseignant, quel est le temps d'attente idéal pour bien bénéficier de ces initiations?

«Encore une fois, un multiple de trois; mais aucune rigidité ne s'impose. Idéalement, la personne doit désirer s'engager véritablement envers Reiki. Ceci ne se traduit pas par «vivre économiquement du Reiki», comme bien des gens l'interprètent. Non, c'est prendre un engagement solennel

envers l'Énergie. Accepter de se laisser transformer par Elle. C'est délaisser son ego et ses petitesses humaines, déposer aux pieds de la Source tout ce qui n'est pas Vrai en vous.

«Vous réalisez que bien des gens ont beaucoup de dettes envers eux-mêmes et le Reiki! Cela concerne eux et leur conscience. Idéalement, la personne devrait vivre en isolement une période de réflexion et de remise en question où elle s'interrogerait sur ses motivations profondes, ses raisons véritables, qui sont le service à l'humanité. Nous estimons qu'un délai raisonnable est de six mois à un an minimum, et il s'agit de chiffres libéraux. En voulant être plus conservateurs, nous dirions un an minimum, sans exception.

«Mais l'expérience de chacun est unique et les besoins spécifiques de chaque évolution sont aussi uniques, ce qui explique les grandes divergences. Ceux qui vont trop vite seront brûlés, car ils ne sauront accueillir cette dose massive d'énergie à l'état pur.»

André — Qu'est-ce qui fait que certains traitements apportent des résultats spectaculaires et d'autres pas?

«Il peut y avoir quelques volets d'interprétation pour cette question. Il peut arriver qu'une personne ait été vraiment mûre pour un changement de sorte que celui-ci se soit manifesté avec force. Il peut arriver que ce changement spectaculaire ait été appelé par l'incrédulité du malade ou du praticien et qu'il en a été voulu ainsi pour raffermir la foi. Cela est vrai également pour l'entourage. Parfois, le plus grand bénéficiaire d'un changement radical est l'entourage de cette personne.

«Nous les créons à la mesure de notre foi. Il faut toutefois avoir la sagesse d'accepter qu'un changement non

perceptible de l'extérieur n'en soit pas moins un changement. Parfois même, il est d'autant plus considérable puisqu'il procède de l'intérieur vers l'extérieur. Un changement non perceptible se place au niveau de perception de l'observateur. C'est un concept scientifique que tu es en mesure de saisir, André, je crois.»

André — Lorsque, pendant un traitement, il y a une interruption pour cause de besoin ou de confort, doit-on refaire les symboles à la reprise du traitement?

«Ah! ça, c'est matière de préférence personnelle. C'est un peu comme avec la communication. Si ça vous aide à reprendre le fil, à vous ***réintérioriser,*** *eh bien soit. Si ça vous aide à vous* ***rebrancher*** *sur le receveur, car le contact a été rompu, eh bien soit. Si vous sentez l'Énergie encore disponible au bout de vos doigts, alors ce n'est pas nécessaire. Si vous avez perdu le contact, c'est une bonne façon de vous recueillir.»*

Paulette — Est-ce que les prix pour les initiations Reiki sont trop élevés? Qu'avez-vous à nous conseiller à ce sujet?

«Ces prix sont justifiables dans la mesure où vous croyez que chaque degré le mérite. D'une certaine façon, si le futur initié estime que l'initiation vaut plus, il se sentira gracié. Il aura de la gratitude, ce qui est bien, ou il se dira qu'il a eu une initiation à rabais et il accordera moins de valeur, moins de foi à son initiation. Ça, ce sont ses démons intérieurs. Le paiement est symbolique mais, dans votre monde occidental, il a fallu attribuer une valeur à ces différents degrés. Ces prix sont raisonnables et ne nourrissent pas des ambitions cupides malgré que certains maîtres nourrissent ces ambitions, quel que soit le prix qu'ils chargent.

«Il faut dans son coeur être reconnaissant. Quelqu'un par ses prières, par ses bonnes actions, peut considérer qu'il paye son dû. Il faut une entente entre les deux parties pour que le maître se sente gratifié et que l'initié se sente anobli. Ce qui est plus simple sur papier, nous en conviendrons.»

André — Est-ce qu'une personne peut obtenir l'éveil spirituel ou l'éveil de la Kundalini[1] par une initiation au Reiki?

«Très certainement. L'Éveil est à votre portée pour peu que vous l'appeliez à vous, que vous ouvriez la porte. Vous pouvez recevoir des grâces sur vous avec amour. Ce monde est un monde de merveilles et d'enchantement. Tout est à votre portée.»

Paulette — Il existe plusieurs associations et nous savons qu'il y a quelques petites différences dans le rituel de l'initiation. Y a-t-il des gens mieux initiés que d'autres? Est-ce une question de prix ou d'association? Comment être sûr que l'initiation de maître que nous avons reçue est valable, car nous avons la responsabilité de créer une lignée?

«Vous seuls vous donnez la permission d'être initiés. Si vous n'y croyez pas et vous ne vous en sentez pas dignes, vous ne ressentirez pas la puissance et le pouvoir. Ceci sera

---

[1]Kundalini — C'est l'aspect féminin de l'Énergie Divine, enroulée trois tours et demi comme un serpent endormi dans le chakra de la base ou Muladhara de tous les êtres humains. Lorsqu'Elle est éveillée, par un Maître spirituel réalisé, elle entreprend Son voyage vers l'aspect masculin de l'Énergie Divine, Shiva situé dans le chakra couronne ou Sahasrara. Après l'éveil, Elle voyage en passant par tous les chakras, les purifiant et leur attribuant des pouvoirs propres à chacun des chakras. L'union finale de l'Énergie Divine féminine et de l'Énergie Divine masculine est le mariage cosmique et amène l'Illumination du disciple.

le fruit de votre création mentale.

«Nous avons déjà dit que les maîtres médiocres pouvaient initier des maîtres illustres, et ceci est toujours vrai. Ce que nous avons voulu exposer, c'est que vous êtes entièrement libres d'y croire ou non, et que l'argent n'a rien à voir. C'est Dieu en vous qui vous initie. Vous vous initiez vous-mêmes. Vous octroyez cette grâce à vous-mêmes. Vous seuls pouvez faire que vous allez vous en sentir dignes ou pas. Tous ces doutes ne sont que des jeux de l'esprit. Ce qui doit être sera. Ayez la Foi que Dieu vous donne ce dont vous avez besoin et ce, à chaque jour de votre vie. Est-ce que cela répond de façon satisfaisante à ta question?»

André — Outre les rituels d'initiation, quelles sont les formations recommandées dans les ateliers de Reiki?

«Nous allons te renvoyer à toi-même, André, car il n'y a aucune règle. Croyez-vous que ceux qui ont cheminé de par la Terre en prodiguant des miracles avaient le temps ou le souci de se prosterner devant un autel, de porter leur amulette porte-bonheur, de revêtir leurs vêtements de culte? Non, l'essentiel réside dans votre disponibilité à l'Énergie, la pureté de vos intentions, l'ardeur de votre foi, la sincérité de vos appels. Tout le reste est accessoire et support de l'esprit. Il est bien d'avoir des supports de l'esprit, car ceux-ci vous soutiennent lors des vagabondages de vos pensées. Les supports servent alors de catalyseurs qui vous ramènent dans la bonne voie.

«Alors, entoure-toi de beau, si cela transporte ton âme, ou vis dans le dépouillement, si cela te fait sentir digne de Dieu. Des fleurs pour représenter le monde végétal et des cristaux pour représenter le monde minéral; ainsi la multiplicité de la vie se trouve représentée. Une flamme pour

les éléments et comme symbole de l'âme humaine. Nous ne sommes plus au temps des rituels rigides et dictés. Laisse-toi guider par ton coeur. Sois à l'écoute de tes intuitions et de celles de la personne que tu inities. Chaque enfant de Dieu est Unique. Ne vous culpabilisez surtout pas.»

Paulette — Lorsque nous demandons la présence de nos guides, de nos anges gardiens, l'aide des grands Maîtres d'Ascension, pouvez-vous nous définir vos actions dans l'invisible lors des initiations?

«Encore là, Paulette, il n'y a pas de réponses toutes faites d'avance parce que chaque être initié est unique et reçoit une initiation unique. Si toi, Paulette, tu invoques certains êtres et certaines représentations de la divinité, tu peux être assurée de leur présence et assistance... pour toi. Il n'est pas dit que la personne initiée ressentira l'appel de cet Être donné ou de telle réalité. Tu ne dois pas imposer tes croyances. De même, certains Êtres dont tu n'as pas conscience seront présents parce qu'ils devaient être là.

«Lors d'une initiation, l'initiateur, tout comme l'initié, reçoit un baptême dans la Lumière. Il reçoit les dons de l'Esprit. Rappelez-vous l'image des bonnes fées venant bénir Aurore, la Belle au Bois dormant. Eh bien, il en est de même pour les initiations. Les entités viennent ancrer une parcelle de leur essence, de leur vibration propre à l'être initié (ou initiateur) selon le développement propre de l'être. Tout se passe par ponts de Lumière, par liens énergétiques. Telles sont nos actions. Nous réveillons les mémoires ou bien nous codons les cellules et ce, dans des buts bien spécifiques.»

Paulette — Devons-nous consacrer, dans le livre, quelques pages pour présenter les Maîtres Hilarion et St-Germain comme les Maîtres des rayons de guérison verts et violets? Avez-vous des commentaires et recommandations à nous faire à ce sujet?

«Ceci est délicat, car cela rejoint certaines personnes et en rebute d'autres. Cela se fait quoi qu'il arrive dans les plans intérieurs. Nous ne voulons pas créer de la confusion dans les coeurs et les esprits. Ce sont effectivement bien les Maîtres des Rayons concernés mais sache que ceci est accessoire. Tu peux invoquer le rayon violet ou vert sans savoir qui en est responsable et ta transmission va fonctionner quand même. Il ne faut pas faire peur; il pourra cependant être clairement expliqué que le Reiki est un don de Dieu à l'humanité et que vous êtes libres d'en faire ce que vous voulez, pourvu que vous n'en pervertissiez point l'essence.»

Paulette — Qu'est-ce qu'une personne initiée au Reiki a de plus, face aux perturbations à venir? Quel genre de protection cela lui apporte-t-il?

«Rien! Rien qu'elle ne puisse s'accorder elle-même. Aucun privilège, aucune grâce supplémentaire n'est l'apanage du Reiki. La personne en question peut avoir toutes les initiations possibles de tous les Gurus possibles et encore réagir de façon inadéquate face aux événements à venir. Ceux qui sont conscients de l'éveil et de la transformation en eux auront toutefois une plus grande compréhension et acceptation de la mort, ainsi que du sens des tribulations à venir.

«Être initiés au Reiki, c'est comme nourrir son corps de nourriture saine. La mort physique est inévitable, mais la personne sera en meilleure santé et aura moins de maladies dégénératives. Alors, le Reiki, c'est la manne, c'est la nourriture de votre âme, celle qui guérit vos blessures et

vous fait accéder à d'autres plans de conscience.»

André — Quels sont les effets du Reiki sur la conscience?

«Le Reiki lève les voiles de la conscience et c'est en ce sens qu'il est une voie initiatique. Mais sachez que le chemin de vie de certaines personnes en est un d'humilité et de dur travail karmique. Certains de ces êtres cheminent sans accéder aux sphères de conscience plus élevées, soit par choix, soit parce que cela leur est imposé par leur évolution. Même si ces gens sont initiés au Reiki, le Reiki n'est pas plus fort que leur engagement d'avant leur incarnation ni que leur engagement devant Dieu. Voilà pourquoi il ne faut pas juger. Il n'est pas dit qu'une personne soit moins évoluée qu'une autre.

«Chez la personne normale, le Reiki a l'effet d'une réaction thermonucléaire au niveau de la conscience cellulaire. La transmutation de l'humain au ***supra humain*** *s'opère, déclenchée par cet appel à la Lumière. Chez certains, l'illumination atteint la conscience de veille; chez d'autres, cela demeure au niveau inconscient. Indéniablement, toutefois, une réaction en chaîne se produit.»*

Paulette — Au cours d'une initiation, par le biais d'une situation toute particulière, je suis entrée dans un état de colère que j'ai maîtrisé du mieux que je pouvais tout en continuant le rituel. Que se passe-t-il, dans une situation semblable, pour la personne initiée?

«Bien sûr, les émotions perturbées de l'être initiateur perturbent les personnes à être initiées et les atteignent. Il vaut mieux une ambiance de sérénité et de paix. La colère toutefois est une création humaine: elle n'existe pas dans un certain sens et elle n'a pas de prise sur l'initiation en tant

que telle. Les gens seront tout de même initiés mais, l'appel et l'implantation étant un trou énergétique, une ouverture de l'aura, certaines émotions auront fait leur chemin du maître initiateur à l'aura de l'élève initié.

«Une fois entrées dans son champ énergétique, ces énergies perturbatrices seront ou neutralisées ou catalyseurs de l'épuration. Les gens initiés ayant appelé à eux et manifesté ce dont ils avaient besoin pour leur évolution, une harmonisation pourrait apporter un soulagement à moins que l'une ou l'autre des parties ne se considère pas initiée. Dans ce cas, on pourra procéder de nouveau avec l'ouverture.

«Rappelez-vous qu'il a été dit dans le livre de Marie[2] *que même les conversions sous la peur seraient acceptées. Vous réalisez que ce ne sont pas les circonstances les plus favorables à une conversion qui malgré tout en sera une.»*

André — Quelles sont les modifications apportées aux chakras supérieurs par les initiations au Reiki?

«Le Reiki vous permet de faire un bon évolutif par la grâce de l'Esprit-Saint. Si vous deviez suivre l'évolution normale et que vous purifiez vos chakras un à un en partant de la base, eh bien nous serions encore à l'âge de pierre! Cette parcelle de conscience personnalisée est ancrée en vous; cela stimule la montée de Kundalini à un rythme que vous pouvez être en mesure d'assimiler.

«Dans l'autre sens, le Reiki permet de décoder les messages provenant des Royaumes Spirituels et vous permet

[2]«Le Message de Marie à l'humanité» de Annie Kirkwood, traduit et publié par Les Éditions Marie-Lakshmi Inc.

d'absorber la grâce sans en être assommés, éblouis, perdus. C'est le catalyseur; c'est ce qui fait que vos chakras supérieurs puissent être activés et ouverts sans créer un débalancement par rapport aux chakras inférieurs. Vous sautez les marches évolutives mais le Reiki, par son travail d'épuration, veille à ce que les trois centres inférieurs soient épurés totalement. Est-ce assez clair? Le Reiki ouvre les centres supérieurs mais les scelle sous sa protection pour qu'ils ne soient pas surtaxés ou court-circuités.

«Tandis que, dans le Yoga, ce qui vous protège c'est le Maître de méditation. C'est lui ou elle qui protège l'initié pour qu'il ne soit pas consumé par le feu de la Kundalini. Les deux voix se complètent et activent encore plus rapidement l'épuration. C'est travailler par les deux bouts de la chandelle en quelque sorte. Cela peut donner l'impression d'une dualité, d'un débalancement entre les deux.»

Paulette — Depuis que j'ai été initiée maître de Reiki, j'ai toujours l'impression d'avoir reçu mon diplôme avant d'avoir franchi l'étape de la vraie initiation car, pour moi, la vraie initiation se fait de l'intérieur et graduellement. Est-ce un manque de foi ou de confiance de ma part? Pouvez-vous commenter?

«En Reiki, c'est la carte de Crédit Spirituel qui est à l'oeuvre. Vous devez faire vos preuves et gravir vos échelons vous-mêmes. Tu as vu juste, Paulette. Toi seule es maître de ton évolution. D'une certaine manière cette façon de procéder, un peu par essais et erreurs, vous permet d'assimiler et de progresser. L'inverse ne saurait être possible, car si tous attendaient la perfection avant d'entreprendre quoi que ce soit, peu de choses se mettraient en branle sur votre plan. Le danger avec cette pratique, c'est que vous êtes récipiendaires d'un cadeau, d'une charge

énergétique qu'il vous faut utiliser à bon escient. Dans le cas contraire, c'est à votre propre évolution que vous nuisez.»

André — Peut-on purifier un chakra, à l'aide de Reiki, que nous sentons rattaché à des vortex d'énergies négatives qui y sont ancrées depuis de multiples vies?

«Bien sûr, mais l'énergie étant stationnaire et momifiée en quelque sorte, ce genre de traitement est un traitement de longue haleine dont les étapes ne peuvent être négligées. En défaisant un à un les fils de l'écheveau de ce vortex, l'être expérimentera à rebours des régressions et des manifestations qui se manifesteront nécessairement à lui de par la purification en train. Il faut ramollir l'emplâtre pour que celui-ci tombe peu à peu. L'être doit avoir un désir conscient pour ce genre de travail; sa participation active à ce processus est obligatoire. C'est un peu ce que Paulette vit d'ailleurs.»

Nathalie — Est-il possible que les animaux soient initiés au Reiki sur les plans intérieurs et qu'ils apportent un certain soulagement? Je fais référence au chien qui a sauvé sa propriétaire de la noyade, aux chats qui sauvent les personnes âgées de la solitude?

«C'est une réponse un peu complexe. Certains animaux ont la conscience, une individualité propre et un cheminement unique. Ceux-ci sont capables de choisir consciemment certains aspects de leur destinée, bien que soumis à un tuteurage spirituel auprès des humains en ayant la garde physique. Ceux-ci peuvent êtres initiés en Reiki, au Yoga, etc. D'autres deviennent un canal d'une entité qui passe par eux pour aider, c'est-à-dire que le guide d'une personne peut se manifester à elle à travers son animal favori. Ceci est momentané et se présente seulement dans des situations

spécifiques.

«L'Amour que vous portez aux animaux les élève, ce qui fait que vous pouvez mener vos animaux favoris à la conscience par votre amour; ceux-ci deviennent alors pleinement conscients et vous retournent votre Amour.

«Ils sont des catalyseurs et font en quelque sorte déclencher le mécanisme de guérison. La personne en vient à se guérir elle-même par sa foi et l'animal joue un rôle de miroir. Voilà!»

Paulette — Quelle différence y a-t-il entre le Reiki d'origine japonaise et la technique de l'Énergie Universelle qui est d'origine égyptienne? Je suppose que c'est la même énergie de la Source qui est canalisée à travers ces deux formes différentes d'expression. De plus en plus d'initiés au Reiki vont aussi vers l'Énergie Universelle. Pouvez-vous nous apporter des précisions à ce sujet?

«Les deux sont complémentaires en quelque sorte; dans l'application, toutefois, ils opèrent de façon légèrement différente. Le Reiki, bien qu'il vous vienne de l'Orient, c'est l'Amour en Action, c'est le Christ. L'Énergie Universelle, c'est la Sagesse en action. Le mental purifié, c'est le Bouddha. Les deux Énergies se complètent et s'adressent à des gens qui spécifiquement vont vibrer à l'un ou à l'autre.»

Paulette — Parlez-nous de la valeur des symboles dans la pratique du Reiki. Pouvez-vous aussi commenter sur la course aux symboles dans le milieu du Reiki?

«C'est la chasse aux trésors qu'on brandit bien haut, qu'on étale. C'est une lutte de pouvoir. Les symboles ont toujours été et seront toujours, de toute éternité, disponibles. Cessez de vous tracasser avec cela. Si votre canal est

resplendissant, que votre ego n'entre pas dans le chemin, un ***niveau 1*** *pourrait effectuer des miracles et ce, sans aucune connaissance des symboles.*

«Ce qui ***doit*** *se manifester se manifeste. Il n'y a que la pureté du coeur et des intentions qui compte. Et c'est quand on s'en doute le moins que ça se passe le plus. Si, dans votre entendement humain, vous croyez que le receveur souffre de tels et tels maux (ou celui-ci vous dit qu'il croit souffrir de tels ou tels maux) et qu'en toute connaissance de cause vous appliquez tel symbole spécifique, dites-vous bien que, si ce n'est pas le plus approprié, les Êtres qui vous assistent, les guides de Lumière et de Guérison, vont faire le nécessaire. Ne vous en faites pas et soyez heureux. Faites ce que vous devez faire et laissez la Source Omnisciente s'occuper du reste.»*

Paulette — Est-ce qu'il est préférable de réciter une mesure de protection avant chaque séance de Reiki? Est-ce que les symboles sont suffisants pour nous protéger?

«Encore là, c'est toujours une question de croyances. Si vous êtes persuadés que la chandelle que vous allumez disperse la noirceur et fait rayonner sa lumière, donc vous protège, eh bien la chandelle vous protégera, fut-elle physique ou la lampe de votre coeur. Si vous croyez que vous serez punis, damnés, ou que vous n'aurez pas de succès si vous ne faites pas le rituel approprié, eh bien cela sera votre réalité. Vos croyances vous mènent par le bout du nez sans que vous en ayez pleinement conscience.

«Nous vous aurons mis en garde. Par contre, vous devez renouer, répéter, réaffirmer votre allégeance à la Lumière avant tout Reiki, tout channeling. C'est cela une mesure de protection. Cela s'exprime selon vos croyances. Mais il est

primordial de réaffirmer cette connexion, cette filiation de fils de Dieu puisqu'il y a beaucoup d'énergies négatives relâchées, puisqu'il y a des saboteurs. Ne sombrez pas sous le joug des créations mentales d'autrui, vous avez assez des vôtres.»

André — Lorsque je participe en groupe dans les rencontres de méditation, je fais souvent du Reiki à distance à notre trio, aux gens présents dans la salle et à la Terre. J'imagine la Terre, que je caresse mentalement, toute petite dans mes bras, près de mon coeur. Qu'est-ce que ceci a comme effet dans la réalité?

«Tout ce que ton coeur désire, tout ce que ton âme espère et encore plus! Nous vous avons déjà entretenus du fait que votre trio est une cellule vivante où vous puisez force, assistance et compréhension. Vous tous d'ailleurs, chacun à votre façon, avez intégré à votre rituel personnel une pensée/prière pour votre trio, pour la Terre/Humanité et pour des gens plus spécifiquement dans le besoin. Vous ne pouvez pas vous tromper dans l'expression de votre foi et de votre gratitude. C'est là que le potentiel créateur humain est à son meilleur.

«C'est dans cet état d'esprit que vous accomplissez le Travail planétaire, dans le secret de votre coeur, là où réside le trésor de votre étincelle divine. Vous pourriez sauter et danser et avoir des résultats similaires pour peu que vous offriez ces sauts à Dieu pour le bien de l'humanité. Rien n'est sacrilège pour un coeur pur. C'est l'esprit dans lequel l'acte est posé qui compte plus que tout.

«Si des gens ont reçu l'éveil en se faisant balancer des sandales derrière la tête, je ne verrais pas pourquoi une visualisation, une rêverie éveillée ou bien une tarte aux

pommes ne mènerait pas à un contact plus intime avec Dieu. Les effets concrets de tes «cadeaux» sont personnels à chacun mais ne doute pas qu'ils aient une incidence, car celle-ci est très réelle et très tangible. Merci pour tous.»

Paulette — Donner du Reiki demande-t-il des dispositions particulières chez le donneur? Est-il possible de s'affaiblir ou de perdre son énergie en donnant du Reiki?

«C'est ce que l'on vous montre, c'est ce que l'on vous apprend: vous n'avez pas à avoir peur. Vous ne vous videz aucunement, vous ne vous polluez pas. Nous vous répondons: prudence. Il se peut en effet que vous vous vidiez quelque peu de votre énergie si vous ne demeurez pas vigilants et constants dans votre pratique.

«Il est aberrant de voir certaines gens croire qu'une fois les symboles tracés, ils n'ont plus aucun effort à fournir, plus aucune concentration à observer. C'est faux. Vous devez toujours autant respect à Dieu en action en vous et au receveur qui s'abandonne en toute confiance à vous. Ce que vous accomplissez est sacré. Sachez être dignes de ce cadeau de l'Esprit. Si vous perdez votre concentration, vous perdez de l'énergie, car Reiki se déconnecte. C'est un échange spirituel, n'oubliez pas. Si vous ne fournissez aucune dévotion en échange, vous êtes taxés et ce, dans votre propre champ énergétique. C'est la loi de causalité, la loi des échanges si mal comprise.

«Si le receveur est incrédule, peu convaincu ou immensément troublé et bas dans son énergie, il crée une brèche en vous. Dans le cas de l'incrédulité, vous ne devriez pas donner Reiki. C'est vider le libre arbitre de son sens. Ceux qui sont immensément instables polluent votre transmission et vous atteignent dans votre concentration,

vous instabilisent. Alors, prudence.»

André — Dans nos pratiques, nous utilisons une méthode de programmation de la manifestation de l'effet du Reiki dans le temps. Nous l'envoyons à distance dans le passé, le présent et le futur. Pouvez-vous nous éclairer sur une expansion possible de cette méthode?

«Tout dépend de ce que vous voulez faire. Reiki est prière, Reiki est transmutation. Vous pouvez remonter dans le temps et envoyer de l'énergie à la Terre, au système solaire, ou dans le futur pour faciliter la naissance de cette conscience émergente. Le Reiki, c'est la limite de votre imagination. Demandez et vous recevrez. Que vous demeuriez dans le concret ou que cela ait trait à l'intangible, vous êtes aux commandes.»

Paulette — On dit que les initiations au Reiki amènent des ouvertures au niveau des chakras. Pouvez-vous préciser sur lesquels plus particulièrement? Pouvez-vous aussi nous expliquer les changements intérieurs qui se produisent au cours des initiations des quatre degrés?

«Encore là, il y a la tradition et il y a les particularités. Nous nous devons d'apporter des clarifications. Vos chakras ne sont pas ***ouverts*** *lors des initiations: ils sont entrouverts, ils sont en éveil. Ceux qui ont les chakras pleinement ouverts sont plus rares que vous pensez, car les conditions dans lesquelles vous vivez contribuent à cette réduction du potentiel humain via pollution, négativisme, absence de spiritualité, mauvaise nutrition etc.*

«Le milieu dans lequel vous vivez fait que vous vous protégez. C'est une question de survie, sinon vous vous feriez bouffer tout cru. C'est votre armure. Tout comme le tournesol s'oriente vers la source de lumière, vos chakras,

ces fleurs de votre âme, entrouvrent leurs pétales vers le soleil. La raison même s'explique bien facilement: tant que le karma n'est pas entièrement épuré, les chakras ne sont pas à leur plein potentiel.

«Oh! bien sûr, ils le sont plus que la masse, la majorité des humains. Pour sûr, mais pas entièrement. Cette bévue a été voulue en quelque sorte pour que vous y aspiriez, pour que vous croyiez que cela était du domaine du possible.

«Plus particulièrement dans le Reiki, les chakras ne peuvent pas être ouverts simultanément et complètement. La brûlure de la conscience vous rendrait fous sur le champ.

«Chaque initiation, chaque niveau, a ses étapes propres et qui sont propres à chaque humain! Vous ne vous attendiez pas à celle-là, je crois. Trop de généralités, de banalités, encombrent la voie du Reiki. Tout comme le catholicisme a harnaché la Foi dans un contexte bien précis, le Reiki a été encadré dans un contexte propre à la compréhension des gens d'alors. Vous devez avoir la sagesse de voir plus loin que cela, au-delà des barrières et des limitations. Cela était approprié aux gens d'un temps révolu. À vous maintenant de redéfinir votre réalité.

«Le cheminement spirituel, c'est sacré. Les balises à franchir sont les mêmes, le but est le même, mais personne ne vit cela de la même façon, de la même manière. Tout comme en Yoga, vous continuez où vous en êtes rendus.

«Comment pouvez-vous expliquer les gens déjà initiés (sur les plans intérieurs)? Ils se font initier, mais leurs chakras sont déjà ouverts si l'on se fie à votre logique. Comment expliquer cela? Il faut cesser de tenter de tout mettre en boîte. Chacun évolue à sa façon, selon son rythme propre, selon sa vérité.»

André — Certaines personnes utilisent des cristaux dans leurs traitements de Reiki. Peuvent-ils apporter quelque chose de plus?

«Vous êtes une étoile, vous êtes un cristal. Vous n'avez pas vraiment besoin de ces supports. Certaines gens s'en servent comme support dans leurs pratiques, mais bien peu de gens ont la patience de bien les nettoyer et les épurer. Bien utilisés, ils aident les gens à se connecter mais, comme tous les gens sont uniques, tout ce qui en vous éveille beauté et dévotion est bon. Ceci peut être aussi banal qu'un coucher de soleil ou un bâton d'encens.»

Paulette — Peut-on envoyer mentalement de l'énergie de Reiki aux autres sans qu'ils en soient conscients?

«Dans la mesure ou tu respectes le libre choix et le libre arbitre, tu es dans la bonne voie. Rien ne peut empêcher quelqu'un de prier pour quelqu'un d'autre. En imprégnant énergétiquement les gens, tu leur fais un cadeau de Lumière. S'ils ne sont pas en mesure de l'accepter, il demeure en eux à l'état latent. Ce sont des graines semées pour l'avenir. C'est quand on essaie de convaincre quelqu'un de croire à notre vérité que l'on se trompe, car la Vérité revêt bien des visages.

«Tes sentiments sont bons et ce, dans tout. Le seul mal que l'on peut faire est de ne pas lâcher prise sur quelqu'un. Si tu donnes librement, cela sera accepté sans contraintes et, s'il n'y a personne de l'autre côté de la porte, le tout retournera à l'univers ou à quelqu'un d'autre dans le besoin. Le recyclage angélique, quoi!»

Paulette — Quel signe peut guider les gens, de l'intérieur, à se faire initier au Reiki? Comment peut-on reconnaître cet appel?

«Encore là, pas de règles pré-établies. Tu sais, certains se disent de grands élus, de grands appelés et il se jouent des tours: leur ego leur monte un bateau en quelque sorte. L'appel, c'est la petite voix intérieure, c'est la certitude d'être à sa place. C'est la joie dans sa plus pure expression. Il n'est pas facile parfois d'accepter la voie tracée devant soi, de la reconnaître comme sienne. On préfère toujours le gazon du voisin et si, en plus, il y a des pierres sur son sentier, l'on veut le pavé-uni du voisin.

«Chacun porte sa croix. L'Humilité est beaucoup oubliée. Chaque chance de servir est une chance de grandir. L'appel se manifeste selon la compréhension de chacun. Personne ne peut interpréter à notre place les messages de Dieu. Ces conversations sont ultra-privées. Dieu parle à sa manière et en son temps. Ta grande sollicitude de mère parle en toi, Paulette. Tes initiés sont en de très bonnes mains. Tu sauras quoi dire au bon moment pour rassurer, guider, conseiller, éduquer, illuminer même. C'est toujours la même conscience qui se manifeste à travers vous et qui se reconnaît.»

Paulette — J'ai eu l'occasion de consulter deux livres sur le Reiki, dans lesquels des symboles étaient dévoilés. Les symboles ont été dévoilés aussi sous d'autres formes. Qu'est-ce qui pousse ces personnes à poser de tels gestes? Qu'est-ce que cette action provoque dans l'Egrégore du Reiki?

«À la base, ces gens-là croient en toute honnêteté faire ce qui est bien. Dans leur réalité, Reiki se doit d'être accessible et utilisé. Ils ne veulent que le bien du Reiki et sont truffés de bonne volonté, tout comme l'enfer est pavé de bonnes intentions, selon votre diction terrestre.

«Le Reiki, ça se mérite. L'heure n'est plus aux sociétés secrètes et à l'enseignement secret, aux longues ascèses solitaires. Mais il faut vouer déférence et respect à ce que représente et symbolise le Reiki. Les symboles sont sacrés car ils sont des clés énergétiques. S'ils tombent dans des mains mal intentionnées, ils peuvent être mal utilisés, galvaudés et ainsi causer plus de mal que de bien.

«Ce sont des mantras qui, mal utilisés, réduisent en rayonnement et en efficacité; c'est aussi simple que cela. C'est pourquoi il faut éviter de laisser tomber dans des mains mal intentionnées ces superbes ponts dimensionnels, car ils donnent accès, à des gens qui ne sont pas «groundés» et assez épurés, à de massives doses d'énergie Reiki et Kundalini qui peuvent les rendre fous ou très malades.»

Paulette — Quelle est la valeur de certaines reliques vendues par des associations, face au Reiki? Peuvent-elles aider à la guérison?

«Tout endoctrinement, toute manipulation en soi, est un vol de pouvoir à l'autre. Il ne faut pas imposer ses croyances à personne, pas plus qu'il ne faut se faire les pieux défenseurs du Reiki. Le Reiki, il se défend bien lui-même et ce, de tout éternité. La voix est donnée à beaucoup de gens qui clament fort et haut leurs croyances. Ultimement, vous aurez à faire une croix une fois pour toutes sur ces croyances qui réduisent votre compréhension et votre expérience de la divinité. Laissez choir les barrières et là, vous saurez.»

André — Quel est l'effet du Reiki sur le système lymphatique?

«Le Reiki élevant les vibrations en général, une épuration naturelle se produit lors d'un traitement. Tout

comme le corps se défait lui-même de ses toxines, il en est de même pour vos autres réalités, vos autres corps. Si le traitement est spécifiquement axé sur ce problème, la poussée de l'Énergie Reiki va débloquer et ce, selon l'état du malade, les parties stagnantes.

«Le Reiki s'attaque, petit à petit, aux masses inertes; il ronge et dissout l'énergie nécrosée et polluante. La circulation est rétablie et, une fois cette circulation rétablie, aussi faible soit-elle, l'énergie coule par elle-même par la suite. Le bien-être général se trouve amélioré par le transit des déchets qui n'encrassent plus, qui ne se déposent plus. Cela seul régénère beaucoup les corps subtils et physiques. Ensuite, il ne dépend que de la personne de bien s'entretenir et de se maintenir en bonne forme et en santé, et ainsi respecter l'équilibre créé en son corps.»

Note au lecteur

Si vous avez vécu une expérience spirituelle avec l'Énergie du Reiki et que vous désirez la partager, nous vous invitons à nous écrire. Peut-être serait-elle une réponse à la question de quelqu'un d'autre, quelque part. Ou peut-être avez-vous des questions que vous ne semblez pas obtenir de réponse, nous pourrions peut-être le demander pour vous.

Nous avons appris qu'il y aura un autre projet sur le Reiki, encore plus profond et plus initiatique; il se pourrait que vos questions ou vos expériences y soient publiées, si nous croyons qu'elles peuvent éclairer d'autres personnes.

Nous aimerions aussi connaître vos commentaires sur le contenu de cet ouvrage afin de nous renseigner sur les besoins et les aspirations des gens. Nous pourrions en tenir compte dans le prochain projet. Merci de votre participation.

Bien à vous, les auteurs.

11

REIKI ET LE NOUVEL ÂGE

Comme nous l'avons mentionné dans le chapitre sur l'énergie, le corps humain subira des transformations majeures d'ici la fin de cette décennie. Ces transformations sont déjà commencées et plusieurs personnes ont quitté notre plan parce qu'incapables de supporter ces changements au niveau de leurs systèmes énergétiques. Plusieurs autres expérimenteront ce même phénomène d'ici quelques années. Les ajustements demandent beaucoup de concentration énergétique au niveau des corps éthérique et physique. L'humanité passera de la troisième à la cinquième dimension en même temps que notre Terre Mère, mais beaucoup s'arrêteront à la quatrième dimension, celle de l'astral, ou dimension transitoire (que nous expérimentons après la mort physique), car ils n'auront pas été assez préparés pour supporter la Lumière de la cinquième dimension.

Nous savons maintenant que l'être humain nouveau aura 13 chakras (12 si l'on compte le chakra masculin et le chakra féminin pour un seul) et une nouvelle matrice de diffusion énergétique. La transition entre l'ancien système énergétique et le nouveau ne se fait pas en douceur pour tout le monde. Certains auront besoin d'un apport d'énergie pour les supporter dans leur vie de tous les jours. Le Reiki est une Source d'énergie accessible à tous. Il est très efficace lorsque considéré comme un ami bienveillant.

Les nouveaux chakras

Le nouveau système de 13 chakras fait son apparition dans un nouveau corps semi-éthérique.

Le **premier chakra** sera situé au même endroit et fera sensiblement la même tâche.

Le **deuxième chakra** restera lui aussi au même endroit et sera toujours le centre sexuel.

Le **troisième chakra** sera toujours le plexus solaire.

Le **quatrième chakra** subira, par contre, des modifications majeures. Il sera le centre énergétique du diaphragme. Ce nouveau chakra aura pour fonction de revitaliser le corps en éliminant le stress par la gestion du prana ou de l'énergie venant de la respiration. Il aura aussi pour fonction d'éliminer les substances nuisibles dans le corps. Il sera situé juste au-dessus du nombril.

Le **cinquième chakra** deviendra le centre du coeur. Ce centre ne sera pas seulement pour l'énergie intuitive et les émotions d'amour mais il deviendra aussi un centre d'expression de l'amour angélique pur, libre des expressions émotives inférieures.

Le **sixième chakra** sera le centre du thymus, situé entre le coeur et la gorge. Il agira comme un système immunitaire exceptionnel, extrêmement puissant. Lorsque notre système solaire aura commencé sa trajectoire dans le champ de particules d'énergie lumineuse, le thymus[1] ne diminuera, en grosseur, que du tiers. Il restera alors aussi actif dans un corps adulte que dans un corps d'enfant. Le système immunitaire sera alors d'une grande efficacité et n'aura aucune difficulté à combattre toutes les maladies.

Ce nouveau centre énergétique immunitaire éliminera presque complètement le vieillissement. Il sera alors possible de vivre aussi longtemps, sinon plus, que les habitants de la Terre avant Noé, c'est-à-dire plus de mille ans. Lorsque nous serons élevés à la qualité physiologique des humains galactiques, nous vivrons plus de quatre mille ans. Ça vous fait rêver?

Le **septième chakra** sera le centre de la gorge. Il sera situé à l'endroit du cinquième chakra actuel. Il aura sensiblement les mêmes fonctions mais ses capacités seront augmentées.

Le **huitième chakra** sera le centre des rêves. Il est actuellement un chakra atrophié situé à la base de la nuque, juste au-dessus du cou. Il sera utilisé pour faire le triage des informations venant sous forme de rêves ou de communications par images que les êtres pleinement conscients reçoivent. Il sera en quelque sorte un régulateur d'informations.

Le **neuvième chakra** sera celui de la glande pituitaire et du cerveau primitif situés vis-à-vis le troisième oeil, c'est-à-dire en arrière du centre des yeux. Il sera le centre de contrôle de la conscience et atteindra son plein développement lorsque le corps aura développé ses qualités de l'humanité galactique.

---

[1]Nous parlons plus en détail de cette glande un peu plus loin dans ce chapitre.

Il sera sensible à la lumière et aux radiations de façon à permettre de capter des énergies photoniques qui régénéreront le corps. Il travaillera en collaboration avec le sixième chakra pour guérir, lorsque nécessaire.

Le **dixième chakra** sera connu comme le troisième oeil, ou le centre de vision, parce qu'il captera les fréquences lumineuses plus élevées. Ce chakra travaillera en collaboration avec le huitième chakra pour permettre au cerveau d'intercepter des messages d'une vibration supérieure.

Le **onzième chakra** assumera la tâche du chakra couronne. Il sera situé au même endroit que le septième chakra actuel et il sera la connexion entre le corps physique et les corps énergétiques spirituels. Il alimentera le corps des énergies venant de l'extérieur. Il permettra une communication majeure avec le **douzième chakra** et le **treizième chakra** qui sont les chakras de la femelle galactique et du mâle galactique parce qu'ils contiennent les prototypes idéaux de l'homme et de la femme.

Ces changements sont actuellement commencés et seront complétés avant la fin de cette décennie. L'homme actuel aura atteint la pleine conscience vers les années 2013. Tous les organes atrophiés dans le corps humain, supposés inutiles par la science médicale moderne, reprendront leur travail ancestral. Oui, ancestral, car la dégénérescence de la cellule de l'ADN a été causée génétiquement par des êtres non humains, qui nous sont invisibles pour la plupart, mais qui mènent ce monde depuis plus de trois cent mille ans. Le corps humain ne fera que retourner à une structure initiale selon les plans de la création.

Il nous serait impossible de deviner ce qui s'est passé si nous n'avions pas de l'aide de l'extérieur de notre petite boule isolée dans ce coin perdu de l'univers. Il n'y aurait pas assez de place non plus dans ce chapitre pour raconter l'histoire de la véritable genèse et tout ce qui s'est passé sur le dos des humains. Mais, pour les besoins de la cause, nous allons expliquer brièvement comment nous en sommes arrivés là.

Le genre humain, c'est une expérience. Il a été conçu génétiquement par des êtres très évolués (appelés dieux dans les livres anciens) venant des étoiles lointaines et qui étaient mandatés par la Source Suprême pour multiplier leurs espèces à travers tout le cosmos. Or, la Terre fut jadis un laboratoire de cette nature. Créer des spécimens de toutes espèces animales, végétales et minérales était l'activité principale de ce petit jardin bleu situé à la bordure extérieure de la galaxie.

La conception de ce petit monde devait en être une de libre arbitre. Chaque spécimen devait être libre en toutes choses. La planète bleue était aussi reconnue pour ses joyaux de créations, surtout dans la variété d'espèces d'animaux qui l'habitaient. Très rapidement, partout à travers la galaxie, la planète est devenue un centre d'attraction, car c'était un paradis terrestre.

Dans cet univers, il y eut toujours les deux polarités, les deux côtés des choses. Or un jour, des êtres moins bienveillants sont venus s'y infiltrer en douceur et ont commencé à corrompre l'intégrité de cette merveilleuse création. Quand les êtres de Lumière ont constaté cet état de choses, ils ont dû les laisser faire à cause de l'état du libre arbitre de cette expérience. Mais quand les Êtres de Lumière ont voulu riposter parce qu'ils étaient en danger, hélas, il était trop tard. Il y eut des guerres et beaucoup de destruction sur cette planète qui se transforma en une terre désolée. La Lumière a perdu la bataille.

Les nouveaux dieux, ou les nouveaux propriétaires si vous préférez, savaient que l'être humain avait beaucoup de pouvoir et ils voulaient le contrôler. Alors, ils ont fait des manipulations génétiques pour réduire ces pouvoirs. Ils ont changé les codes de la cellule de l'ADN. Il ont déconnecté dix des 12 hélixes que contenait cette cellule. Ces hélixes permettaient de capter les informations venant de toutes les dimensions de l'univers.

Après plusieurs générations, l'être humain devint un mutant. Il ne se rappelait plus de son origine. Il devint un esclave à qui l'on faisait croire qu'il était libre. Il est toujours, aujourd'hui, un esclave «libre», vous savez. Il est enclin facilement à la maladie; il est toujours sans argent; il doit travailler forcément tous les jours; il est sujet aux caprices de la société; il est programmé par une petite boîte à images; il est diminué par les additifs dans sa nourriture: il est un zombie ambulant, quoi. C'est la liberté... ça?

La Lumière a perdu la première bataille parce qu'elle n'était ni brutale ni destructrice; elle était cependant omnisciente et omniprésente, quoi qu'il arrive. Alors, la Lumière avait un plan. Ce plan passait par la réincarnation des Êtres de Lumière qui devaient et doivent ancrer cette Lumière dans les couches inférieures de la troisième et quatrième dimensions.

Ces Êtres de Lumière sont déguisés et méconnaissables, même d'eux-mêmes, car ils ont dû satisfaire les lois de Maya, la Grande Illusion. Il est dit qu'un jour, très rapproché, tous ces Piliers de Lumière se réveilleront et seront conscients de ce qu'ils sont venus apporter au monde. Mais, même s'ils ne sont pas conscients, ils captent et rediffusent les vibrations supérieures venant des étoiles pour augmenter la Lumière environnante de la Terre. Il sont venus avec des cellules génétiquement intactes qui peuvent capter ces vibrations.

Ils exposent leur Lumière et augmentent la quantité d'informations dans l'environnement psychique des humains. Cette Lumière est contagieuse et guérira ceux qui s'approchent de ces Piliers de Lumière qui, petit à petit, changeront le reste de l'humanité. Alors, les rayons de l'aube commenceront à poindre sur la surface de la Terre. Ces rayons sont maintenant partout et ils font un travail sans relâche.

Le Reiki est l'énergie par excellence pour éveiller ces rayons afin qu'ils puissent faire le travail consciemment et dans la joie. Nous avons demandé aux Anges de Lumière: «Quelle est la fonction du Reiki par rapport au Nouvel Âge?»

«C'est d'éveiller les gens à leur Essence, de fournir une expérience concrète et palpable du divin en action. Les humains ont soif de Dieu dans leur vie; ils sont lassés d'entendre toujours les mêmes sermons par des êtres qui ne comprennent pas vraiment les Écritures. Le Reiki vient chercher ceux qui ont un potentiel à partager et qui autrement n'en auraient rien fait.»

Nous avons appris que nos cellules ADN sont en reconstruction pour revenir au modèle créé selon le Plan divin. Est-ce que cette transformation se fait dans notre vie actuelle? Comment pouvons-nous en être conscients et aider le processus?

«Il est évident que cette phase du travail planétaire soit enclenchée. Personne ne se situe au même niveau, car le plein déploiement de cette structure dépend de l'état d'esprit et de la négativité ou positivité ambiante.

«Pour en être conscient eh bien, c'est assez difficile à repérer. Il y a si longtemps que les humains en sont dépourvus et qu'ils n'ont pas à leur disposition tous les sens

qui leur permettent de saisir des changements aussi fins, aussi subtils. Ceux qui se sont déjà engagés dans du travail corporel, de la méditation ou qui, tout simplement, sont plus en contact avec leur corps, les sensations et les sentiments qui s'y rattachent, trouveront cela plus facile. Ceux-ci d'ailleurs ***savent*** *déjà que quelque chose se passe. Ils ne sauraient dire quoi mais ils perçoivent en eux ce bourgeonnement moléculaire. Une grande lassitude, une grande sensibilité émotionnelle ou bien un regain d'énergie incroyable sont des signes d'activité intense au niveau cellulaire.*

«Pour ce qui est d'aider consciemment le processus, il faut bien sûr se visualiser heureux, en paix, unifié, pleinement conscient, réalisant à fond le potentiel humain. Il y a les bonnes habitudes de vie: alimentation, méditation, sommeil, etc. Il y a les relaxations dirigées avec concentration sur le travail cellulaire. Il y a l'introspection pure et simple avec une écoute active de ce qui se passe à l'intérieur.»

Des glandes atrophiées nécessaires pour l'avenir

La science médicale moderne n'explique pas encore tous les fonctionnements et l'utilité de certaines glandes du corps humain. Le thymus, la glande pituitaire et la glande pinéale sont quelques-unes de ces glandes qui auront un rôle bien défini à jouer dans les années à venir et dans le développement spirituel de chaque être humain.

Le thymus

Le thymus est une glande lymphoïde centrale. Elle semble être très importante. Elle se développe sensiblement jusqu'à la naissance et dégénère à partir de la puberté, pour devenir presque atrophiée à l'âge avancé.

Avant que cette glande ne dégénère pour devenir un résidu fibreux, c'est-à-dire durant la formation du foetus jusqu'au développement initial de l'enfance, elle fabrique les lymphocytes T, à partir des radicals cellulaires qui circulent dans le sang et qui sont finalement trappés dans le thymus.

Ces radicals sont alors divisés rapidement pour former des lymphocytes qui retournent dans le flux sanguin et se combinent avec des antigènes et forment les anticorps, ces substances immunoglobulines concourant au mécanisme de l'immunité.

Éventuellement, ces lymphocytes T se logent dans les tissus lymphoïdes, c'est-à-dire dans les ganglions lymphatiques, les amygdales, les follicules clos de l'intestin, la rate et le thymus.

Le thymus est une glande associée au chakra du coeur, qui est le centre de l'amour. Ce chakra est aussi appelé «l'arbre à souhaits célestes». On dit qu'il contient les aspirations les plus profondes venant du coeur, pas nécessairement ce que l'on croit vouloir, mais les appels incessants de l'âme à l'intérieur. Au plus profond de notre coeur résident des rêves, des désirs, des espoirs et des peurs.

L'accomplissement de tels désirs mène à une joie extrême, une récompense harmonieuse qui valide et amplifie la personnalité au-delà des espérances. Le chakra du coeur est celui qui fait l'équilibre entre les chakras inférieurs du monde physique et les chakras supérieurs des mondes spirituels. Les principes divins mâle et femelle sont unis dans le chakra du coeur. Ils règnent au milieu de nos vies pour nous apporter la stabilité et la continuité. Leur amour est la force qui tient ensemble toutes ces énergies qui maintiennent la vie.

L'amour venant de ce chakra est inconditionnel; il est différent de l'amour venant des chakras inférieurs. Cet amour est libre et sans attente; il est absent de désirs.

Pourquoi ne vivons-nous pas cet état idéal? Tout comme les autres glandes endocrines, qui doivent ramener l'équilibre sur les déviations causées par les organes en difficulté en injectant dans le sang une hormone reconnue par cette glande en venant stimuler la fonction normale et rétablir l'équilibre, le thymus avait, jadis, le rôle d'injecter des hormones pour stimuler le coeur en difficulté et rééquilibrer le système énergétique.

Mais cette glande étant dégénérée, elle ne peut plus ramener de meilleurs sentiments supportant la joie et le contentement. Le thymus n'est plus fonctionnel pour faire ce travail d'équilibre. Ceci a été voulu par ceux qui ont conquis cette planète il y a très longtemps. Vous les appelez les «gris». Il vivent d'énergies psychiques négatives irradiées par les humains en souffrance et en difficulté. Ces énergies sont leurs sources alimentaires, leurs moyens de survie. Ils ne sont pas intéressés à ce que les hommes soient heureux, car leur nourriture ne serait plus. Est-ce que ceci vous choque?

Le thymus est extrêmement sensible aux radiations présentes dans notre atmosphère, ces mêmes radiations qui causent le vieillissement du corps physique. Ces radiations détériorent le thymus rapidement, de la naissance à la première enfance. Au début, le thymus a la grosseur d'un coeur normal; il diminue par la suite à la grosseur d'un pois. Ces radiations sont des résidus encore actifs des grandes destructions sur la Terre par des civilisations pré-atlantéennes. Ces civilisations avaient atteint des niveaux technologiques très avancés, dû à l'apport de connaissances scientifiques venant de certaines civilisations extraterrestres.

Quoi qu'il en soit, nous devons faire tout en notre pouvoir pour faire revivre cette glande; même à 10% de sa fonction, elle serait un apport de bien-être inimaginable dans notre vie. Il est dit que, si nous tapons légèrement à quelque cinq centimètres plus bas que le haut du sternum, c'est-à-dire entre le coeur et la gorge, dix ou quinze petits coups avec le bout de nos doigts collés ensemble, le thymus sera stimulé à reprendre certaines activités. Il faut faire ceci tous les jours.

Mais plus encore est l'énergie de guérison apportée par le Reiki. Il serait souhaitable que, lorsque vous vous endormez, vous laissiez vos mains sur votre thymus et votre coeur en étant conscients que le Reiki s'écoule toute la nuit, même durant le sommeil. Vous seriez surpris de voir tous ces petits bobos qui ne reviendraient plus vous visiter.

Nous avons demandé aux Anges de Lumière de nous éclairer sur la fonction véritable du thymus, son rôle dans la transformation du système énergétique?

«Le thymus, c'est le régulateur, le baromètre du corps humain. C'est votre panacée universelle, votre réservoir d'immunité. C'est la fontaine de jouvence du corps humain. Il est perçu à tort comme un organe inutile: c'est un organe bien mal en point, dégénéré et diminué par vos habitudes de vies malsaines. Votre résistance aux assaillants se trouve donc diminuée également. C'est aussi un résonateur, un amplificateur, un réservoir qui accueille le trop plein du chakra du coeur en temps d'abondance et qui le redistribue en temps de disette. Il y a une intelligence du coeur en action. Un être a toujours la chance, l'opportunité de faire le bien s'il sait écouter sa petite voix intérieure. C'est un petit réservoir de conscience, une réserve d'urgence et la qualité ainsi que l'efficacité de cette réserve dépendent grandement de votre état d'esprit».

Quelle est la cause physiologique de la dégénérescence du thymus à partir de la puberté?

«C'est un simple rapport causal de conditionnement ainsi que de dégénérescence causée par des changements hormonaux mal vécus. L'enfant, dans son innocence, garde un lien étroit avec Dieu. Puis il y a l'école, la société, la projection des croyances des parents et le début de ***l'encadrement*** *de l'être. Le coup fatal est donné à l'adolescence, car c'est là qu'on expérimente sa liberté: alcool, drogues, nourriture dégénérée. L'enfant bénéficie habituellement d'égards qui cessent une fois que celui-ci atteint la puberté. La sexualité mal vécue, mal comprise, mal assumée y est pour quelque chose, ainsi que le rejet du Soi, le non-amour de soi-même, l'incapacité d'accepter l'image que l'on projette sur les autres.»*

Est-il possible, par la visualisation et la méditation, de réactiver le thymus afin d'augmenter son activité immunitaire et prolonger ou protéger la vie?

«Bien sûr, par Reiki, par la visualisation, par la prière, vous pouvez TOUT. Imaginez tout cela contenu ensemble. Il s'ensuivra une hausse de la qualité de la vie, une meilleure appréciation de la vie, une plus grande énergie disponible pour l'organisme et pour les projets.»

La glande pinéale

La glande pinéale n'est pas pleinement reconnue par la science médicale comme productrice d'hormones. Tout comme le thymus, par contre, on commence à en faire mention dans les textes d'endocrinologie. Cette glande est située sous le cerveau, très près du cervelet. D'après certains chercheurs, elle contiendrait des vestiges de tissus optiques. Certaines expériences ont démontré que des impulsions nerveuses sont générées par la glande pinéale en réponse à des stimulations lumineuses. Galen prétend qu'elle était un régulateur de pensées et les Grecs disaient que l'âme était ancrée dans cette glande.

Dans la tradition ésotérique, la glande pinéale est le point focal pour l'énergie positive masculine de l'esprit, représenté par le premier hexagramme du «I Ching» et ses six lignes «yang» symbolisant le «Pouvoir primordial du ciel», et représente l'action créative du saint homme.

Le chakra couronne, associé à cette glande, contrôle le cerveau supérieur et l'oeil droit. Cette glande est le siège de la volonté spirituelle de l'être humain. En constatant son état physique, il n'est pas surprenant que la volonté, l'élan spirituel, soit pratiquement inexistante dans la plupart des humains. Toutefois, il est prévu que le triangle glandulaire s'équilibrera avant trop longtemps. Ce triangle est composé de la thyroïde, siège de l'intelligence; le thymus, siège de l'amour; et la pinéale, siège de la volonté.

Les connaissances sont très développées par le siège de l'intelligence comparativement aux autres activités. L'amour est en progression rapide, ce qui fait croire à un prochain rééquilibre de la volonté.

Il semblerait que le troisième oeil devienne actif lorsque les champs d'énergie de la glande pituitaire et de la glande pinéale s'entremêlent harmonieusement. Dans ce cas, l'âme a une perception directe des trois mondes sans passer par les sens qui ont des perceptions très limitées. L'âme devient éventuellement l'oeil de l'Esprit qui a alors une vue directe sur le monde physique. Nous avons posé quelques questions aux Anges de Lumière sur cette glande. Les voici:

On dit que la glande pinéale est la demeure de Shiva ou

du Moi Christique. Pouvez-vous expliquer sa relation spirituelle et sa relation physique dans notre corps?

«C'est la demeure du fils, du troisième principe, qui est l'aspect divin le plus accessible à vous, humains incarnés, surtout à vous, du monde occidental. C'est là que siège la connaissance du bien et du mal, car tant que le Divin demeure non manifesté, à l'état primal originel, tout est Divin. Les mots nous manquent pour arriver à tout vous faire saisir. Au niveau physique, c'est en quelque sorte le gouvernail, l'ordinateur de bord, le grand chef d'orchestre qui, aujourd'hui, se retrouve bien mal en point, diminué, rapetissé et surtout ***désaligné****. Beaucoup de distorsions et de pollutions créent les aberrations génétiques que vous subissez depuis quelques années. Pourquoi vouloir interférer dans l'homéostasie de la Nature, de la Terre et du corps humain? C'est un véhicule auto-regénérateur, éternel, qui est maître de lui, porteur d'une conscience plus lumineuse que celle qu'arborent quelques individus de votre planète.»*

On dit que la glande pinéale serait la porte de tous nos véhicules?

«C'est effectivement la charnière entre chaque véhicule projeté et le Soi, gardien de l'Intégrité de l'être.»

La glande pituitaire

Cette glande est située à l'arrière et sous le pont du nez. Elle est le contrôleur, le conducteur de l'orchestre endocrine. Quand le flux sanguin contient la quantité juste de chacune des hormones venant de chaque glande, la glande pituitaire reste inactive mais si, par contre, il y a une carence dans la sécrétion d'une des glandes, la glande pituitaire élaborera ce que l'on appelle une hormone tropique. Cette hormone entrera dans le flux sanguin et se dirigera vers la glande en difficulté; elle stimulera son action, maintenant ainsi l'équilibre.

Si la glande pituitaire est suractive, son effet stimule la personnalité qui devient dynamique et magnétique. Habituellement, les gens ainsi stimulés ont beaucoup de succès en affaires et travaille avec beaucoup d'enthousiasme. À partir de ce point, le soi inférieur peut fonctionner avec plus de pouvoir. Les Anciens prétendaient que l'homme accumulait toutes les énergies de sa personnalité ou du soi inférieur, en préparation à leur union, avec l'esprit dans la région de la glande pinéale. Goethe a fait l'expérience de ce rassemblement des énergies quand il dit: «Tout mon être est concentré entre mes sourcils.» Alors, les forces du principe féminin, de la Terre, représentées par le second hexagramme du «I Ching», le réceptif, s'apprête à se soumettre aux énergies positives dominantes de l'esprit.

La glande pituitaire[2] correspond au sixième chakra, celui du troisième oeil. Ce chakra est l'oeil intérieur qui capte les énergies vibratoires supérieures ouvrant une fenêtre sur les visions intérieures. De notre intuition, nous «voyons» et ressentons notre relation entre les situations. Nous prenons constamment des décisions en discernant et en organisant les structures énergétiques que nous percevons autour de nous.

Ce chakra contrôle le cerveau inférieur, le système nerveux, les oreilles, le nez, et l'oeil gauche qui est l'oeil de la personnalité ou le soi inférieur. Ce centre exprime l'idéalisme et l'imagination.

---

[2]Dans plusieurs ouvrages les glandes pituitaire et pinéale sont inversées face au sixième et septième chakra.

Depuis fort longtemps, nous sommes éduqués à craindre et à fuir la noirceur. Nous croyons que la noirceur, ou les ténèbres, incitent à la peur et à l'impuissance. Pourtant, la lumière et la noirceur ne sont que deux polarités extrêmes de la même radiation. Si nous regardons au-delà des polarités, nous découvrons toute la gamme des couleurs de l'arc-en-ciel, au-delà même du spectre visible à l'oeil nu. Le noir n'est pourtant pas mal vu parmi les beaux coloris de l'artisanat humain.

Le fait d'accepter la noirceur aussi bien que la lumière nous permet d'observer sans jugement le vaste royaume de l'information visuelle. Quand nous perdons nos préjugés et que nous nous permettons de voir les choses telles qu'elles sont, nous voyons au-delà des limites connues et nous constatons le choix d'information visuelle infini qui imprègne cette création.

Pourquoi ce manque d'équilibre? Pourquoi sommes-nous amenés à juger faussement ce que l'on perçoit avec nos yeux. Tout comme le thymus, la glande pituitaire, qui devrait injecter les hormones nécessaires au bon fonctionnement des organes de la vision et de l'intuition, est atrophiée et ne fonctionne plus correctement.

Pour réactiver cette glande, nous devons premièrement travailler les chakras inférieurs afin d'augmenter l'énergie des corps physiques et spirituels. Les chakras inférieurs doivent obligatoirement être en très bon état. La visualisation à l'aide de traitements de Reiki est, selon nous, la meilleure chose à faire. Nous avons posé une question à ce sujet aux Anges de Lumière. La voici:

La glande pituitaire est le siège du sixième sens et elle est au service de la glande pinéale. Comment peut-on intervenir consciemment, à l'aide du Reiki, à rendre ces éléments actifs dans notre vie?

«On ne peut pas commencer une pyramide par le chapeau; c'est un peu la même chose ici. Ces glandes sont autorégulatrices; c'est la conscience qui affecte leur bon fonctionnement. C'est l'Éveil et l'Illumination qui, ultimement, leur rendent leurs fonctions premières de transcender de dimension, «Astral Doorways», ainsi que de charnière entre le Divin et l'humain divinisé. Ils ne sont pas le but de l'Illumination mais l'outil, le réceptacle, le transformateur. Tant que vous n'avez pas gravi tous les échelons, reçu tous vos grades, le circuit demeure dormant. C'est à la réception de votre couronne de gloire que ces joyaux sont activés.»

Vers les étoiles

D'ici quelques années, notre vaisseau spatial, notre Terre Mère, entrera dans un nuage de particules d'énergie lumineuse. Comme vous le savez probablement, le système Sirius, ce système à multiples étoiles, constitue le centre de gravité de notre système solaire. Les civilisations galactiques qui y habitent sont nos ancêtres. Ce sont elles qui ont réensemencé la Terre, après les catastrophes qui se sont produites dans la nuit des temps, avec les «semences d'étoiles» que nous sommes.

Ces êtres galactiques sont concernés par notre destinée. Ils viennent nous aider à nous préparer à pénétrer dans ce nuage avec le moins de conséquences néfastes possible. Pour ce faire, il faut que les gens de la Terre augmentent leurs taux vibratoires et leurs appels à l'Amour. Ce phénomène permettra à la Terre et à tous ses habitants d'entrer harmonieusement dans ce nouvel espace-temps galactique.

Autrement, la Terre ruera dans les brancards et nous serons expulsés comme les puces d'un chien qui se jette à l'eau. Ça fera mal! Nos cris et nos émotions de confusion résonneront dans l'éther de toutes les dimensions car plus rien n'existera sur ce plan pour nous supporter.

Mais, s'il est bien dirigé, l'amour d'un seul coeur humain a la force de centaines de bombes thermonucléaires. Chacun doit prendre soin de ses semblables. Chacun doit régler ses comptes émotionnels avec les êtres qui lui ont causé des désagréments. Nous devons nous pardonner les uns les autres, y compris à nous-mêmes. Il faut aller au-delà du karma. Il faut purifier ce miroir intérieur et enlever le boisseau de l'ego qui recouvre notre lumière, notre étincelle divine, afin que ce miroir révèle notre «Je Suis».

Si un seul coeur débordant d'amour peut conquérir le monde, ne serait-il pas rassurant qu'il y en ait des milliers? Il n'en tient qu'à chacun et chacune de nous de partager fraternellement ce cadeau céleste qu'est le Reiki. Le faire connaître aux autres, c'est s'assurer de la victoire, car plus il y aura de lumière entourant cette planète, plus grandes seront nos chances de nous intégrer à ces grandes civilisations galactiques. Celles-ci n'attendent que le signal leur démontrant que nous avons grandi et que nous avons atteint la maturité requise pour connaître les grands secrets de cette Création.

Aujourd'hui, chaque homme a le choix de diriger sa vie. Bientôt, très bientôt même, les jeux seront faits.

Refaire peau neuve

Il n'existe qu'une seule faute grave vis-à-vis la conscience de l'être humain: c'est de se recouvrir du manteau de l'indignité. Tout comme les gouttes de pluie ensemencent la

Terre, toutes semblables et toutes dignes d'accomplir le but de leur existence, nous sommes des gouttes de la Conscience Suprême, toutes semblables et toutes dignes, envoyées en mission sur la Terre pour accomplir notre petit rôle dans cette grande oeuvre qu'est la Création.

L'indignité n'est qu'un manteau que nous avons ramassé en chemin, vies après vies. C'est notre personnalité, ce qui est à l'origine de notre sens de séparation d'avec la Conscience Suprême. Tout comme la goutte d'eau appartient à la mer, la conscience individuelle appartient à la Conscience cosmique. Notre sens de séparation est responsable de la création de notre monde d'illusions, ce monde que nous prenons très au sérieux mais qui doit prendre fin par notre éveil spirituel, comme le rêve prend fin au réveil, chaque matin de notre vie.

Nous sommes maintenant rendus au matin; au «matin des magiciens». Nous devons nous réveiller de ce rêve illusoire de l'existence humaine diminuée, cette existence qui n'est qu'un film qui se déroule dans notre mental et qui est devenue notre conspiration cosmique. Notre libre arbitre nous a menés là. Nous avions cru connaître mieux et le Père bienveillant nous regardait aller dans notre entêtement, en hochant la tête mais en respectant notre volonté à vouloir expérimenter la vie.

Ce bienveillant Père attend maintenant notre retour, le retour de l'enfant prodigue. Mais cet enfant prodigue doit décider de lui-même que son voyage dans les mondes de l'illusion doit prendre fin. Et, quand sa conscience sera rétablie, il remettra sa volonté entre les mains du Père et repartira avec la Volonté du Père accomplir son engagement du départ, cette mission qu'il devait accomplir avant son rêve.

Le Père a une patience infinie et attend notre retour, mais

la Terre ne peut plus attendre: nous devons nous réveiller avec elle ou la quitter. C'est notre choix mais, pour rester avec elle, un gros travail sur nous-mêmes reste à accomplir.

La Terre par elle-même peut survivre mais elle a besoin de nous, les humains, pour augmenter sa lumière. C'est notre rôle; nous sommes ses cellules de conscience et nous sommes là pour ancrer la lumière qui lui permettra d'atteindre son but ultime, de devenir éventuellement une étoile. Nous devons devenir ses piliers de lumière et lui apporter tous les soins nécessaires à sa croissance spirituelle, car, tout en étant notre mère nourricière, elle est encore une enfant devant l'Éternel.

Cette Terre Mère nous a engendrés pour cette unique raison. Qu'est-ce que nous lui donnons en retour? Où est notre gratitude pour elle? N'avons-nous pas conscience que tous les éléments qui composent notre corps physique lui appartiennent? Il ne faut surtout pas penser qu'elle n'est pas consciente de l'existence de chacun et chacune de nous. Elle est aussi consciente de notre naissance à ce monde que notre propre mère l'est. Et elle nous traitera assurément de la même façon que nous l'avons traitée tout au long de notre vie. Pour l'instant, elle est encore patiente; mais, bientôt, nous devrons faire nos comptes avec elle.

Laissons André nous raconter une petite expérience vécue il n'y a pas si longtemps et qui peut témoigner de la bienveillance de notre Mère la Terre.

«Un jour, je voulais savoir ce que voulait dire le proverbe: «Quand le Seigneur viendra pour la moisson, l'un sera enlevé et l'autre sera laissé au champ». Alors, j'ai demandé intérieurement à mes guides de me faire vivre une expérience qui m'expliquerait le sens de ces paroles.

«En 1989, un soir de novembre, vers 20 heures, il y eu

un tremblement de terre assez important. J'étais à l'extérieur de chez moi en train de prendre livraison d'un chasse-neige que j'avais fait réparer. Après que le chasse-neige eut été descendu du camion, nous l'avons démarré pour vérifier son état de fonctionnement. Au même moment, la terre s'est mise à trembler. Je ne ressentais toutefois pas les vibrations. Je voyais tous les gens affolés autour de moi et je voyais le camion se balancer tout seul ainsi que les pots à fleurs qui dégringolaient à l'intérieur de la verrière.

«Je voyais la cohue autour de moi mais j'étais calme et rassuré. J'ai alors pensé que c'était le test que j'avais demandé. J'éprouvais le sentiment très fort d'être protégé et respecté. Alors, j'ai tourné ma conscience vers l'intérieur et j'ai exprimé ma gratitude. C'était pour moi une belle prise de conscience: la Terre elle-même savait que j'étais là pour elle et elle respectait cette entente consciente.»

Cette petite expérience nous démontre que, lorsque nous sommes conscients des liens intenses qui existent entre nous-mêmes et les choses qui nous entourent ou des vies qui sont en relation avec nous ou même de l'environnement dans notre vie, ils sont aussi conscients de notre bienveillance et de notre amour envers eux et nous protègent.

Chaque particule d'énergie de respect et d'amour dirigée vers l'extérieur de nous-mêmes est un élément qui, petit à petit, bâtit notre dignité. La personne qui ne respecte pas ou qui n'aime pas ce qui est en contact avec elle sa vie durant travaille à diminuer sa propre dignité. C'est la raison principale qui explique pourquoi tant d'humains ne s'aiment pas eux-mêmes.

Voilà, mais avant de passer au message suivant, nous avons demandé aux Anges de Lumière: «Pouvez-vous nous révéler une méthode pour recevoir une douche de grâce (downpour) de notre étoile, notre centre christique supérieur?»

«Quelle belle demande! Vous pouvez vous aider en visualisant un enfant, tenant une rose sur son coeur, qui a un sourire étincelant et des yeux d'un bleu si pur. C'est l'Enfant Éternel résidant en chacun de vous. Ensuite, l'enfant élève les bras, comme en Reiki, et reçoit du Christ Cosmique tout ce dont il a besoin. Ensuite, les deux mains fermées, les deux mains croisées sur le coeur, il accepte et assimile l'infusion.

Un rayon doré coule toujours jusqu'à ce qu'une sphère lumineuse ait pris naissance au niveau du coeur. Vous pouvez même sentir le parfum de la rose qui embaume.»

Un cadeau de l'Archange Michaël

Tout juste avant de publier cet ouvrage, nous avons capté sur le réseau mondial Internet, un message venant de l'Archange Michaël. Nous avons décidé de l'inclure dans ce livre pour le faire connaître au plus grand nombre de gens possible. Cette insertion est un petit cadeau imprévu. Il sera aussi disponible sous d'autres formes. Voici le message:

Le Sentier de Lumière

(Message du Seigneur et de l'Archange Michaël, reçu en «channeling» par Ronna Herman le 13 sept 94)

Maîtres bien-aimés, Je vous apporte des bénédictions de l'Être Suprême. Chers frères et soeurs de la Lumière, Je vous apporte un message important, une mise à jour en quelque sorte. Tout comme nous l'avons souvent mentionné dans le passé, il est très difficile de prédire les événements qui surviendront prochainement dans votre coin de la galaxie. Ces événements et ces changements se manifestent à un rythme sans précédent.

Toutefois, lorsqu'un objectif majeur est atteint, spirituellement, et que vous avancez vers une autre incitation ou un autre niveau de conscience, nous pouvons prédire les manifestations probables de votre réalité physique.

Cette année était une année de changements très importants dans la structure de votre monde physique et dans l'expansion de votre conscience spirituelle. Les frontières des pays et des nations sont en changement. Les groupes ethniques se déplacent par choix ou par la force. Plusieurs âmes très chères ont choisi de transcender et, croyez-nous, quand nous disons qu'elles vont vers un monde meilleur et dans de meilleures conditions. Bénissez-les pour leur choix, car leur Esprit supérieur connaît assurément ce qui est le mieux pour elles.

L'humanité devient de plus en plus agitée, car plus rien n'est comme avant et ce sur quoi elle pouvait se fier avant n'est plus fiable et souvent plus disponible. Les conditions climatiques sont si imprévisibles que les sécheresses font recroqueviller les récoltes et font diminuer les ressources en eau potable dans plusieurs régions, tandis que des tempêtes gigantesques apportent des déluges en d'autres endroits, créant la misère et des pertes de ressources sans précédent.

Les structures et les frontières de toutes sortes sont en changement et se déplacent. Ces changements sont provoqués principalement par les changements cellulaires de la conscience humaine, alors que les vibrations supérieures s'ancrent solidement dans votre monde, soit dans votre propre conscience ainsi que dans celle de votre Terre Mère, de grandes pressions s'accumulent. Ces vibrations sont beaucoup plus fines, plus subtiles, mais elles sont aussi beaucoup plus fortes, voyez-vous? Tout comme l'obscurité doit faire place à la Lumière, les vagues d'énergie de vibrations inférieures doivent laisser la place aux vibrations plus élevées, aux vibrations plus raffinées.

Magnifique dans toute Sa Gloire, l'Énergie de l'Amour/Lumière venant de la Source la plus élevée de votre univers, le Dieu/Déesse Créateur s'établit actuellement sur votre Terre et vous est actuellement disponible. Une grande autoroute d'énergie, pour ainsi dire, est ouverte entre la Source Créatrice et vous, si vous êtes prêts et prêtes à l'accepter et si vous avez la volonté de vous ouvrir à ce grand miracle.

Mais ne vous leurrez pas. Cette énergie est tellement dynamique, tellement profonde, que vous devez être un pur récipient, fermement établi et centré dans votre âme, libre des contraintes de l'ego et de la personnalité. Cette énergie vient aussi avec une grande opposition: «Acceptez ce cadeau venant de la Source seulement si vous êtes prêts et prêtes à vous abandonner à votre plus haute aspiration et si vous acceptez de servir en tant que Maître co-créateurs, en transformant les ténèbres de votre système solaire en pure Lumière.

De plus, vous devez être prêts et prêtes à vous unir à la famille galactique dans ce processus d'évolution accéléré. Vous devez agrandir votre vision pour y inclure non seulement votre Terre et votre système solaire, mais aussi la galaxie tout entière. Vous êtes en train de sortir de votre isolation, de votre étroit tunnel, de votre point de vue restreint. Vous devez réaliser, une fois pour toutes, que ***vous n'êtes pas seuls dans cet univers****. Ce qui vous affecte, affecte aussi toute l'humanité et ce qui affecte votre Terre,* *affecte aussi tout l'univers.*

Cette année est une année d'éclaircissement et de nettoyage en préparation à la venue prochaine des plus grands changements à venir. Ceux et celles d'entre vous qui s'affairent avec diligence à expulser tous les schémas d'énergie négative de vos multiples corps énergétiques, et qui s'acharnent à ramener l'équilibre et l'harmonie dans votre conscience et votre entourage auront moins de difficultés à traverser les temps de ces importants changements qui ont déjà commencé à se manifester. Vous serez bien préparés pour ce qui surviendra dans un avenir très rapproché. Vous avez bâti une structure solide et ferme pour vous-mêmes afin que vous soyez, non seulement de service, mais aussi prêts et prêtes à accueillir les récompenses merveilleuses qui sont prévues comme nouveaux cadeaux de la conscience, des aptitudes nouvelles jusqu'ici inconnues et des manifestations quasi instantanées de vos rêves et de vos aspirations.

Beaucoup de nouvelles informations vous parviendront et elles vous troubleront l'esprit, car elles viendront plus rapidement que vous ne pourrez les assimiler. Plusieurs d'entre elles sembleront contredire ce que vous avez déjà appris dans le passé et plusieurs d'entre vous sont déjà très confus. Il n'est pas dit que ce qui vous a été donné il y a 2000 ans n'était pas vrai mais, mes bien-aimés, la connaissance avancée était une connaissance d'un niveau fondamental que l'humanité pouvait comprendre et absorber à cette époque.

Vous pouvez vous rendre compte vous-mêmes à quel point les enseignements de notre Bien-aimé Jésus ont été altérés et mal mis en application. Plusieurs des supposées vérités du Nouvel Âge même ont été modifiées par ces entités qui vous ont apporté cette information et qui n'étaient pas toujours inspirées de la Source Suprême, quoique ces êtres étaient tout de même pourvus de bonnes intentions. Alors, vous voyez, la croissance de votre perception consciente, la purification de votre mental et l'expansion de votre esprit vous ouvrent la voie et vous donnent l'habileté à absorber de grandes quantités d'informations de plus en plus complexes. Ce n'est pas seulement dû à l'arrivée du Nouvel Âge mais c'est aussi que vous, en tant qu'Êtres Spirituels revêtus d'un corps humain, atteignez la maturité.

Lorsque vous ouvrez la voie à des dimensions de plus en plus élevées et lorsque vous enlevez la statique qui nous a isolés les uns des autres pour des âges et des âges, vous recevez des messages plus clairs, des enseignements plus profonds et beaucoup plus d'informations nouvelles, plus de statistiques vitales sur l'univers dont vous êtes une partie intégrante et beaucoup plus de renseignements concernant votre röle dans la grande architecture de l'avenir.

Mes précieux enfants, vous vous embarquez sur le Sentier de Lumière. Vous laissez derrière vous la densité et les ténèbres. Vous pouvez assurément ressentir et reconnaître que vous êtes en train de devenir des observateurs et des observatrices du drame qui se manifeste sur la Terre, d'un point d'observation privilégié sur le sommet d'une haute montagne. Vous commencez à faire l'expérience des lieux éthérés des dimensions supérieures. N'est-ce pas l'expérience la plus excitante de votre vie?

Vous qui avez travaillé, médité, étudié, aimé et dédié votre vie à ce Sentier de Lumière depuis tant d'années, commencez finalement à réaliser l'envergure et l'envoûtement de ce processus. Vous commencez déjà à voir vos frères et vos soeurs endormis et vous vous demandez: «Pourquoi ne peuvent-ils pas voir? Comment se fait-il qu'ils ne puissent pas ressentir l'émerveillement, la joie et l'amour?» Ils le ressentiront, mes bien-aimés... très bientôt. C'est votre tâche maintenant de partager votre enthousiasme et votre joie, de crier sur tous les toits, de parler des miracles qui se manifestent à vous tous les jours. Témoignez de votre vision intérieure, de votre compassion, de votre sagesse et connaissance.

Il est merveilleux d'observer la synergie qui se forme. Un groupe manifeste une action juste quelque part et cet événement est soudainement capté et repris par d'autres groupes à travers le monde jusqu'à ce qu'il y ait une vague d'énergie qui s'élève et qui balaie sur son passage en connectant, vivifiant et transformant l'humanité à un autre niveau de conscience.

Les portails ou les «portes des étoiles», comme vous les appelez, s'entrouvrent ou sont élargies à un rythme très accéléré, nous permettant d'intervenir plus complètement et plus puissamment avec l'humanité. Le temps présent est à l'essentiel, mes bien-aimés fidèles: plus le nombre d'âmes éveillées sera grand, plus facile sera la transition quand les grands changements prévus se manifesteront.

Alors vous voyez, mes ami(e)s bien-aimé(e)s, vous êtes au centre d'un événement miraculeux majeur. Il est très important que vous restiez fermement établis dans votre pouvoir pendant que vous travaillez diligemment à compléter l'intégration et l'assimilation de votre âme dans ce nouveau centre énergétique entre votre coeur et votre gorge, activant par là le processus de construction de votre Corps de Lumière Éthérique. Plusieurs d'entre vous ont complété cette intégration et cheminent vers d'autres initiations supérieures, sur la voie de l'union, avec les immenses fragments de la totalité que vous êtes.

Mes bien-aimé(e)s, continuez à vous rassembler pour la méditation et la prière, vous supportant, vous enseignant et apprenant ensemble. C'est de toute importance, plus que jamais. Le grand avènement que vous appelez le «12:12»[3] *sera un autre grand pas dans la conscience, rassemblant les travailleurs et les travailleuses de Lumière en nombre jamais égalé. Ce sera une expérience magnifique si vous êtes en mesure de la vivre; vous n'avez pas cependant à vous rendre à un «endroit sacré» pour y participer. Vous bâtissez votre propre lieu sacré de Lumière.*

Rassemblez-vous afin que nous puissions vous infuser avec une nouvelle vibration de vérité et de conscience. Élevez votre voix en réjouissance, en consécration et en gratitude. Je vous promets que la Hiérarchie Spirituelle au grand complet et moi-même (Michaël) vous assisterons ainsi que tous nos amis galactiques bien-aimés. Le processus de notre ***grande union*** *est sur la bonne voie et bien enclenché. Ensemble, nous infuserons cette galaxie et éventuellement cet univers en particulier avec la Lumière de notre magnifique Créateur de toutes choses. Moi, Seigneur et Archange Michaël, je vous apporte ces vérités.*

Je proclame les Droits Universels pour cet article au nom du Seigneur et de l'Archange Michaël. S'il-vous-plaît, reproduisez-le et faites-le connaître.

---

[3]Note de l'éditeur: Le «12:12» est la porte entre la troisième et la quatrième dimension. Notre réalité a traversé le seuil de la quatrième dimension le 12 décembre 1994. Petit à petit, la réalité de la troisième dimension s'évanouiera.

12

LE PONT ENTRE DEUX MONDES

Les quelques messages qui suivent nous étaient destinés afin de nous situer face à la tâche que nous avions à accomplir et qui dépasse largement le projet du livre. Mais nous estimons que vous, lecteurs, pourriez vous voir accomplir ce travail si merveilleux qui, pour nous, est un cadeau inestimable que nous chérissons de tout notre coeur. Peut-être le faites-vous déjà sous une autre forme tout aussi délicieuse et enchanteresse. C'est ce que nous aimons croire et visualiser dans notre esprit.

De toute façon, si ce livre est entre vos mains présentement, c'est que vous, à votre façon, êtes impliqués dans cette Grande Architecture de Perfection qu'est cet Univers. Ce n'est assurément pas dû à un hasard quelconque car, pour Dieu, les ratés n'existent pas. Si vous connaissez votre place, il ne vous reste alors qu'à faire rayonner cette puissante Centrale Énergétique qu'est votre coeur. L'amour qui s'en dégagera fera son chemin pour alléger le fardeau humain et combattre l'ignorance des moins fortunés.

Par contre, si vous ne connaissez pas encore votre place, votre mission ou votre contrat d'âme, il y a un moyen très simple de le découvrir. Si vous connaissez la loi du bonheur et de la souffrance, il faut contempler ce principe dans tout. Si vous êtes malheureux à un endroit, changez de place. Si vous manquez de ressources, trouvez un moyen honnête et fiable de vous en procurer, comme le travail. S'il n'y a pas de travail, il ne vous reste qu'à demander.

Oui mais, demander à qui? — Il n'y a qu'une Source qui soit abondante et sans limites. Cette Source, nous l'avons harcelée, agacée, chatouillée, suppliée et aimée pour avoir ce travail. Il n'est pas venu tout seul. Les Anges de Lumière ne sont pas venus frapper à notre porte pour savoir si nous voulions faire un petit travail pour eux. Non. Nous avons plutôt sollicité ce travail. Nous avons prié pour obtenir une part, notre part, dans le redressement de cette merveilleuse planète.

Cette tâche n'est pas commencée depuis seulement quelques mois ou même depuis quelques années. Cette tâche est l'aboutissement d'un désir très profond de notre âme à servir. Cette impulsion est là, depuis fort longtemps, au fond de notre coeur.

Cette impulsion nous a guidés à acquérir de nouvelles connaissances par nos efforts physiques, mentaux et spirituels, sans que nous en soyons pleinement conscients, pendant des années. Elle nous tissait, nous poussait vers l'avant et elle le fera encore et encore. Il n'y a que l'amour pour nos semblables et pour notre Mère porteuse, la Terre, qui aurait pu motiver ce «drive», cet élan qui nous amenait infailliblement vers cette destinée.

Nous savons que ces messages s'adressent aussi à vous puisque vous lisez actuellement ces lignes. Non! Les Anges ne se sont pas trompés de personnes.

Voici votre message:

«Oui, mes chers enfants dans l'esprit ainsi que mes bienveillants bâtisseurs de l'Aube Nouvelle, me voici, Lucia, et je vous enveloppe d'un châle de paix et d'amour qui saura vous soutenir en toute occasion.

«La vie est une chaîne sans fin. Je suis parrainée par des Êtres de Lumière. Nous vous assistons et, à votre tour, vous assisterez d'autres êtres.

«Les Anges qui vous assistent sont dans leur phase évolutive de manifestation. Ils étaient vierges en quelque sorte et ils sont maintenant à l'oeuvre dans le déroulement du Plan divin pour la transition de la planète Terre. C'est aussi comme vous l'avez peut-être déjà deviné, parce que vous êtes en quelque sorte sur la même voie évolutive, la même spirale ascendante.

«À chaque jour, à chaque semaine, la fréquence vibratoire ne cesse de hausser, de s'agrandir, élargissant son champ d'action et atteignant de plus en plus de gens. Certains humains s'essoufflent déjà, baissent les bras et s'éteignent, emportés par la suite de l'aventure qu'ils ont décidé de passer sur les plans de Lumière. N'ayez crainte: ce ne sont pas tous ceux qui ralentissent qui passeront par les portes de la mort. Car, après tout, il est bien humain d'éprouver fatigue et essoufflement.

«C'est pourquoi nous sommes vos ***«cheer leaders angéliques»*** *qui bordent les deux côtés de votre chemin et vous poussent à aller encore plus loin, à vous donner encore plus pour le* ***«sprint»*** *final.*

«Vous avez un devoir cosmique face à votre prochain. Ne ramollissez pas dans vos dévotions, dans vos pratiques.

Essayez de demeurer immergés dans la conscience d'Amour. Entourez-vous de beauté, de belle musique. Portez des objets qui vous rappellent la connexion divine. Inclinez-vous devant des représentations d'êtres divins, car ces représentations sont vivantes. Elles vibrent à la fréquence vibratoire de l'être qu'elles représentent. Elles sont des «doorways», des portes énergétiques pour vous aider à vous brancher sur telle ou telle fréquence voulue.

«Vous êtes conscients et vous englobez la création. Vous attirez vos semblables. Ce qui vous arrive est selon votre entendement et vos croyances.

«Les croyances sont des moteurs puissants en même temps que des béquilles qui vous nuisent dans votre cheminement. Il faut avoir la force de les laisser là et d'avancer seul. Il faut demeurer constant dans sa foi comme dans ses efforts.

«Heureux sont ceux qui savent réaliser la Divinité en eux dans la vie tracée et prévue par la Divinité, c'est-à-dire, dans le respect de leur temple intérieur.

«Il y aura de plus en plus d'êtres visionnaires et inspirés et ce, dans plusieurs domaines. C'est ainsi que, petit à petit, le renouveau prendra naissance.

«Je ne sais pas si vous avez pris pleinement conscience du nettoyage puissant qui s'est opéré durant l'été 94? Les couples se disloquent, les organisations déclarent faillite, les luttes intestines font écrouler les corporations. Certains survivants de ce nettoyage tentent de s'agglomérer et de s'associer ensemble, mais seulement ceux qui travaillent pour la Vérité seront épargnés.

«Le mensonge tue la vie spirituelle, il entache et enchaîne. Il faut avoir un coeur pur. Il faut aller au-delà des

blocages psychologiques et physiques. Il faut à tout prix éveiller cette Conscience Christique en son coeur. Le monde hurle son manque d'amour mais, dans son aveuglement, il ne se rend pas compte qu'il piétine une fleur, cette fleur qui peut-être les sauvera en rejoignant leur coeur.

«Vous avez à travailler très fort et nous vous supportons. Travaillez fort à grandir, à laisser de côté les préjugés, à affronter vos faiblesses et vos démons, à vous surpasser, à faire confiance à votre lampe intérieure.»

«Tout va aller en s'accélérant, les pièces et les morceaux vont voler tout autour, car plusieurs vont perdre leurs plumes. Décembre et janvier sont au sein d'une très importante période transitoire qui verra les situations dégénérer de plus en plus jusqu'à leur complète dissolution. Vous n'avez qu'à rester vous-mêmes, les pieds bien enracinés dans la Vérité, dans la Lumière, et vous serez épargnés. Vous saurez puiser à l'intérieur de vous-mêmes pour trouver des ressources insoupçonnées. Voici l'Achèvement, voici le Couronnement d'une tâche menée à bien, d'une oeuvre qui ouvre sur l'infini, aux horizons lointains promis par le pont.

«La tête dans les nuages, dans le bon sens du terme, c'est-à-dire la tête au-dessus des petits problèmes humains, les pensées fixées sur plus grand, plus enrichissant, plus émouvant.

«Même si vos prières et méditations en sont rendues à leur minimum, ayez une pensée pour votre Père Aimant au lever et au coucher. Offrez votre journée, sanctifiez-la et vous évoluerez encore plus.»

«Tout est à bâtir, rien n'est acquis».

«C'est cela, c'est un tissage de Lumière qui, de par votre dévouement, vos prises de conscience et votre désir de le manifester, prend forme petit à petit. Vous devez le désirer et y croire autant que nous. Vous avez des marches à gravir, un autel à bâtir pour l'accueillir. Nous, nous avons à créer un passage, un entonnoir énergétique capable de capter, d'emmagasiner et d'acheminer les Énergies et Vibrations de notre plan. C'est merveilleux, n'est-ce pas? Tout ceci nous enchante, car nous ne demandons rien de moins que de travailler conjointement avec vous à cette Aube Nouvelle dont les lueurs commencent à poindre dans la dense noirceur.

«Alors oui, vous avez à créer. Mais vous devez créer dans votre coeur une attente de la Lumière, un désir sincère de sa manifestation. C'est par l'ardeur de vos dévotions, par la sincérité et la clarté de votre âme que ce pont, que cette arche d'alliance rassemblera tous les appelés. Il faut faire de la place à ce passage, lui laisser la chance de se manifester.

«Concrètement, physiquement pour le moment, il n'y a rien à faire. Votre tâche est d'ancrer la connexion. Vous êtes les premiers receveurs, le comité d'accueil de ces énergies. Vous n'en êtes pas propriétaires, ni les seuls redevables. C'est tout simplement que nous avions besoin de trois êtres de bonne volonté qui voulaient prêter leur coeur, leur foi, leur canal à l'élaboration du Plan Divin. C'est votre tâche. Il ne vous est pas demandé de faire la propagande du livre sur tous les toits de façon très médiatisée ou très répandue. Dites-vous que le livre est accessoire.

«Oui, c'est vrai. Nous, du Royaume Spirituel, avons besoin de vous, humains incarnés, pour ancrer nos

réalisations de l'Esprit. Vous êtes les êtres qui maintiennent le passage ouvert. Tout comme les miracles ne pourraient pas se produire s'il n'y avait pas de ces âmes en prière pour la Paix mondiale, la guérison, le retour à la foi et à Dieu.

«Nous tenions à laisser notre empreinte dans votre monde physique d'où l'idée du livre qui sert de moyen d'Éveil, de moyen de diffusion de notre message, de l'ancre concrète dans la matière. Il vous servira dans la mesure où vous serez, peut-être un jour, sollicités pour d'autres réalisations dans la Lumière. C'est votre porte d'entrée, votre billet comme bâtisseurs de Lumière.

«Nous ne voulons pas semer la peur, le doute, le reproche dans les coeurs. Nous ne voulons pas nous installer au haut de notre nuage comme étant le Retour aux Sources Unique et Véritable du Reiki. Nous ne représentons point vos discordes humaines, vos recherches, vos égarements. Nous sommes les ambassadeurs de la Lumière et notre action sera invisible à l'oeil nu. Nous voulons aller éveiller les coeurs durcis, les âmes égarées, les gens sincères qui se sont empêtrés dans cette jungle que vous appelez Nouvel Âge.

«Alors, voici l'essentiel de votre tâche. C'est un travail de fourmi, dans l'ombre, un travail incessant, sans relâche, qui demande à ce que vous soyez disponibles. C'est votre travail et non celui du bassin Reiki au grand complet. Nous ne sommes pas les grands réformateurs du mouvement. Le mouvement, il se jugera de lui-même. Nous, nous endiguons la brèche et vous créez le pont de Lumière qui aura pour principale tâche de faire passer les âmes de bonne volonté lors des tribulations. Le Reiki est une voie initiatique; ceci est notre contribution pour vous faciliter la tâche. Il n'est pas dû à tout le monde d'emprunter cette voie. Ceci est un raccourci.

«Ceux qui se sentiront appelés de l'intérieur, entreront en résonance vibratoire avec ce pont. Ce pont nous permettra de vous apporter une assistance de secours lors des grands séismes qui surviendront. Certains d'entre vous ne seront pas ***téléportés*** *vers des vaisseaux de la flotte Ashtar; ils se serviront de notre pont de Lumière et ils obtiendront l'Ascension dans leur corps de gloire instantanément. Ils seront aspirés dans les Royaumes Spirituels. Ceci ne constitue pas une mort, ceci constitue un chemin d'Ascension véritable dans vos corps de gloire.*

«Eh! oui, c'est cela qui explique que vous soyez de connivence sur la même longueur d'ondes, votre dévotion à votre Maître Spirituel. Le fait que vous ayez suivi les rudiments de base des Maîtres d'Ascension et que vous soyez tous des canaux de Reiki explique que vous ayez été choisis. Vous êtes des ambassadeurs dans les niveaux des Sphères Astrales de l'Union de deux réalités. Vous, par vos recherches, cherchez la Vérité et ceci constitue votre yoga, la grande Unification des multiples routes qui mènent à Dieu.

«Un être seul atteint difficilement l'illumination mais quand quelqu'un a déjà tracé le chemin, c'est plus facile. Ce pont est un pont d'alliance qui rassemble tous ceux qui ont soif. Quand Foi s'allie à travail personnel, transmutation, éveil de l'Énergie Spirituelle et Effusion de cette Lumière, cela crée des bâtisseurs de l'Aube Nouvelle, où il n'y aura plus de dualités, de divisions, de luttes.

«Il faut honorer la parcelle divine en vous, demander à être guéris, ***effuser*** *cette Lumière et cette Énergie* ***réharmonisante*** *et travailler à la grande transmutation en vue du but ultime, c'est-à-dire, l'Ascension. Nous ne pouvions pas vous ensevelir dès le début sous tout cela et nous devions nous assurer de votre désintéressement.*

«Alors il est nécessaire, si vous voulez mener ce projet à bon terme, de taire, pour l'instant, toutes ces Révélations. Ceci est un test de votre sincérité. C'est le pont qui va permettre d'endiguer la brèche, car ceux de votre monde se réveilleront d'eux-mêmes à leur réalité. Nous ne voulons absolument pas nous présenter comme les grands guides du Reiki. Le pont se chargera de tout clarifier. Nous ne voulons pas de dogmes, de règles à suivre.

«Pensez dans votre coeur à la simplicité toute belle d'Anne et Daniel Meurois-Givaudan. Ils ne se présentent pas comme étant les seuls autorisés à diffuser cet enseignement, ils ne se supposent pas les seuls à posséder la vérité sur le Christ. Vous devez également être très minutieux dans le choix de vos mots, de vos collaborateurs et de vos intentions. Oui, les collaborateurs sont choisis d'avance: ils se lèveront d'eux-mêmes. Mieux vaut ne pas réveiller les volcans endormis. Soyez alors très prudents et ayez du discernement dans la demande de vos témoignages.

«Nous ne sommes pas le comité Ressources des gens pratiquant le Reiki et non, nous ne répondrons pas ouvertement aux questions des étrangers hors de votre cellule. Nous servons l'humanité par ce pont et non par le Reiki, pas plus que par n'importe quelle autre technique. Nous suivez-vous?

«Le pont servira les gens qui pratiquent le Reiki du coeur, le Yoga du coeur, le Tai Chi du coeur, l'Énergie Universelle du coeur, au-delà des mouvements et créations humaines, ceux qui servent Dieu dans ces divers moyens d'expression quels qu'ils soient.

«Nous sommes satisfaits, mais il y a lieu pour vous de redoubler d'ardeur. Vous devez désirer le pont, ***concentrer***

vos énergies sur sa matérialisation. Le livre n'est que la résultante.

«Bon, eh! bien, c'est en gros cela. Ce pont est Universel et pas seulement attaché au Reiki, bien que notre travail à la brèche soit bien attaché à celle du Reiki.

«Sachez être vrais et authentiques dans votre démarche. Soyez bénis et que la grâce de Dieu et du Reiki vous accompagne à tous les jours de votre vie.»

Le mandala

Voici de quelle manière le magnifique mandala du pont de Lumière a pris naissance, quelques semaines après que nous ayons demandé à Yvan de nous dessiner, à la demande des Anges de Lumière, un pont entre deux mondes.

La demande se formulait ainsi: *«Nous suggérons qu'il puisse y avoir, à l'arrière du livre ou à l'intérieur, l'illustration d'un pont, du genre pont chinois entre deux rives, évoquant d'une part le monde de l'esprit et de l'autre du monde physique. Ceci pourrait être bon à intégrer dans votre pratique quotidienne de méditation, cette attente, cette demande du pont.»*

À la suite de ce message, il était clair que l'illustration de ce pont devait émerger de l'intérieur. Yvan en était bien conscient. Il essayait du mieux qu'il le pouvait de visualiser cette image. Les tentatives ont été multiples. Après avoir cueilli de l'information sur tous les genres de ponts et crayonné plusieurs esquisses illustrant le pont sous toutes ses formes et sous tous les angles possibles, il n'était toujours pas satisfait du résultat.

C'est à la suite de tous ses efforts que nous sommes

rentrés en communication. Je l'écoutais attentivement me raconter ses aventures. Alors, je lui ai suggéré de s'en remettre à Reiki. Je lui ai dit: «Tes expériences se sont faites à partir du mental. Maintenant que tu es à bout de ressources, demandons l'assistance et l'inspiration à Reiki et aux Anges de Lumière. Eux seuls sauront vraiment nous transmettre l'image dont nous avons besoin. L'abandon à la grâce — voilà comment nous devons vivre cette expérience.»

C'est alors que je lui proposai de lui envoyer un Reiki à distance et que lui-même, en même temps, soit réceptif à la vibration du Reiki.

Trois jours plus tard, j'ai reçu de ses nouvelles. «Ça y est! C'est pon-du! L'image s'est manifestée!» Le Reiki à distance avait beaucoup calmé ses attentes et son mental perturbé. Il était entré dans un état de calme et de paix profonde, restant attentif à la voix à l'intérieur de lui-même. Le lendemain dans la soirée, après avoir fait une méditation et demandé de l'aide aux Anges de Lumière, cette image émergeait des profondeurs de son être et l'apparition du pont se manifestait enfin dans toute sa beauté. Nous pouvons maintenant nous servir de ce mandala pour créer, en chacun de nous, ce pont de Lumière qui nous connecte à la Source.

Voici les commentaires des Anges de Lumière sur l'image proposée. *«Une autre marche vient d'être gravie. Nous approuvons l'illustration sans aucune réserve. C'est un symbole très puissant, un mandala activé qu'Yvan a très bien su capter.»*

Nous vous invitons tous à vous servir de ce mandala pour créer entre vous et la Source ces marches de Lumière. Méditez sur le pont; Reiki nous ouvre la voie. Paulette

Première expérience de méditation sur le pont

«Pour ce qui est de votre développement, nous avons une invitation à vous faire, une invitation à franchir le seuil des limitations, le seuil des contraintes humaines, la lourdeur de votre plan.

«Nous aimerions vous faire sentir, goûter, toucher et connaître notre réalité. Ce soir, vous allez expérimenter le pont. Nous vous invitons à venir nous rejoindre dans notre plan d'existence. Nous vous tendons la main dans l'espoir de faire rejaillir en vous ces mémoires d'un vécu pas si lointain où nous étions frères et soeurs, enfants de Dieu.

«Alors, ce soir, avant de vous endormir, recueillez-vous, priez, méditez et puis visualisez le pont. Demandez à votre Ange gardien de vous tendre la main et de vous faire visiter l'octave angélique. Si vous êtes capables de faire la transition de façon consciente, elle se fera ainsi. Nous vous envelopperons de Lumière et d'Amour. Si vous vous endormez, ce n'est pas grave, vous allez arriver à bon port tout de même. Priez pour que votre mental soit clair et vos souvenirs vifs.

«Vous serez transformés de façon indélébile. L'expérience est à votre portée quand bon vous semblera; vous êtes invités à utiliser la porte.

«N'oubliez pas que cet Ange vous accueillant à bras ouverts à l'autre bout du pont, c'est vous-mêmes. Car nous sommes tous UN.»

Deuxième expérience de méditation sur le pont

«Imaginez-vous comme sur le Mandala du Pont, mais c'est vous au lieu de la Terre. L'Énergie rose dorée vous

englobe et les rayons scintillent en haut de vous avec toutes les couleurs de l'arc-en-ciel. Les marches du pont sont là également. Vous êtes le pont. Vous êtes le chaînon manquant. Vous êtes la marche qui vous ramène à la maison, à la Source. Essayez de ressentir et vous pourrez formuler l'affirmation que nous vous avons donnée. Des frissons garantis!»

«Par la Vérité de mon Soi, la Grâce de St-Germain et la Bénédiction des Anges de Lumière. Je communie à ta Fontaine d'Amour. Je Suis Un. Qu'il en soit ainsi et cela est.»

Troisième expérience de méditation sur le pont

«Vous pouvez alors vous installer dans l'espace de votre coeur, c'est-à-dire, dans votre sanctuaire intérieur. Votre attention est portée sur votre coeur. Votre Ange gardien est derrière vous et il vous communique sa paix en déposant ses mains sur vos épaules. Il vous enlace et bondit, vous emmenant avec lui dans son envolée. Une énorme chaîne humaine se donne la main et entoure toutes les facettes de la Terre. Tous les humains sans exception avec leurs Anges gardiens se donnent la main, humain à humain, ange à ange: ***vous Êtes le Pont.***

«Vous répandez l'Amour sur la Terre, l'enveloppez et toute négativité est dissoute. Les ailes des Anges font que la Terre s'envole vers sa destinée de Lumière. Vous revenez à votre espace de méditation, gardant en mémoire le souvenir des bruissements d'ailes, des chants angéliques et de ***l'Amour****.*

«Restez dans cette paix et cet Amour et transmettez-les.»

Chant de Louange d'Hélia

Mon Dieu, accorde-moi la Constance du Coeur de mes frères et soeurs pour qui la Foi Authentique brûle telle un grand Brasier Ardent.

Mon Dieu, accordez-moi l'Espérance Fervente de mes frères et soeurs pour qui chaque Nouveau Jour est un miracle sans cesse renouvelé.

Mon Dieu, accordez-moi l'Amour Inconditionnel de mes frères et soeurs pour qui Charité, Respect et Dévotion sont langage et pain quotidien.

Que ma Foi soit profonde et sincère, en temps de Joie comme en temps de doute.

Donnez-moi la Force d'accepter avec courage les épreuves et les sacrifices que la Vie sème sur ma route.

Tout comme le sculpteur révèle la beauté cachée au coeur de la pierre en la dépouillant de ses couches superflues, mes initiations sont des épurations nécessaires à la Purification de mon Âme.

Faites surtout, Seigneur, qu'en ces temps de difficulté et de noirceur, je n'oublie point votre Présence Infinie, votre Grâce Infinie, votre Sagesse Infinie et votre Bonté Infinie.

Tout est bien, puisque vous veillez patiemment sur moi depuis mon premier jour, au début des Temps.

Vous êtes le Berger en qui je trouve refuge.

Faites alors que dans les pâturages éthérés de la nuit et les pâturages verdurés du jour, je puisse m'épanouir en

Sagesse, en Bonté, en Grâce et ainsi devenir l'instrument de votre Paix.

Que ma Joie Intense éclaire et brille de mille éclats de soleil, telle un flambeau éclairant la Voie pour mes frères et soeurs encore dans les ténèbres.

Comment décrire tout cet Amour qui fait gonfler mon coeur au point d'en déborder et de rejaillir en cascades de lumière. Je suis une Source Vive qui s'abreuve à l'Océan Cosmique et qui épanche la soif de tous ceux qui ont soif de Vérité.

Mon chant se veut louange et allégresse.

Oui la Grâce Infinie de Dieu est à l'oeuvre dans nos Vies.

Maintenant.

En moi,

En vous,

En nous tous.

Que la Paix soit sur Terre et dans le coeur des hommes. Que l'Aube se lève sur le Jour Nouveau, lourd en promesses.

La Grande Déesse veille.

Merci. Merci. Merci.

Qu'il en soit ainsi et cela est.

LE PONT DE LUMIÈRE

PREMIÈRE RÉFLEXION

Passage...

D'une réalité matérielle à une multidimensionalité spirituelle.

D'un monde divisé à une octave unifiée.

De paysages en zones grises aux splendeurs de l'éther.

Passage... Sur ton Pont de Lumière.

Nous appelons le Pont.

Lumière...

qui éclaire le sordide d'un jour nouveau et laisse entrevoir le sublime.

qui réchauffe le coeur et qui illumine l'esprit.

qui révèle de divin et anoblit l'humain

Lumière... de ton Pont de Lumière.

Nous appelons le Pont

Le Pont...

Main tendue dans la tourmente à l'égaré.

Marche d'Ascension à ceux qui ont longuement cheminé.

Arche d'Alliance aux âmes en soif de paix.

Le Pont... La Grâce de ton Pont de Lumière.

Nous appelons le Pont.

LE PONT DE LUMIÈRE

DEUXIÈME RÉFLEXION

Bénie soit la Terre, car elle est la rive que nous quitterons.

Béni soit le Soleil Suprême, car Il est la rive de notre ultime destinée.

Bénis soient les Êtres de Lumière, car Ils sont le pont entre les deux rives.

Que leur sagesse et leurs enseignements soient le plancher de ce pont.

Que leurs rayons de Lumière en soient les cordages et sa force.

Puissent toutes les âmes de la Terre leur demander allégeance et réconfort.

Puissent toutes les âmes de cette rive trouver ce pont et entreprendre le retour.

Ce retour vers la Source, ce retour vers Dieu.

Que l'Amour, la Paix et l'Harmonie nous accompagnent et nous soutiennent au cours de cette traversée.

Que cet Amour soit notre Voie, notre Lumière.

Qu'il guide nos pensées et nos actions au cours de ce grand voyage.

Que la pure Lumière nous accueille et nous enveloppe de ses doux rayons au-delà de ce pont de Lumière.

Que cette nouvelle rive soit pour nous tous, cette Terre promise, cette Jérusalem céleste.

Qu'il en soit ainsi et cela est. — Paix, Amour et Joie.

L'ASCENSION

Je ressens la Flamme de mon Dieu me caresser le front,
Le Souffle de l'Amour maintenant éternel;
Je lève les yeux et oui, je vois
Mon grand Être Suprême juste au-dessus de moi.

Une éblouissante nuée recouvre tout,
J'entends la «Présence» de mon Dieu qui m'appelle;
Je ressens la puissance de l'Amour qui jaillit,
Je pénètre Son Souffle, Sa Lumière.

Je vois à l'intérieur de cette Flamme vibrante,
J'écoute et puis j'entends mon Nom secret;
Je ressens la Lumière, le grand Souffle du Feu,
Je Suis la Victoire sur la mort.

Me voici libre: mon ascension est accomplie.
À la Lumière de mon coeur tout obéit:
Je Suis un Être de Cause uniquement,
Et cette cause, c'est l'Amour, le Son Sacré.

Je rayonne la Vie, je m'élève, je monte,
Mon coeur déborde et chante ses louanges;
Ma puissance s'accroît et me pénètre,
Mes grands Rayons de Lumière sont les Feux de Dieu.

Je Suis un Soleil, mon Amour, Sa Lumière,
Tout le reste s'efface, je ne vois plus la Terre;
Je sais que Je suis l'Être Divin — l'Un,
La Source: le Grand Soleil Central.

Un Cadeau du Soleil Central

«À travers la vie de tous les jours, chacun vit ses expériences extérieures et court à droite et à gauche pour, on ne sait quoi. Vous oubliez l'expérience intérieure et vous n'êtes pas à l'écoute de la sagesse et de la beauté du coeur. Le coeur est comme une fleur de lotus à mille pétales et chacun de ces pétales ouvre en son propre temps et dans son espace particulier. En fait, pour chaque chose sous les cieux, il y a une saison et un temps pour qu'elle s'ouvre à vous.

«Oui, le Royaume Divin s'éveille en vous, dans votre coeur. Vous voyez, il n'est pas par là, quelque part, mais en vous. Il y en a beaucoup parmi vous, sur cette Terre, qui cherchent encore à l'extérieur d'eux-mêmes. Ils sont égarés dans leurs compréhensions car ils cherchent des solutions extérieures pour venir à bout de leur dilemme.

«Jusqu'à ce qu'ils puissent se préparer à prendre la responsabilité pour leurs propres bonheurs, ils vivront dans la frustration. Qu'est-ce que la frustration? C'est la cause de la première chute de la conscience, quand le genre humain a goûté au fruit dans le Jardin. Ici, je dois vous dire que le Jardin, c'est la Terre et, lorsque l'humain a goûté de ce fruit, qui n'était vraiment et simplement que la connaissance du bien et du mal, c'est alors que le sentiment de séparation a commencé.

«C'était la première frustration. Quand les hommes se détournent de Dieu, ils deviennent frustrés parce qu'ils ne reconnaissent pas que Dieu est avec eux pour les assister. Alors, ils croient qu'ils doivent le faire par eux-mêmes. À tout instant, quiconque sur cette Terre tourne son regard vers la Lumière en son coeur est racheté. Bien sûr, la Rédemption est celle que vous vous donnez à vous-mêmes. Il

n'y a personne à l'extérieur de vous qui puissent vous racheter, personne... seule votre âme a ce pouvoir. Cette âme attend que vous la reconnaissiez et que vous reconnaissiez son Amour, sa Puissance et sa Sagesse.

«Je Suis Krishna, Je Suis avec vous et Je vous apporte la Flamme Dorée qui est mon Essence. C'est la Lumière que Je diffuse à chacun de vous. Je vous demande de visualiser cette Lumière, là, en votre coeur. Voyez qu'Elle grandit, car Je vous aiderai à comprendre l'épanouissement et l'ouverture de votre coeur. Je Suis venu, il y a très longtemps, connu comme étant le premier Avatar de Dieu, apporter la Lumière aux hommes qui l'avaient oubliée, qui ont oublié leur propre essence.

«Je dis à chacun, vous n'êtes pas différent de ce que Je Suis — Je Suis en vous. Je réside dans votre coeur. Je Suis l'Âme Suprême qui n'est pas différente de vous. La différence est que Je Sais qui Je Suis, mais vous l'avez oublié. Je vous dis: Je Suis avec vous et en vous depuis toujours, maintenant et pour toujours.

«Je vous demande de visualiser en votre coeur la Flamme Trinitaire de l'Amour, la Puissance et la Sagesse. Vous reconnaîtrez cette Flamme dans les jours à venir, car Elle fera sentir Sa Présence dans le coeur des hommes. Elle sera votre pierre angulaire de la Vérité. Seulement ce qui est reçu et ressenti à travers le coeur est la Vérité. Tout ce qui est perçu de l'extérieur n'est rien d'autre qu'illusion.

«Alors, ramenez cette compréhension dans votre coeur. Sachez que vous n'êtes jamais seuls et peu importe ce que vous cherchez dans votre coeur comme directives de tous les jours, vous obtiendrez ce que vous demandez avec la sincérité et l'innocence d'un enfant.

«Maintenant, Je demande à chacun de vous de visualiser la Flamme Trinitaire qui réside en son coeur. La flamme jaune de la Sagesse est au milieu, entourée de la Flamme bleue de la Puissance, entourée à son tour de la Flamme rose de l'Amour.

«Visualisez cette Flamme Trinitaire présentement dans votre coeur et voyez-la s'agrandir, de plus en plus brillante. Vous voyez, mes chers enfants, en vérité, il n'y a rien que vous ne puissiez faire, sauf comprendre que c'est par votre propre conscience que vous serez assistés. Quand chacun élève sa conscience, il assiste les autres. Alors, quoi que vous fassiez et peu importe l'endroit où vous alliez, vous êtes utiles là où vous êtes, et qui que vous soyez.

«Lorsque la Flamme s'agrandit dans votre coeur, les vibrations de la Vérité sont attirées à Elle, car les vibrations de la Vérité ont une vélocité plus élevée que celle de la non vérité. Alors, tout comme un plat au four micro-ondes reçoit les ondes, les cellules de votre corps reçoivent cette Lumière, cette Impulsion. C'est une idée vibratoire qui est transmise d'une cellule à l'autre, non seulement dans votre propre corps mais aussi dans les corps de tout ce qui est.

«En ayant une plus haute vibration de Vérité, où que vous alliez, cette Vérité touchera chaque âme sur cette planète. Alors, vous voyez, c'est une révolution de la conscience qui se manifeste à l'instant même, à travers toute la planète. Les pensées positives que vous véhiculez sont irradiées vers l'extérieur. Elles vont leur chemin et, en tant qu'idées vibratoires, elles sont reçues par d'autres; même s'ils ne comprennent pas le message consciemment, ça ne fait rien. Quand les cellules du corps entreront en contact avec ces vibrations, elles en seront imprégnées. Ces vibrations changeront, petit à petit, celui ou celle qui porte

ce corps, qu'il en soit conscient ou non.

«Je vous le dis: Je ne suis pas différent de chacun de vous. Et vous dites: «Mais ils ne reconnaissent pas ma lumière.» Et je vous dis: Ça ne fait rien. Ce qui importe, ce sont les pensées que vous véhiculez. Les pensées négatives que vous véhiculez vont aussi atteindre les autres. Et si ces autres ne sont pas assez forts, ces pensées négatives continueront de créer d'autres réalités négatives pour eux, à un niveau plus subtil.

«Nous vous demandons de regarder à l'intérieur de votre coeur et de contempler ce que vous croyez vraiment. Non seulement sur vous-mêmes mais aussi sur les autres, sur votre monde et ce que vous aimeriez qu'ils deviennent. Soyez clairs sur vos demandes, sur vos besoins et sur vos désirs. Devenir clair est le premier pas vers la manifestation de toutes choses.

«Ce qui n'est pas clair, ne vient pas à vous. Alors, soyez honnêtes envers vous-mêmes. Nous ne pouvons vous aider qu'en vous encourageant. Ce n'est pas de nous présenter sur Terre en ce moment et de jouer aux sauveteurs — non. Je vous affirme que vous serez ceux et celles qui se réveilleront d'un mauvais rêve. En fait, plusieurs d'entre vous le savent déjà et en sont conscients.

«Vous vous réveillerez d'un rêve et tout vous deviendra clair comme du cristal. Mais vous dites: «Je suis déjà réveillé mais je ne comprends toujours pas.» Et je vous dis: C'est parce qu'il y a des déphasages de conscience qui se manifestent de temps à autre. À chaque pleine lune, il y a un déphasage de la conscience. Cette conscience est amplifiée douze fois douze mille ou 144,000 fois ce qu'elle était avant.

«Certains mois, vous reconnaissez et acceptez les défis

plus qu'en d'autres temps. Bien sûr, vous expérimenterez bien des fois cette difficulté. Malheureusement, elle fait partie de l'illusion de la vie dans la troisième dimension. Mais Je vous affirme que ce que vous croyez vivre présentement comme étant la troisième dimension s'amincit très rapidement: vous êtes déjà au début de la quatrième dimension. Plusieurs d'entre vous en sont conscients, mais certaines gens ne le voient pas parce qu'ils sont encore concentrés dans un temps linéaire, ce qui est une illusion. Bientôt cette illusion s'évaporera pour laisser un fond d'une autre réalité.

«Lorsque cette illusion disparaîtra, vos consciences tenteront de s'agripper au radeau du temps et de la perception et se retrouveront dans la mer de pensées qu'elles auront fabriquée. Ceux qui avaient la foi et la confiance reconnaîtront ces eaux. Même si ces eaux sont agitées et tempétueuses, vous saurez que vous y êtes en sécurité en comparaison de ceux qui n'auront rien construit de toutes leurs vies pour s'y accrocher. Vous serez ces braves qui les aideront à bord, pour ainsi dire, car ils seront dépassés par ce qui les entoure. Quand ils verront qu'ils n'ont aucun endroit où aller et qu'il n'y a personne pour s'occuper d'eux, alors, ils écouteront.

«Patience, mes chers enfants. Nous voyons un grand espoir, nous voyons une grande Lumière en chacun de votre coeur. Nous voyons la projection de votre futur et il est fort enviable dans tous ses détails. Tout ce que vous aviez désiré, tout ce que vous aviez espéré et tout ce que vous aviez connu depuis la petite enfance, toutes ces choses sont valables et elles deviendront votre réalité. Il est donné à chacun de connaître ces vérités et de les faire connaître. Vous verrez alors qu'il y en a beaucoup qui sont prêts à les entendre, à

entendre ce que vous avez à dire. Ils ne vous le diront pas en tant que tel, mais vous verrez qu'ils auront une soif de connaître.

«Je vous le dis: leurs oreilles seront tout ouïe et ils vous diront: «Oui, oui, c'est très intéressant!» Ils écarteront cette information pour l'instant mais ils y reviendront plus tard. Ceci, nous vous l'assurons.

«Que mes Bénédictions soient sur vous, Je suis Krishna. J'apporte la Vibration de la Flamme Dorée et J'embrase la Flamme Trinitaire qui est en votre coeur. Voyez cette Flamme allumée et reconnaissez-La comme étant l'Amour, la Puissance et la Sagesse. Méditez sur cette Flamme et vous comprendrez la Vérité.»

Le Seigneur Krishna était le premier Avatar envoyé sur la Terre, directement du Grand Soleil Central (la Présence de Dieu), avant la civilisation lémurienne, lorsque la Terre était encore une vibration paradisiaque Il était possible pour la Terre, à cette époque, de supporter les pures Vibrations et la Puissance de Krishna. Par son Influence, Krishna a amené l'Âge d'Or sur la Terre, pour la première fois. Quand le temps est venu pour Krishna de quitter la Terre, des milliers d'âmes sont parties avec Lui et ont ascensionné dans le Coeur de Dieu.[1]

---

[1]Reçu en «channeling» par Pamela Stumbough. Pamela est une médium qui reçoit en pleine conscience les informations et les enseignements des Maîtres Ascensionnés et de Merlin. Pour plus d'information, écrivez à: Council of Light, Inc. P. O. Box 870157, Dallas, TX 75287. (214) 323-0800. Source de ce document: Réseau Mondial de Communication Internet. Origine: Connecting Link 1994.

ÉPILOGUE DE NATHALIE

Ce projet de livre ne fut pas de tout repos! Ce fut plutôt un grand tourbillon que j'avais peine à suivre. Heureusement, nous étions trois à nous soutenir et à nous épauler: sans Paulette ni André, ce projet n'aurait pu voir le jour. C'est ce qui en fait quelque chose de si spécial dans mon coeur.

Cette expérience fut pour moi une deuxième naissance qui, plus spécifiquement, m'aura permis de trouver le courage nécessaire pour faire mes débuts en tant que médium. Vous comprendrez que ceci représente un énorme pas en avant pour moi. Ce livre symbolise à mes yeux la récompense d'un an d'efforts soutenus et l'abandon à une Force qui demandait à se manifester maintenant.

Paulette et André, ma mère Lise et mon copain Thierry, ainsi que tous ceux très chers à mon coeur m'ont soutenue, guidée et réconfortée tout au long de cette aventure. J'espère que vous serez nourris tout autant que nous l'avons été par la sagesse et la grande lumière contenues dans ces messages pour l'humanité.

Mais laissez-moi partager avec vous la naissance de ce *Pont entre deux Mondes*, fruit d'une longue gestation mouvementée. J'ai expliqué, dans mon avant-propos, les circonstances qui m'ont amenée au Reiki et au «channeling». Une fois toutes les pièces du «casse-tête» de ma vie rassemblées, les tests, les initiations, les prises de conscience, les épurations, les expériences d'éveil se succédaient à une vitesse affolante. J'avais peine à suivre, mais ces moments d'exultation et de béatitude me transportaient tellement que je me résolus à un acte de Foi. Une intelligence qui m'englobait était à l'oeuvre.

Il n'y avait qu'une chose qui me tracassait: je n'avais absolument aucune idée de ma destination. Qu'est-ce qui m'attendait au bout de toutes ces expériences? Une sagesse divine bienveillante me prenait par la main, mais j'aurais bien aimé connaître les escales et les étapes prévues au voyage, histoire de reprendre mon souffle. Je n'avais pas le recul nécessaire qui m'aurait donné la vision claire du bout de chemin que j'avais accompli. Si j'avais su ce qui m'attendait... eh bien je ne l'aurais pas cru!

Tous les indices nécessaires étaient à ma disposition mais, dans mon incrédulité, je ne croyais pas cela possible. Alors, je les rejetais tous d'un revers de la main. Je priais incessamment pour être éclairée dans mon cheminement et avoir le discernement de choisir ce qui était bon pour moi. Mais j'étais myope au point de ne pas reconnaître la route que mes amis bienveillants me traçaient.

Je trouvais d'ailleurs que j'étais un beau gâchis: pourquoi mes guides s'investissaient-ils dans ma formation s'ils n'avaient aucun plan en tête? Je ne saisissais même pas le cocasse de cette situation, car les entités et les anges ont un sens de l'humour très particulier. Je demandais: on me donnait un indice. Je me disais: "Non, c'est trop fou, c'est impossible!" Et je rejetais l'indice pour me remettre à prier et recevoir un autre indice que j'écartais de nouveau. L'expression «avoir la patience d'un ange» est à mon avis très près de la réalité!

Je m'incline donc devant la perspicacité et la sagesse de

mes amis d'en haut. Contrairement aux autres, je me suis débattue avec mes doutes avant même que le projet ne se présente. Une fois qu'il se fut révélé à moi, je savais fort bien qu'il était vrai et authentique, car il était le résultat de ma recherche intérieure et de mon questionnement intensif. C'était très clair pour moi: c'est par la grâce du Reiki que j'en arrivais à cet accomplissement.

Ce «pont entre deux mondes» avait germé dans ma tête trois ans auparavant. En effet, le 11 janvier 1992, je participais à une journée mondiale de prières pour la paix dont la descente était symbolisée par le passage d'une colombe, représentation de l'Archange Uriel. Un médium était présent sur place et nous avions tous participé à une séance de transe profonde animée. Ce fut très puissant.

J'y ai expérimenté dans mon corps une descente de lumière d'une telle intensité que j'en ai été désorientée pendant quelques jours. Lors de cette effusion, j'ai ressenti très distinctement que ma fréquence vibratoire avait été haussée. Ce qui me semblait le plus invraisemblable, c'était la finesse avec laquelle mes sens m'avaient très distinctement fait ressentir le passage entre les deux réalités.

Je n'étais pas rendue au bout de mes surprises que l'entité reçue par le médium nous annonçait que nous tous, présents, allions recevoir notre nom angélique, porteur de la vraie vibration de notre âme. C'est ainsi que j'ai reçu le nom d'Helia. Une Nathalie complètement métamorphosée est sortie ce soir-là de la rencontre, flottant sur un nuage. J'exultais de cette nouvelle présence, plus consciente de la réalité.

Mon engouement pour tout ce qui avait trait aux esprits de la nature (fées, elfes, dévas et anges) remontait à mon enfance. Mais là, c'était différent. Je pressentais qu'un événement très important était en gestation, qu'on me préparait en vue de quelque chose de spécial. Je ne savais pas encore qu'il était possible de parler aux anges, encore moins qu'il me serait demandé de le faire. Je ne m'en serais pas estimée digne de toute façon. Je savais pourtant, de l'intérieur, qu'une entité puissante voulait me parler mais je refusais de m'abandonner à mes intuitions.

Ils sont si sages et si coquins, ces anges. «Ils m'ont eue à l'usure», comme on dit. Les coïncidences et synchronismes ne cessaient de se présenter à moi; les signes d'en-haut fusaient de toutes parts. Je demeurais cependant toujours aussi obstinée. On est allé jusqu'à déplacer mes effets personnels, à me dérober mon porte-clés qui réapparaissait toujours quelques jours plus tard après un petit voyage dans une dimension parallèle, je suppose! Oui, oui, c'est tout ce qu'il y a de plus vrai! J'ai même des témoins puisque cela s'est reproduit à quelques reprises. Je ne trouvais pas ça drôle du tout!

Voilà pourquoi, finalement, j'ai cédé devant leur insistance: ils m'ont présenté en l'espace d'une semaine, plus particulièrement, plus de preuves qu'un humain peut digérer en l'espace de toute une vie!

Je me revois encore, au volant de la voiture de mon copain, ressassant les événements de cette semaine pas du tout ordinaire. Je parlais toute seule, la tête tournée vers le plafonnier, m'adressant à ces anges invisibles. Je leur disais, résolue: «OK, vous avez gagné! Je vais prendre le crayon et affronter ma destinée, puisque vous insistez autant.»

Il faut que je vous précise qu'avant cet épisode, je ne recevais que des messages de mes guides. Ces guides étaient des gens comme vous et moi, ayant vécu sur cette Terre. Pourquoi les anges voulaient-ils tant me contacter? Je n'étais tout de même pas spéciale au point de mériter la visite d'un ange!

Arrivée à la maison, je me suis installée à ma table de travail et suis entrée en communication avec mon guide, comme d'habitude. Rien ne sortait de l'ordinaire durant cette séance, du moins jusque-là! Alors j'ai poursuivi et échangé quelques nouvelles avec lui jusqu'à ce qu'il me dise:

«Je t'embrasse et je laisse ma place. Recueille-toi un peu.»

(Dans l'attente, je me demandais **qui** pouvait bien suivre.)

«...Ton Ange gardien, bien sûr! Nous voilà enfin réunis! Quelle tête dure tu as!!...»

Me croiriez-vous si je vous disais que j'avais le frisson? L'air de ma chambre était électrifié et j'étouffais tellement mon coeur, il me semblait, n'était pas assez grand pour contenir tout l'amour dégagé par cet Ange.

Il revint régulièrement, en préparation de quelque chose de spécial qui me serait dévoilé en temps voulu, m'avait-il informé. Ses petites visites surprises m'apportaient toujours un vent de fraîcheur, un souffle d'espoir. Je me familiarisais petit à petit à recevoir ses vibrations élevées. Je ne réalisais pas à quel point je serais profondément transformée par ces contacts angéliques.

Pendant ce temps, je continuais à progresser, à m'instruire, à croître. Le Reiki, le massage, le Tai Chi ainsi que quelques groupes de méditation que je fréquentais m'avaient permis de me faire des amis ainsi qu'un cercle d'échanges. J'ai tout de suite aimé Paulette avec qui j'ai fait connaissance au téléphone! En effet, pendant plus d'un an j'ai reçu régulièrement son appel car elle m'informait des activités du centre de méditation. Nos conversations étaient passionnantes et de plus en plus personnelles.

C'est ainsi que nous avons découvert, avec amusement, que nous étions toutes les deux initiées au Reiki. De par ses qualités de coeur et d'âme, j'ai décidé de poursuivre ma formation à ses côtés et de me faire initier au second niveau. Paulette a une détermination à toute épreuve et elle me stimulait, m'aiguillonnait à poursuivre mes ambitions. Avant elle, jamais je n'aurais considéré la possibilité qu'un jour je pourrais être Maître Reiki moi aussi.

S'ensuivit alors une période bien enrichissante. Je présentai mes amis à Paulette et elle me présenta les siens. Nous allions à des conférences, des cours, des pratiques de Reiki. J'ai rencontré André en juin 93, lors d'un cours sur l'énergie. Paulette me le présenta comme oeuvrant dans le domaine de l'édition de livres du Nouvel Âge.

En lui donnant la main, un frisson me traversa la colonne vertébrale. Je sus intérieurement que je collaborerais avec lui. Je jubilais même! Moi qui nourrissais depuis si longtemps des ambitions littéraires et espérais un jour publier les messages reçus en «channeling», voilà qu'on me présentait un éditeur!

Ce jour-là, j'ai eu la vision claire de ce que je demandais dans mes prières depuis si longtemps. J'avais de plus en plus cette certitude d'être guidée vers un projet si vaste, si élevant, qu'il me donnait le vertige. C'était trop gros et trop beau pour moi! Je ne me sentais pas de taille à faire face aux conséquences et responsabilités découlant de cet Appel pressant.

Les larmes coulaient sur mes joues, car je savais maintenant de l'intérieur que je deviendrais Maître Reiki à mon tour. Je n'en ai rien dit à mes amis: c'en était trop pour moi en une seule journée! J'avais besoin de temps pour réfléchir et de preuves que je n'inventais pas tout ça.

A l'époque, Paulette ne savait pas encore que j'étais médium. Personne d'autre d'ailleurs n'était au courant puisque je ne faisais que des séances pour moi, pour mon évolution personnelle. Je n'avais pas encore la confiance nécessaire et j'avais conscience également de ma formation incomplète. Je n'étais pas prête et je ne voulais pas me sentir obligée à performer. Je n'aurais rien troqué contre ma paix intérieure. De plus, j'étais jeune. J'avais bien devant moi encore quelques années pour me perfectionner avant d'affronter l'inconnu.

À partir de cet instant, les entités ainsi que mon Ange gardien se sont fait sentir plus présents dans ma vie. J'invoquais, à chaque transmission Reiki, l'ange Reiki puisque j'étais persuadée qu'un être bienveillant protégeait l'ensemble de la fraternité du Reiki en plus des maîtres bien-aimés Usui, Hayashi et Takata. Ce fait a été confirmé par la suite lors des communications avec les Anges de Lumière.

Puis, en de drôles de circonstances, en juillet 93, j'ai dévoilé à un ami digne de confiance que je pouvais communiquer avec des entités, sachant fort bien qu'il me réclamerait une séance sur le champ. Ce qu'il s'empressa de faire avec un grand sourire! Je répondais alors à un commandement intérieur. Je me suis dit, pour me rassurer, que c'était le bon puisque l'appel était sans équivoque.

Je tiens à remercier chaudement cet ami et sa famille qui m'ont servi de cobayes. Cette première séance a été mon tremplin et je leur serai éternellement reconnaissante de ce vote de confiance. De plus, j'ai fait l'excitante découverte que les participants de la séance recevaient du Reiki au même moment. Combien d'autres belles surprises me réservaient mes amis de l'Invisible?

Dès l'automne qui suivit, forte de mon expérience de l'été, je me suis mise au «channeling» de façon sérieuse aux côtés de ma mère et ce, en redoublant d'ardeur. Je désirais sincèrement apprendre. Nous avons vécu de beaux moments émouvants, car c'était la première fois que la mère et la fille se voyaient réunies dans un projet commun, visant un même but. Je lui suis redevable de beaucoup, car sans sa compréhension, son écoute et son soutien constant, je ne serais pas rendue où je suis aujourd'hui.

C'est durant cette période que les Anges de Lumière se sont manifestés à nous, se disant porteurs d'un message pour l'humanité. Je ne connaissais que mon Ange gardien jusqu'alors et je ne savais pas ce que voulaient ces Anges de Lumière.

C'est à ce moment également que nous avons eu la surprise du retour de Lucia. Elle aussi nous a fait part de son désir d'aider l'humanité et le Reiki. Cela nous touchait personnellement puisque Lucia est la grand-mère paternelle de ma mère, donc mon arrière-grand-mère, que j'ai connue de son vivant.

Vers décembre, j'ai fait part à Paulette de mes expériences avec Lucia et les Anges de Lumière, sans lui révéler mes intuitions de l'été. Elle a accueilli ces nouvelles dans un élan de joie pure qui me fait toujours chaud au coeur. Elle fut invitée chez ma mère, histoire de lui faire ressentir la présence lumineuse de Lucia et des Anges de Lumière. Je n'avais rien prévu des événements qui suivirent, mais c'était sous-estimer l'énergie, le charisme et la détermination de Paulette.

Ce qui s'ensuivit, vous le savez déjà! Paulette a partagé avec André l'expérience qu'elle avait vécue chez ma mère. Elle lui a suggéré de demander l'avis des Anges de Lumière au sujet du projet de livre de Reiki pour lequel il avait été sollicité. Et Paulette de m'appeler, au début de février 94, tout fébrile et pleine d'une excitation mal contenue, pour me faire part de sa requête. C'est là que j'ai eu la frousse de ma vie!

Je venais tout juste de réaliser que ma prophétie de juin 93 était en train de se concrétiser. Neuf mois (encore une gestation!) s'étaient écoulés depuis la décisive rencontre de notre trio. La panique s'est emparée de moi parce qu'on me dévoilait enfin ma voie. J'étais ici en présence de la preuve que j'avais demandée, celle que j'avais tant espérée.

Paulette et André ne pouvaient pas savoir ce que je ne leur avais pas dit, et pourtant... Voilà qu'il s'étalait devant moi, ce plan superbe et exaltant, au moment même où je prenais conscience que mes amis d'en haut avaient tenu leur promesse et me signalaient que le moment d'agir était arrivé.

J'étais abasourdie. J'ai vainement tenté de prétexter toutes sortes de défaites: je n'avais pas terminé ma formation, j'étais trop jeune, pas assez expérimentée. Je ne me voyais pas assumer toutes les responsabilités attachées à un premier essai, encore moins mener à terme ce projet.

Mais le «pont entre deux mondes» avait fait son chemin jusqu'à mon coeur et je ne pus résister longtemps aux assauts répétés de Paulette et d'André: eux aussi m'ont eue à l'usure! Malgré toutes mes objections, malgré notre inexpérience relative, j'avais en mémoire toutes ces entreprises folles, inspirées du vent de l'Esprit, qui sont toujours si spontanées et si imprévisibles!

Je savais que nous serions soutenus, quoi qu'il advienne! Sur ce sujet, je n'ai qu'un conseil à vous donner: «faites bien attention à ce que vous demandez en priant, car on pourrait bien vous répondre, au centuple même!»

Nous nous sommes alors lancés tous les trois dans l'aventure, avec notre coeur pour seul phare. Aujourd'hui, le 11 janvier 1995, je clos la boucle d'une folle épopée entreprise le 11 janvier 1992. J'y ai découvert mes forces et mes faiblesses. J'y ai expérimenté l'entraide, l'amitié, la tolérance et l'amour inconditionnel. J'ai communié en esprit avec les deux âmes soeurs que sont Paulette et André. Je suis allée jusqu'au bout de mes rêves.

J'affirme qu'être médium fut pour moi le moyen le plus difficile d'apprendre à m'aimer et à m'accepter. Servir en est le but ultime mais il consiste aussi, selon mon expérience, en un moyen de transmutation personnel au même titre que le Reiki.

Je vous souhaite la grâce d'expérimenter à votre tour cette légèreté et cette joie des anges qui, dans l'Éternel Présent, n'oublient jamais leur identité d'enfant de Lumière.

Nathalie Helia Lachance

ÉPILOGUE DE PAULETTE

Nous sommes à la fin de ce beau projet et voici mes impressions sur la façon dont j'ai vécu cette expérience.

Lorsque j'ai été contactée pour y participer, je ne comprenais pas pourquoi j'avais été choisie. Pourquoi moi? Je ne cessais de me poser cette question.

Plus je m'interrogeais, plus les négativités que je nourrissais face à moi-même m'apparaissaient une à une. J'ai compris plus tard que le but premier de l'expérience était justement de m'aider à reconnaître en moi ces fausses images et de découvrir enfin, à travers elles, qui j'étais vraiment. Je devais faire tomber tous les masques, un à un. Ça m'a pris plusieurs semaines avant de me sentir vraiment à l'aise dans ce rôle.

Plus jeune, j'ai eu de grosses difficultés d'apprentissage à l'école, surtout avec l'écriture; mon problème de dyslexie me donnait beaucoup de complexes. Travailler à l'élaboration d'un livre représentait donc pour moi un gros défi. On venait me chercher par mon point le plus faible, sûrement pour que je puisse le transcender.

Nous nous sommes rencontrés à une fréquence d'une fois toutes les deux semaines, le mercredi soir. C'était notre soirée de bénédictions. Même si je vibrais très fort au cours de ces transmissions par «channeling», il y avait toujours un doute qui persistait dans mon esprit: était-ce la vérité ou bien de la fiction?

Les messages et toutes les réponses que nous recevions

étaient plus que satisfaisants mais je ne cessais de me demander: «Est-ce bien réel? Quel est vraiment mon rôle dans cette galère? Pourquoi moi?»

Petit à petit, j'ai reconnu la place que je devais occuper et j'ai vite compris que nous étions trois personnes bien différentes avec des rôles et des responsabilités bien différents à remplir.

Pour ma part, je me suis occupée du côté plus technique, de la coordination des témoignages, des illustrations à l'intérieur du livre et de celle de la page couverture. J'ai rencontré tous les volontaires qui ont participé de près ou de loin à l'élaboration de ce projet. J'ai cherché des questions intéressantes pour le chapitre des questions et des réponses. J'ai demandé l'avis de plusieurs praticiens de Reiki.

Une des plus belles expériences a été ma rencontre avec tous ces gens qui ont donné des témoignages. Au début, je ne savais pas trop à qui m'adresser, mais tout s'est déroulé comme par enchantement; j'ai été inspirée et guidée vers eux et ils se sont eux-mêmes choisis.

Plusieurs avaient de belles expériences à partager mais n'étaient pas en mesure de les mettre par écrit. Je les ai donc rencontrés pour entendre leurs partages et enregistrer leur témoignage à l'aide d'un petit magnétophone. Que de belles rencontres ai-je pu faire! Que de belles âmes ai-je pu saluer! J'ai transcrit plusieurs témoignages en respectant presque mot pour mot l'essence profonde de leurs expériences.

Nous n'avons malheureusement pas pu introduire tous les témoignages reçus et nous nous excusons auprès de tous ces gens qui ont bien voulu participer. Nous avons retenu plus spécialement les témoignages d'expériences de Reiki.

Plus le livre avançait, plus je me transformais. Au cours de ces transmissions par «channeling», nous avons reçu de grosses infusions d'énergie venant des sphères angéliques. On nous disait: «N'oubliez pas, vous êtes testés. Vous recevez beaucoup mais, en échange, vous aurez beaucoup à donner.»

Oui, j'ai été testée, dans mon orgueil, dans mon ego. J'ai été confrontée à des situations où je devais faire preuve de confiance en moi-même. J'ai été mise au défi dans ma vie de tous les jours, dans mon quotidien au travail, dans ma vie de couple, dans ma vie familiale. Apprendre à s'affirmer, à faire sa place sans trop bousculer son entourage, voilà un beau défi que j'essaie encore de relever de mon mieux.

En ce qui concerne ma santé, j'ai vécu au cours de cette année de très grandes transformations. Lorsque j'ai entrepris ce projet, je vivais des moments difficiles. Mon centre de l'équilibre était débalancé depuis cinq mois et j'avais beaucoup de difficulté à assimiler la nourriture que je prenais. J'expérimentais la diète du «candida albican», car j'en avais tous les symptômes. J'ai été supportée dans cette épreuve. Je dois toujours suivre cette diète le mieux possible mais, heureusement, après tous ces efforts, j'ai diminué presque totalement le taux de candida dans mon système et je ne ressens plus toutes les douleurs et malaises que j'éprouvais auparavant.

J'ai reçu beaucoup de traitements d'énergie Reiki, de polarité, d'énergie universelle, une technique de l'ancienne Égypte.

Dans les moments difficiles, nous nous sommes souvent donné du Reiki entre nous, à chacun notre tour, selon les besoins. J'ai aussi initié des personnes qui m'ont elles-mêmes beaucoup aidée, des êtres généreux avec qui j'ai eu l'occasion de vivre une communion d'amour toute particulière. J'en profite pour les saluer et les remercier de s'être engagées à vivre ces magnifiques expériences avec moi. J'ai très bien compris que c'est en s'entraidant et en partageant qu'on s'élève tous ensemble vers la libération.

Mon contact avec les Anges m'a fait découvrir quelque chose de merveilleux. J'ai compris qu'il fallait toujours que je regarde la vie dans son angle le plus lumineux. C'est de cette manière que les Anges de Lumière nous ont traités tout au long de cette aventure. J'avais toujours l'impression qu'ils ne voyaient que nos qualités. Jamais de critiques désobligeantes, jamais de regards négatifs sur le travail accompli. Ils semblaient plutôt prendre plaisir à nous faire confiance, à nous inciter à nous dépasser.

Ils nous ont aimés tendrement et nous l'ont exprimé par des paroles remplies de tendresse, sans perdre pour autant l'autorité et la fermeté qu'un projet de cette envergure exige. J'ai alors appris à regarder mes semblables avec mes propres yeux angéliques.

J'ai appris à être moins exigeante envers moi-même et envers les autres. J'accepte maintenant les gens tels qu'ils sont. Je respecte leur évolution puisque je sais maintenant que tout est parfait dans le Plan divin: chacun est à sa place, à la place qu'il s'est lui-même créée par ses propres pensées.

Malgré ces belles expériences, je travaille toujours dans une école de théâtre: je réalise des costumes pour les jeunes acteurs qui fréquentent cette école. Depuis plusieurs années, je confectionne des robes magnifiques en velours, en soie, en somptueux brocard. Mais je sais maintenant qu'en servant Reiki, je ne quitte pas ce merveilleux métier: je ne fais que m'élever davantage en travaillant dorénavant sur des robes de lumière, à coudre, à broder et à repriser avec soin, à l'aide d'une aiguille et d'un fil d'or, tous ces petits trous d'énergie causés par les nombreuses difficultés de la vie.

Recoudre et reconstruire sa propre robe de lumière, voilà notre voie à tous.

Au cours de cette année de grâce, nous avons reçu beaucoup de cadeaux d'énergie. Nous avons vécu tous les trois une expérience toute particulière. Cette expérience est venue balayer tous les doutes que je vivais depuis le début de ce projet. J'ai eu la chance de recevoir, par l'intermédiaire d'une amie, un nouveau symbole des maîtres. Il venait d'une personne qui s'était fait initier à l'étranger.

Nous ne savions pas trop quoi en faire car, pour nous, il ne fonctionnait pas. Alors, j'ai décidé de demander aux Anges de Lumière s'ils voulaient nous expliquer sa signification et la façon de s'en servir. Voici ce qu'ils m'ont répondu:

«Tranquillement, les voiles de l'oubli se dissipent et de plus en plus de secrets vous sont accessibles. Les symboles des maîtres identifient une lignée particulière. C'est en quelque sorte le sceau qui unit le destin d'un clan tout entier. Comme il y a des karmas de groupe et des karmas individuels, ceci est très plausible. Ce sont toutes de petites variantes. D'ailleurs, personne ne peut se vanter d'avoir le symbole originel des maîtres, ou le meilleur, ou le seul bon symbole: ils sont tous bons avec différents niveaux de puissance et d'efficacité.

«Le Symbole-Mère des maîtres, le symbole originel n'est pas disponible sur votre plan présentement. Nous vous surprenons? C'est que ce symbole a des possibilités très puissantes. C'est une clé presque magique qui relie plusieurs réalités et dimensions. Le Père Divin a cru bon de le

modifier légèrement, histoire de protéger l'humanité présentement et d'éviter que des excès tels que ceux de l'Atlantide soient reproduits. Pourquoi, direz-vous, créer des pâles imitations et surtout brouiller les cartes en semant plusieurs versions d'une même réalité? Eh bien, ceci est un mystère qu'il vous est donné de résoudre.

«Au gré des échanges et des fraternités, la communauté du Reiki ne pourra qu'en venir à la conclusion que c'est par le partage et la fraternité que vous arriverez à vos buts. Quand cet état de conscience sera atteint, que la division et les luttes intestinales qui vous exposent seront terminées, alors là, et seulement là, peut-être, la vraie signification vous sera révélée. Il n'y a pas de problèmes à utiliser le symbole des maîtres qui n'est pas celui qui vous est destiné. Peut-être n'avez-vous pas trouvé encore votre niche, votre véritable groupement, votre symbole des maîtres personnalisé. Ayez foi qu'un jour, vous saurez.»

Ensuite, ils nous ont dévoilé la signification propre au symbole reçu. Nous étions très satisfaits de la réponse et, surtout, très impressionnés. Alors, André me regarda en disant: «Paulette, quand pourras-tu nous initier à ce symbole?» Je lui répondis: «Je ne peux pas le faire, car je n'ai pas encore été initiée moi-même à ce symbole. J'ai essayé à plusieurs reprises de le dessiner mais rien ne fonctionne. Regarde, je vais le faire devant toi.» J'ai dessiné alors le symbole avec ma main en lui disant: «Tu vois bien, je ne ressens aucun contact.»

En disant ces paroles, une énergie très forte pénétra directement dans mon chakra couronne et j'ai ressenti l'énergie couler abondamment à travers mes mains.

«Wow! ça marche! Je viens de recevoir la connexion

directement des Anges de Lumière. Essaie toi aussi, André.» Il traça le symbole à son tour et l'énergie lui donnait l'impression d'un battement de coeur aux creux de ses mains. Nathalie essaya à son tour et la même chose se produisit pour elle. L'énergie coulait très fortement et entoura ses deux mains d'une vibration très épaisse lui donnant l'impression de porter des gants de boxe d'énergie.

Effectivement, ce symbole est très puissant. Cette expérience m'a beaucoup impressionnée et a effacé tout doute en moi face à la présence des Anges de Lumière. J'avais besoin d'une preuve tangible et ceci en était une des plus convaincantes. J'ai beaucoup de gratitude pour ce cadeau magnifique et, depuis ce jour, jc me sens plus près et plus attentive en leur présence, car nous avons eu la chance de recevoir une connexion directe avec l'au-delà.

Voici une autre petite anecdote très amusante. Ma fille de six ans, Véronique, très intéressée par mes rencontres angéliques, me demanda un soir avant mon départ: «Tu vas encore voir les Anges ce soir, maman? Peux-tu me dire où ils habitent, les Anges? Où est leur maison?» Et j'ai répondu: «Tu sais, Véronique, je leur poserai la question ce soir même et je te promets que demain tu auras la réponse.»

Le lendemain, j'étais heureuse de lui apporter le message donné par les Anges.

«Les questions des enfants sont pures et rafraîchissantes dans leur candeur. Bien sûr, pour des adultes, la réponse peut sembler évidente, mais elle est parfois moins simple qu'elle en a l'air à prime abord.

«Nous évoluons dans un univers parallèle au vôtre mais le voile entre nos deux réalités s'affine de plus en plus. Viendra un jour où tous les êtres humains de la Terre

pourront voir notre présence. Paulette, tu peux dire à Véronique, suite à sa question, que nous vivons dans le monde des Anges, un lieu enchanté où seulement ceux qui croient en notre présence peuvent nous ressentir. C'est dans le ciel, au-delà des étoiles. Mais, pour les adultes, les frontières de l'espace-temps sont à la mesure de leur entendement.

«Nous sommes en réalité partout sur tous les plans d'existence, selon notre tâche et notre mission. Et vous avez accès à nos vibrations via votre coeur. Le coeur est la machine à voyager dans le temps. C'est le coeur qui fait que les miracles arrivent, que l'impossible se transmute en possible.»

En conclusion, je ne peux exprimer en mots toutes les transformations qui se sont manifestées à l'intérieur de moi d'une façon très subtile depuis le début de ce projet. Je me suis confrontée à mes faiblesses. J'ai aussi découvert ma propre force et de nouveaux talents qui n'avaient jamais eu la chance de s'exprimer.

Merci aux Anges de Lumière de m'avoir donné la chance de faire partie de ce merveilleux trio, d'avoir eu la chance de partager une amitié profonde avec deux êtres qui sont devenus pour moi plus qu'un frère et une soeur. J'offre à nouveau mes services pour participer à d'autres projets à travers lesquels je pourrai poursuivre ma marche vers ma propre libération, le but ultime de ma vie.

Qu'il en soit ainsi.

Paulette Gagnon

ÉPILOGUE D'ANDRÉ

Lorsque nous recevions les messages des Anges de Lumière, on nous avait demandé de partager nos sentiments sur l'expérience que nous vivions tous les trois. Je ne voyais pas, à ce moment-là, ce que j'aurais à dire, car je ne croyais pas vraiment que ce projet avait un pouvoir de transformation sur mon existence.

Après plusieurs rencontres, les communications que nous recevions par «channeling» des Anges de Lumière, de Lucia et de nos Anges gardiens, m'attiraient très fortement par ces moments privilégiés et les échanges que nous avions entre les communications. Une énergie que je ne pouvais pas vraiment identifier était toujours présente. C'était comme un bien-être et une joie de nous revoir et de partager dans un contexte bien spécial.

Nous recevions des messages spécifiques à chacun sur des choses qui nous concernaient comme notre santé, notre environnement de travail et nos échanges d'énergie du Reiki. Nous avons reçu des initiations et des directives pour nous aider à progresser, non seulement pour le livre, mais aussi pour notre développement personnel.

Bien sûr, au début, je prenais ça comme un jeu que j'aimais mettre au défi avec mon intellect analytique. Parfois même, j'avais des doutes sur l'origine des messages. Était-ce des Êtres de Lumière ou des esprits malins? J'étais à l'écoute de tout ce qui se disait. Je regardais chaque geste de Nathalie, de Paulette. J'analysais constamment les phrases pour y déceler quelques indices.

Après un certain temps de toutes ces réactions à la

Colombo, j'étais un peu blasé de douter. J'ai alors pensé: Pourquoi faut-il toujours douter? Pourquoi ne pas accepter tout ce qui vient avec joie et bonne humeur. S'il y a quelque chose qui cloche, nous le découvrirons bien assez tôt. Alors, j'ai joué gagnant en acceptant que si c'était du théâtre, je dois dire que j'adorais la représentation, elle me donnait beaucoup de joie et de bien-être. Et si c'était vrai, le projet se terminerait en toute beauté.

Après avoir réglé mon problème de doute et avoir accepté de participer à fond, j'ai constaté qu'il était plus profitable de croire, car j'anticipais beaucoup ces rencontres.

Des dizaines de fois, pendant la durée de ce projet, je me suis demandé: «Pourquoi m'a-t-on choisi pour faire ce travail? Je n'ai rien de plus que les autres!» Mais, de l'intérieur, le Reiki me faisait ressentir qu'il n'est pas nécessaire d'être renommé ou reconnu, ou d'être un être extraordinaire pour faire son travail. Ce dont Reiki avait besoin était simplement quelqu'un qui voulait s'impliquer avec détachement; pour le reste, il s'en chargeait.

Alors, je me suis laissé guider par cette force qui travaillait sur moi de mille et une façons et me faisait connaître par intuition ce que je devais faire et quand je devais le faire. Je devais m'abandonner à cette intuition et y faire confiance. Au début, ce n'était pas facile, car mon raisonnement rationnel et analytique enclenchait toujours, apportant les nuages sombres du doute dans tout ce contexte. Il n'était pas facile d'abandonner ma façon traditionnelle de voir les choses. Je m'efforçais toutefois avec acharnement d'accepter de faire ce que «cette Volonté» me demandait car je savais que, si je ne m'y conformais pas, quelqu'un d'autre serait choisi pour le faire.

De plus, j'ai constaté que ce projet du livre, dirigé par les Anges de Lumière, appartenait véritablement à tous les Travailleurs et Travailleuses de Lumière, car ils en sont aussi les artisans par leurs nombreux et magnifiques témoignages.

À travers tout le projet, nous avions beaucoup d'encouragements et plusieurs initiations à une nouvelle énergie. Voici un extrait de la quatrième rencontre:

«Nous sommes plus qu'heureux de travailler avec vous et laissez-nous vous dire que ce projet nous enchante grandement.

«À date, tout va comme prévu: nous ne notons aucun blocage de votre part et, malgré les remous de vos mers intérieures, vous semblez bien progresser et digérer tout ce que nous avons pour vous en perles de Lumière.

«Vos canaux sont passablement purifiés et agrandis. Nous travaillons à vous connecter dans l'éther à nos Énergies Harmonisantes. Ces deux flux vont couler en permanence en vous et ce, dès maintenant. Les points de vos mains, coeur, base du cou, couronne et troisième oeil sont plus spécialement visés. C'est sur eux que nous travaillons en premier lieu. Vous pourrez visualiser, lors de votre prochaine séance de Reiki, le rose doré, fréquence vibratoire de nos ondes réharmonisantes et réparatrices.

«Nous tenons à vous informer que cette infusion spéciale à l'Énergie Angélique viendra renforcer votre connexion à la Source de toutes choses. Elle viendra renforcer et soutenir le projet du livre. Vous serez le point focal de transmission de nos énergies pour le bien de la communauté du Reiki, ainsi que pour tous ceux qui en auront besoin. Cela coulera en permanence dans vos activités de tous les jours et dans votre vie de tous les jours.»

Pendant ces communications, je ressentais une différence dans mon énergie et dans mes attitudes face à ce projet qui me faisait un peu peur. Ce ressentiment me sécurisait intérieurement en me faisant comprendre que ce n'était pas mon livre et que tout ce qui devait être, nous parviendrait au moment voulu.

Après quelques rencontres, nous avons partagé certains textes avec d'autres praticiens de Reiki pour connaître leurs commentaires et, surtout, pour nous assurer qu'ils seraient bien accueillis. À ma grande surprise, les gens qui les lisaient ont tous ressenti une énergie qui s'en dégageait et qui ramenait à leur coeur un profond sentiment d'être, eux aussi, connectés.

Plus le projet avançait, plus je prenais confiance. J'étais toutefois loin de me douter de la valeur et de l'importance que ce livre prendrait dans ma vie.

En cours de route, j'ai contacté à plusieurs reprises la personne responsable de la mise en marché du livre à l'autre maison d'édition. À quelques mois de la fin du projet, j'ai tenté de la rejoindre pour lui dire que je la rencontrerais sous peu pour discuter des modalités du contrat. J'appris alors qu'elle ne travaillait plus à cet endroit.

J'ai senti le plancher se dérober sous mes pieds. J'étais déçu mais heureux à la fois. Je ne savais pas encore cependant comment je pourrais faire face à cette nouvelle situation. Lorsque j'en parlai à Paulette, elle en fut toute joyeuse et me dit: «C'est une bonne chose; je me suis toujours demandée ce qu'ils venaient faire dans notre projet de toutes façons. Nous pouvons le publier nous-mêmes, n'est-ce pas?»

Ceci me rassura. Je me rendis compte, par la suite, que l'autre maison d'édition avait été incluse dans le projet, au début, pour assurer ma participation. Sans cela, il est certain que je n'aurais jamais pris cet engagement. Ce qui doit être finit toujours par s'accomplir et les moyens que nos guides prennent pour y arriver sont très subtils.

Pour vous faire connaître l'une des plus merveilleuses surprises que nous ayons eues, j'aimerais partager avec vous une communication que nous chérissons tous les trois.

****

«Oui, mes bienveillants Bâtisseurs de l'Aube Nouvelle, ici une visite spéciale, une bénédiction, une récompense pour vos efforts constants et la pureté de votre coeur. Je suis St-Germain et Je suis très honoré d'être parmi vous, ce soir. Je tenais au moins une fois à vous contacter de vive voix pour pouvoir vous faire savoir à quel point Je suis heureux de la façon avec laquelle vous vous acquittez de votre mission, à quel point vous avez grandi dans l'Esprit, à quel point vous êtes des dignes soldats du Christ en Action. Cette soirée est sacrée, car c'est ce soir que vous recevez le baptême dans le Feu Christique. C'est ce soir que vous êtes reçus en tant que travailleurs de Lumière, de façon officielle. C'est ce soir que votre flambeau vous est remis.

«Oui, ce soir est un grand soir et l'Infusion qui vous est donnée par ma présence saura vous donner l'Énergie nécessaire à continuer la tâche et la voie sans vous décourager. Vous saurez aller puiser en vous pour y trouver la Plénitude de l'Esprit, la Plénitude de l'Amour.

«Bienheureux êtes-vous de rechercher la Vérité et l'Amour en toutes choses. Bienheureux êtes-vous, bienveillants bâtisseurs de l'Aube Nouvelle qui, dans l'humilité, avez accepté cette tâche divine et vous y êtes attaqués au meilleur de votre connaissance. Je ne puis

demeurer plus longtemps mais sachez que chacun d'entre vous occupez une place spéciale dans mon coeur. Je chéris votre âme et vos efforts et vous scelle dans mon Aura qui vous élèvera dans les hautes cimes de la béatitude, la béatitude des Anges de Lumière et la Compassion de la Fraternité de Lumière.

«Bienvenue, mes frères, mes soeurs, dans notre confrérie. Vous avez passé tous vos tests avec succès. Bien sûr, il y en aura d'autres; mais ce soir, c'est le temps des réjouissances et des célébrations.

«Amen, Amen, Amen.

Bienheureux enfants, Je vous aime.»

****

La dernière rencontre de l'année a eu lieu trois semaines avant Noël et le message se rapporte au couronnement du projet car, dans les plans angéliques, il était considéré comme terminé. Voici une partie du dernier message:

«Nous sommes tous présents et tous réunis pour cette dernière rencontre de 1994. Quelle année mes amis, quelle année avez-vous accomplie. Vous y avez tous trouvé une meilleure perspective au travail planétaire, vous vous êtes confrontés à vos faiblesses, avez découvert vos forces, découvert de nouveaux talents. Nous sommes plus que fiers de vous, car vous avez su vous respecter l'un l'autre, vous apprivoiser, vous découvrir et vous apprécier.

«Chacun avait son rôle bien défini et c'est l'uniformité de votre bulle, les liens serrés qui vous unissent, qui ont fait que vous vous êtes acquittés de votre tâche avec brio. Vous avez rempli votre mission de Travailleurs de Lumière et ainsi êtes devenus les instruments auxquels vous êtes destinés.

Vous avez tous un chemin de vie unique, avec des particularités propres à chacun de vous.»

Lucia a énuméré ici les progrès propres à chacun. Ce que je ne crois pas utile de rapporter dans ce témoignage.

«Voilà. Vous reconnaissez-vous dans cette description? Vous reconnaissez-vous? Il y a un an de cela, vous n'étiez pas les mêmes: plus craintifs, moins forts, incertains, mais pleins de bonne volonté.

«Aujourd'hui, votre assurance et votre Foi sont belles à voir. Votre lumière prend de l'expansion à tous les jours. Vous êtes des instruments au service de Dieu parce que vous l'avez choisi, l'avez demandé. Les voies de Dieu sont impénétrables. Servez-Le de tout votre coeur, votre âme, votre esprit. Tout a sa raison d'être et même si vos situations actuelles ne sont pas des plus faciles, elles sont là pour vous élever parce que vous avez demandé spécifiquement à expier tout votre karma.

«Chacun a son lot, vous le savez bien. Nous sommes toujours là à vos côtés, vous épaulant, vous inspirant, vous secondant. Vous serez glorifiés dans votre service. Allez semer la Bonne Nouvelle: Dieu est là, en chacun de nous, pour peu qu'on se donne la peine de tourner son attention vers l'intérieur pour écouter la petite voix qui a toujours été là de toute éternité.

«Vous êtes si beaux, nous vous aimons tels que vous êtes et nous vous attendons à bras ouverts dans notre famille des étoiles. Vous n'avez pas à être nostalgiques, car nous sommes tous Un.»

Ce projet m'a fait réfléchir plus d'une fois sur qui nous sommes, vous et moi. Ma compréhension est encore embrouillée sur ce point. Souvent, une pensée particulière me revient à l'esprit; je la contemple et la laisse repartir comme elle est venue. La voici:

«Il y a beaucoup de grandes âmes qui sont venues des quatre coins de l'univers et se sont incarnées sur cette Terre pour servir en ces temps de préparation massive à l'Éveil Planétaire. Ces âmes volontaires ont accepté de vivre l'expérience d'une «chute» apparente des hautes sphères de Lumière. Mais ce qui tombe doit un jour s'élever et, quand ces âmes s'élèveront, non seulement elles auront transmuté leurs karmas personnels mais aussi une grande partie du karma planétaire que nous supportons tous. Ces grandes âmes ont endossé d'immenses responsabilités et font de grands sacrifices pour le reste de l'humanité.

«Malheureusement, il n'est pas donné à ces âmes de se rappeler qui elles sont afin de pouvoir accomplir leurs missions en toute humilité et avec un grand zèle. Quand leurs missions seront terminées, elles s'élèveront et reviendront dans les hautes sphères des vibrations supérieures. Elles réaliseront qu'elles sont revenues où elles vivaient déjà et que leurs missions ont permis à des milliers d'autres de s'élever aussi et de retourner dans la maison du Père.»

Osons croire que nous sommes tous de ces grandes âmes qui, à l'aide de l'Énergie du Reiki et de son Amour, débroussaillent le chemin pour ces âmes qui ne voient aucune raison d'avoir Dieu dans leur vie et encore moins de cohabiter avec Lui. Il n'en coûte rien de se permettre ce fantasme mais, qui sait? Quand le voile se lèvera sur nos consciences, nous verrons assurément qu'il en aura été ainsi. Pourquoi ne pas rêver à s'élever au lieu de se diminuer ou de se mépriser. Il serait tellement facile de voir dans les ténèbres si nous allumions nos lumières, les lumières de notre conscience, et d'éclairer ces âmes qui ont peu de lumière en partageant avec elles notre privilège d'être des canaux de la Force de Vie Universelle.

La richesse spirituelle que nous en tirerons sera garante de notre réussite à l'Éveil Planétaire. Si nous ne cherchons que la richesse matérielle, la planète s'élèvera sans nous, car ces valeurs ne passeront pas dans la grille de l'Amour.

Notre planète s'illuminera lumière par lumière. Alors, allumons notre propre lumière et les autres suivront l'exemple. Peu à peu, la planète entière deviendra une Terre de Cristal.

André

BIBLIOGRAPHIE

- Le Réseau Mondial de Communication Internet
- Wheels of Life — Anodea Judith
- Subtle Body — David V. Tansley
- Tantra — Harish Johari
- Reiki - Hawayo Takata's Story — Helen J. Haberly
- Encyclopedia of Science & Technology — McGraw-Hill
- Van Nostrand's Scientific Encyclopedia — Considine
- Chakras — Harish Johari
- You Are Becoming a Galactic Human — Virginia Essene
- New Cells, New Body, New Life — Virginia Essene
- First Contact — Sheldon Nidle
- Pleiadians Book — Barbara Marciniak (Non publié)

Les Royaumes Angéliques deviennent plus réels

(Message du Seigneur et Archange Michaël reçu en «channeling» par Ronna Herman le 13 sept 94)

Les Royaumes Angéliques deviendront plus réels et les Anges vous apparaîtront plus souvent dans les Jours Glorieux à venir.

Bien-aimé(e)s Maîtres de Lumière. Je désire que vous ressentiez ma Présence, que vous sachiez que Je ne suis pas au loin, quelque part, mais tout juste une dimension plus haut, réagissant avec vous et vous infusant avec amour et protection, si vous me le permettez, bien sûr. Alors, prenez un instant et fermez les yeux; essayez de ressentir cette douce vague d'Amour chaleureux du Créateur que Je vous transmets. Vous pouvez peut-être ressentir un picotement, ou un sentiment d'expansion ou encore un sens jovial de bien-être, mais ne portez aucun jugement et acceptez cet état.

Nous voulons que vous commenciez à ressentir, à l'aide de votre sens de perception élevé, votre vraie nature sentimentale et non d'être dirigés par la nature émotive de votre ego. Nous voulons que vous commenciez à accepter le principe que le «Ciel sur Terre» est possible et que vous puissiez marcher parmi les Anges et les Maîtres d'Ascension. Il en était ainsi autrefois et le temps où ceci sera encore possible s'en vient à grands pas.

Il est grand temps que vous vous dirigiez vers l'énergie de guérison, vers les tonalités de vibrations plus élevées. Cependant, vous ne pouvez pas percevoir ces tonalités avec vos oreilles physiques de la troisième dimension, sauf, de temps à autres, si vos quatre corps inférieurs deviennent harmonieusement équilibrés dans l'énergie. Vous devenez plus sensibles à ces sons et couleurs de fréquences supérieures.

Lorsque vous et votre Terre commencerez à expérimenter de plus en plus le raffinement de la densité des quatrième et cinquième dimensions qui se dirigent vers des plans et dimensions plus élevés, vous serez exposés à ce que vous pourriez appeler des phénomènes inhabituels. En vérité, ces phénomènes sont beaucoup plus normaux et réels que l'illusion dans laquelle vous êtes enracinés depuis si longtemps. C'est cette ascension de votre plan d'existence vers les réalités supérieures qui rend maintenant possibles nos interventions avec votre plan d'existence. C'est pourquoi il y a de plus en plus d'apparitions des forces angéliques à travers le monde. C'est aussi la raison que cette réalité angélique émerge de plus en plus de la conscience de l'humanité.

Voyez-vous l'achèvement à travers ce phénomène? Il y eut d'abord, dans le milieu des années 80, un renouveau d'intérêt de l'humanité pour le Royaume Angélique. Plusieurs d'entre vous ont commencé à étudier et à chercher, stimulés par un désir très puissant d'en connaître plus sur les dimensions supérieures. Vous avez commencé à nous inviter à faire partie de vos méditations et d'avoir une part active dans vos vies quotidiennes. Ceci nous donnait la permission de faire connaître notre présence. Maintenant, vous voyez les résultats. Les anges sont partout; dans les encadrements muraux, dans les statuettes angéliques, sur les cartes postales, dans les livres d'anges, dans les cinémas, dans les histoires pour enfants et quoi encore. Les histoires de sauvetage par des entités angéliques et leur intervention augmentent dans les films destinés au cinéma. Les apparitions ou les visitations deviennent choses communes. Alors, vous voyez ce que votre changement de perception a apporté?

Tout d'abord, votre Terre a franchi le seuil vibratoire de la quatrième dimension nous permettant à nouveau de prendre part dans votre réalité. Ceci était très difficile lorsque vous étiez dans le brouillard et la densité élevée de la troisième dimension. Vous nous avez aussi donné votre permission, de par votre libre arbitre, nous permettant d'intervenir et d'y participer joyeusement.

Le voile de l'illusion s'amincit et pour plusieurs d'entre vous, il est quasi-inexistant. Vous commencez à réaliser que vous n'avez pas à souffrir; que le Créateur n'a jamais voulu que vous expérimentiez la souffrance, ni que vous ressentiez la douleur. Vous commencez à entrevoir l'immensité de cette création et à vous émerveiller sur la magnificence que vous êtes et le pouvoir que vous avez réellement. En vous, émerge une nouvelle conception de ce qu'est le monde matériel et sa raison d'être. Vous commencez à réaliser que vous avez des choix à ce que vous voulez expérimenter, que la souffrance et les épreuves sont causées par la peur du changement et de l'inconnu. Vous commencez à être conscients que la raison de votre incarnation sur ce plan n'est pas pour acquérir ou posséder des choses matérielles, ou encore être riches et confortables. Vous êtes maintenant conscients qu'il n'est pas nécessaire de peiner pour obtenir votre place.

Vous êtes venus ancrer l'Esprit dans ce monde physique. Vous êtes venus apporter les corps emotionnel et mental sous la maîtrise de l'Esprit. Vous êtes venus expérimenter la densité et la joie de co-créer sur le plan physique, permettant ainsi au Créateur d'expérimenter la physicalité.

Toutefois, depuis très longtemps, vous vous êtes enlisés dans la densité, au point où vous avez commencé à croire en cette illusion que l'existence physique était la seule véritable réalité. Vous avez commencé à croire que votre vie physique était votre vraie nature, votre vrai JE SUIS. Nous vous dirons, mes bien-aimé(e)s que rien n'est plus loin de la vérité. Vous êtes Esprit; une étincelle du Divin Créateur dans une structure physique et non l'inverse. Ce qui arrive maintenant, c'est que vous êtes parvenus à une prise de conscience et d'harmonisation avec cette Vérité.

Au fur et à mesure que le temps avance, s'il-vous-plaît, soyez conscients que tous les ajustements que vous subirez, ces inconforts physiques vous ramènent en harmonie avec votre véritable nature, votre vrai Soi, préparant ainsi la voie pour votre réémergence dans votre magnifique Soi Spirituel, devenant un Être Christique vivant dans une forme physique. Permettez à ces déséquilibres, ces émotions et ces vagues de sentiments malheureux de s'exprimer librement à travers vous, pour enfin relâcher ces vieilles mémoires, ces énergies condensées, ces négativités et ces croyances nuisibles qui n'ont plus d'utilité pour vous. Soyez gentils envers la personne qui partage votre vie, envers vos ami(e)s et apportez-leur votre support durant les moments où ils/elles sont le plus vulnérables, tout comme vous devez demander leur aide et leur compassion dans vos temps de détresse. Mes bien-aimé(e)s, nous vivons tous cette expérience ensemble. Toute la Création se dirige, à l'unisson, vers de nouveaux sommets, de nouveaux niveaux de conscience.

Peut-être vous demandez-vous ce que vous, ou la Terre, pouvez faire pour nous, des royaumes supérieurs, pour nous assister dans notre implication? Ne faites surtout pas l'erreur de croire que vous n'êtes pas importants. Il est très important et vital pour l'humanité et pour la Terre de se joindre aux progrès de l'Univers dans son retour vers la perfection, vers son Créateur. L'expérience de la Terre en a été une des plus grandes et beaucoup de choses ont été apprises et ajoutées à la Conscience Universelle. Vous êtes braves et audacieux, et vos efforts n'ont pas passé inaperçus. Vous avez accompli beaucoup plus qu'il en était cru possible dans les cinquante dernières années de votre temps. Alors que vous avancez plus haut dans l'échelle de l'évolution, vous ajoutez une nouvelle dimension de conscience, un nouveau raffinement de la nature émotionnelle et mentale à la Création. De plus, vous ajoutez une nouvelle compréhension de l'amour dans l'expression physique.

Alors, nous vous demandons de commencer à ressentir notre présence, d'ouvrir vos esprits à la merveilleuse possibilité que nous pouvons vous apparaître ou marcher parmi vous. Sachez que nous ne sommes pas quelque part loin de vous, mais nous sommes ici près de vous, vous assistant dans vos premiers pas à vous ressourcer d'expériences dans les plans suppérieurs. Nous anticipons à ce que vous ouvriez et dégagiez, de plus en plus, la voie pour l'interaction de la télépathie cosmique. Quelle magnifique expérience ce sera pour nous d'être capables de communiquer avec vous d'une façon régulière, afin que vous puissiez aussi vous ressourcer à volonté dans les différentes sources d'informations. Lorsque vous élevez votre conscience, vous avez accès à plus de sagesses et de vérités sur la Création. Mais, ne serait-ce pas plus merveilleux que vous puissiez vous ressourcer de l'intérieur par vous-mêmes? Le sentiment naturel d'une communication directe et de l'interaction de l'expérience vous poussera de l'avant avec vigueur à passer à travers vos vieilles barrières et vos vieux systèmes de croyances pour vous épanouir dans de nouveaux royaumes de possibilités.

Le reste de l'année 1994 est un temps de nettoyage et d'expulsion des vieilles énergies résiduelles, des croyances et des restrictions qui ne vous servent plus. Ces énergies qui vous gardent prisonniers dans l'expérience de la troisième dimension. Nous vous encourageons à sortir du moule dans lequel vous êtes emprisonnés, à oser beaucoup plus pour atteindre les sommets et la liberté, et à embrasser la divinité et la suprématie qui vous sont offertes. Mes bien-aimé(e)s, vous ne le regretterez pas. Non, sûrement pas. Vous vous demanderez pourquoi vous avez hésité si longtemps, comment vous avez existé si longtemps dans la douleur et les limitations de votre vieux monde. L'illusion se dissipe peu à peu. Accueillez les nouveaux horizons, le nouveau monde de demain qui émergent dans vos consciences afin de le faire épanouir dans sa pleine manifestation aussi vite que possible. C'est maintenant le temps d'avancer, mes vaillants guerriers, et nous sommes ici près de vous, à vos côtés pour vous encourager, vous guider et vous diriger. Plus important encore, pour apporter dans vos consciences le Grand Amour que nous et toute la Création avons pour vous.

Moi, Seigneur et Archange Michaël, vous apporte ces vérités.

Je proclame les Droits Universels pour cet article au nom du Seigneur et Archange Michaël. S'il-vous-plaît, reproduisez-le et faites-le connaître.